计算机专业系列

高等职业教育"十三五"规划教材

Android 网络应用程序设计

主 编 贾 跃
副主编 李 佩

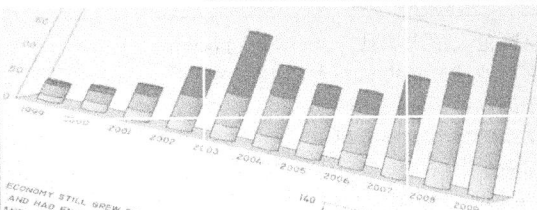

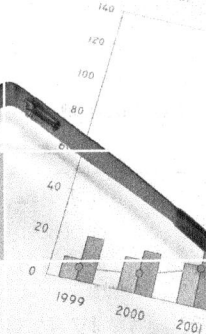

北京师范大学出版集团
BEIJING NORMAL UNIVERSITY PUBLISHING GROUP
北京师范大学出版社

图书在版编目(CIP)数据

Android 网络应用程序设计/贾跃主编—北京：北京师范大学
出版社，2020.1

（高等职业教育"十三五"规划教材·计算机专业系列）
ISBN 978-7-303-24583-3

Ⅰ.①A… Ⅱ.①贾… Ⅲ.①移动终端—应用程序—程序
设计—高等职业教育—教材 Ⅳ.①TN929.53

中国版本图书馆 CIP 数据核字(2019)第 045437 号

营 销 中 心 电 话　010-57654738　57654736
北师大出版社科技与经管分社　www.jswsbook.com
电 子 信 箱　jswsbook@163.com

出版发行：北京师范大学出版社　www.bnup.com
　　　　　北京市西城区新街口外大街 12-3 号
　　　　　邮政编码：100088
印　　刷：北京京师印务有限公司
经　　销：全国新华书店
开　　本：787 mm×1092 mm　1/16
印　　张：14.75
字　　数：282 千字
版 印 次：2020 年 1 月第 1 版第 2 次印刷
定　　价：35.00 元

策划编辑：华　珍　周光明　　责任编辑：华　珍　周光明
美术编辑：高　霞　　　　　　装帧设计：高　霞
责任校对：赵非非　黄　华　　责任印制：赵非非

内 容 提 要

随着智能手机、平板电脑等移动终端的发展，移动互联网用户及市场规模也呈现出快速增长的态势。Android 操作系统以其独特的开源优势，获得了众多软、硬件厂商的青睐，在推动移动互联网技术的发展过程中有着广泛的应用。手机的计算能力、存储能力都是有限的，它的主要优势是携带方便，可以随时上网，因此网络支持对于手机应用的重要性不言而喻。

本书主要讲述了 Android 应用开发相关知识，内容涵盖了 Android 资源定义与引用、用户界面程序设计组件、事件处理机制及多线程、Android 应用程序组件、Android 数据存储与共享、基于 TCP 和 HTTP 的网络应用程序设计。

全书结构清晰，语言简洁，每个知识点都配有相应的示例，可操作性强。通过大量的示例程序，让读者边学习边实践，更深刻地理解 Android 系统的优势所在，掌握 Android 应用程序的开发方法，积累开发经验。本书可作为高职高专学校计算机类、通信技术类专业学生的教材，也可作为 Android 应用程序开发人员的培训教材或参考书。

前　言

　　安卓（Android）系统是由 Google 公司推出的，基于 Linux 内核的开源操作系统。有别于传统的 Windows 和 Mac 操作系统，Android 系统是源代码开放的操作系统，用户可以根据自身需求进行定制。当前 Android 操作系统主要应用在便携式设备当中，尤其是智能手机领域的应用更为广泛，得到了开发人员、手机制造生产商的青睐。伴随技术的持续推进，Android 系统已经遍布于智能手机、平板电脑、智能电视、智能穿戴设备、车载设备等诸多行业，其应用的灵活性和可操作性被广大用户所接受，是当前便携式设备制造领域最为重要的操作系统之一。

　　随着智能手机、平板电脑等移动终端的发展，移动互联网用户及市场规模也呈现出快速增长的态势。由于 Android 智能手机拥有先进的摄像和拍照功能，以及完善的编辑软件，Android 用户占用的数据流量也要高于其他智能手机用户。自上市以来，Android 平台的市场份额一直在迅猛增长。用户对于移动业务的兴趣也日益浓厚，这一趋势还将继续下去。手机的计算能力、存储能力是有限的，它的主要优势是携带方便，可以随时上网，因此网络支持对于手机应用的重要性不言而喻。Android 系统完全支持 TCP 和 UDP 网络通信。此外，通过内置 HttpClient 可以方便地发送 HTTP 请求，并获取 HTTP 响应，简化了与网络之间的交互。

　　本书从基础入手，循序渐进地讲述了 Android 应用开发相关知识。以此为基础，重点阐述了基于 TCP 和 HTTP 的网络应用程序设计方法。全书共 8 章，第 1 章介绍了 Android 系统的发展、开发环境的搭建和应用程序的组成结构；第 2 章介绍了颜色、字符、尺寸、图片等 Android 的资源定义与引用方法；第 3 章详尽阐述了用户界面开发所用的主要组件以及布局、菜单、对话框的创建和使用方法；第 4 章介绍了 Android 系统的事件处理机制以及多线程的创建与使用；第 5 章深入分析了 Android 应用程序组件的工作原理和使用方法，包括 Activity 组件、Service 组件、BroadcastReceiver 组件和 Intent 组件；第 6 章讲述了 Android 数据存储与共享，重点介绍了 SharedPreferences 数据存储、Files 数据存储、SQLite 数据存储、ContentProvider 数据共享；第 7 章介绍了使用 Socket 实现基于 TCP 协议的网络应用程序设计；第 8 章阐述了 Web 服务器 Tomcat 的安装与配置步骤以及基于 HTTP 协议的网络应用程序设计，包括了 URL、HttpURLConnection、HttpClient 和 WebView 的使用方法。

　　全书结构清晰，语言简洁，每个知识点都配有相应的示例，可操作性强。通过大量的示例程序，让读者边学习边实践，更深刻的理解 Android 系统的优势所在，掌握

Android 应用程序的开发方法，积累开发经验。本书可作为高职高专学校计算机类、通信技术类专业学生的教材，也可作为 Android 应用程序开发人员的培训教材或参考书。

本书由北京信息职业技术学院的贾跃主编，山西水利职业技术学院李佩任副主编。另外，在本书编写过程中得到了北京师范大学出版社领导和华珍老师的大力支持与帮助，在此一并表示感谢。

由于时间仓促，是编者水平有限，书中难免存在疏漏与错误，欢迎广大读者批评指正。

编　者

目　录

第 1 章　Android 系统简介

【学习目标】

- 了解 Android 系统的产生和特点。
- 掌握 Android 开发环境的搭建步骤。
- 熟悉 Android 工程的目录结构和功能。
- 熟悉 Android 工程中主要文件的作用。

1.1　Android 系统基本概念

1.1.1　Android 系统的产生

Android 一词的本义指"机器人"，这里指 Google 于 2007 年 11 月 5 日宣布的基于 Linux 平台的开源手机操作系统的名称。该平台由操作系统、中间件、用户界面和应用软件组成，基于 Linux 2.6 内核，使用 Java 开发应用程序，被认为是首个为移动终端打造的真正开放和完整的软件开发平台。

Google 创建了一个 Android 开放联盟，其成员包括 HTC、三星、摩托罗拉、中兴等国际手机制造大厂，高通、德州仪器等顶级芯片制造公司，以及中国移动、T-Mobile、Docomo 等运营商。Google 通过与运营商、设备制造商、开发商等结成深层次的合作伙伴关系，建立标准化、开放式的移动软件平台，在移动产业内形成一个开放式的生态系统。

1.1.2　Android 系统的特点

1. 具有完全的开放性

Android 源代码完全开放，便于开发人员更清楚的把握实现细节，便于提高开发人员的技术水平。开放性给 Android 的发展积累了人气，对于消费者来讲，最大的受益之处在于丰富的软件资源。当然，开放的平台也会带来更多竞争，如此一来，消费者将可以用更低的价位购得手机。

2. 挣脱运营商的束缚

在过去很长的一段时间，特别是在欧美地区，手机应用往往受到运营商制约，使用什么功能接入什么网络，几乎都受到运营商的控制。随着 Android 手机的上市，用户可以更加方便地连接网络，运营商的制约减少。随着 2G、3G、4G 乃至 5G 移动网络的逐步过渡和提升，手机随意接入网络已经不成问题。

3. 丰富的硬件选择

由于 Android 的开放性，众多的厂商会推出千奇百怪，功能特色各具的多种产品。功能上的差异和特色，却不会影响到数据同步、甚至软件的兼容。

4. 不受限制的开发商

由于采用了对有限内存、电池和 CPU 优化过的 Dalvik 虚拟机，Android 的运行速

度比想象的要快很多。Android 的源代码遵循 Apache V2 软件许可，而不是 GPL V2 许可证，更有利于商业开发。Android 平台提供给第三方开发商一个十分宽泛、自由的环境，催生各种新颖别致的应用软件。

5. 无缝结合的 Google 应用

Google 成为最大的互联网络搜索引擎已经有 10 多年历史，从搜索巨人到全面的互联网渗透，Google 服务如地图、邮件、搜索等已经成为连接用户和互联网的重要纽带。Android 手机将无缝结合这些 Google 服务。

1.1.3　Android 系统的架构

Android 系统包括 Linux 内核（Linux Kernel）、函数库（Libraries）、安卓运行时（Andoid Runtime）、应用程序框架（Application Framework）和应用层（Applications）五个部分，如图 1-1 所示。

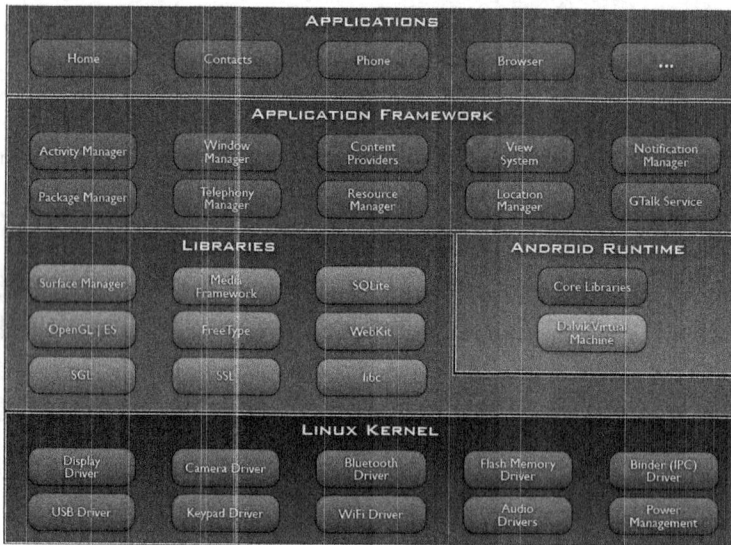

图 1-1　Android 系统的架构

1. Linux 内核

Android 基于 Linux 内核，但不是 Linux。Linux Kernel 是位于硬件和软件堆间的抽象层，提供系统核心服务，如进程、内存、电源管理、网络连接、驱动与安全等。

2. 函数库

Android 包含一些 C/C++库，这些库能被 Android 系统中不同的组件使用。它们通过 Android 应用程序框架为开发者提供服务。

（1）系统 C 库：一个从 BSD 继承来的标准 C 系统函数库（libc），它是专门为基于 embedded linux 的设备定制的。

（2）媒体库：基于 PacketVideo OpenCORE，支持多种常用的音频、视频格式回放和录制，同时支持静态图像文件。编码格式包括 MPEG4、H.264、MP3、AAC、AMR、JPG、PNG 。

（3）Surface Manager：对显示子系统的管理，并且为多个应用程序提供了 2D 和 3D

图层的无缝融合。

（4）WebKit：一个最新 Web 浏览器引擎，支持 Android 浏览器和一个可嵌入的 Web 视图。

（5）SGL：底层的 2D 图形引擎。

（6）3D libraries：基于 OpenGL ES 1.0 APIs 实现，可以使用硬件 3D 加速或者使用高度优化的 3D 软加速。

（7）FreeType：位图（Bitmap）和矢量（Vector）字体显示。

（8）SQLite：一个对于所有应用程序可用，功能强劲的轻型关系型数据库引擎。

3. 安卓运行时

安卓运行时包括核心库和虚拟机。核心库提供的 Java 功能、Dalvik 虚拟机依赖于 Linux 内核，可同时运行多个 Dalvik 虚拟机。每个 Android 应用程序在它自己的 Dalvik VM 实例中执行优化的 Dalvik 可执行文件（.dex）。

4. 应用程序框架

应用程序框架包括 Activity Manager、Content Provider、Notification Manager、Views System、Resource Manager 和 Activity Manager，它们的作用是：

（1）Activity Manager：管理运行应用程序。

（2）Content Provider：在各应用之间共享数据。

（3）Notification Manager：显示提示和状态栏。

（4）Views System：可扩展显示，用于构建 UI。

（5）Resource Manager：资源引用、管理。

▶ 1.2　Android 开发环境搭建

Android 开发环境包含的开发包和工具软件有 Java 开发包（Java Development Kit，JDK）、源代码编辑器 Eclipse、Android 软件开发包（Android Software Development Kit，Android SDK）和 Android 开发工具（Android Develop Tool，ADT）。

1.2.1　下载并安装 JDK

Android 以 Java 为开发语言，JDK 是 Java 的核心，包括 Java 运行环境（Java Runtime Environment，JRE）、Java 工具和 Java 基础类库（Java Foundation Class，JFC）。

1. 下载 JDK

登录 http://www.oracle.com/technetwork/java/javase/downloads/index.html，下载 JDK。本书使用的为 jdk—7u5—windows—i586.exe 文件。

2. 安装 JDK

（1）安装包中包含了 JDK 和 JRE 两部分，建议将它们安装在同一个盘符下。双击运行 jdk—7u5—windows—i586.exe 文件，显示欢迎使用界面，如图 1-2 所示。

（2）单击"下一步"按钮，进入自定义安装界面，如图 1-3 所示。

（3）选择可选功能和安装目录后单击"下一步"按钮，向导自动完成安装并显示完成界面，如图 1-4 所示。

图 1-2　欢迎使用界面

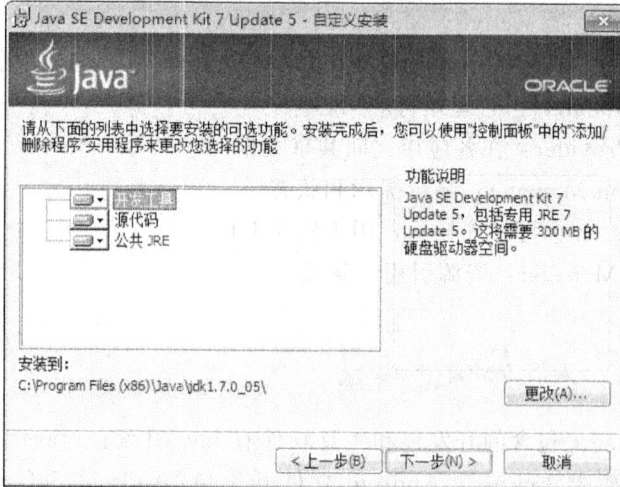

图 1-3　自定义安装界面

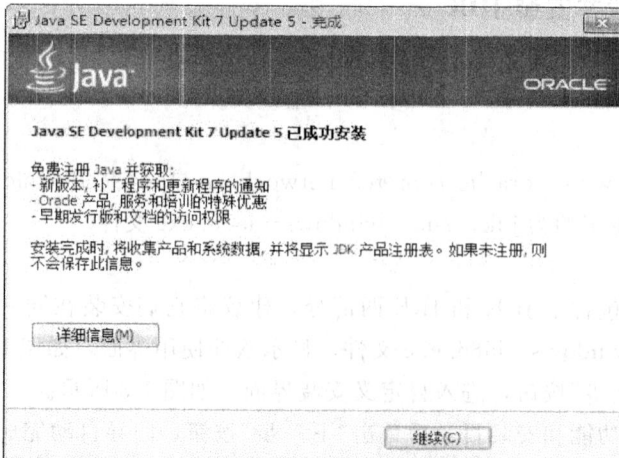

图 1-4　安装完成界面

3. 设置环境变量

右键单击"计算机"图标，选择"属性"菜单项，打开"控制面板→系统安全→系统"窗体。单击左侧选项条中的"高级系统设置"，打开"系统属性"对话框。单击"环境变量"按钮，打开"环境变量"对话框，如图 1-5 所示。分别设置以下变量：

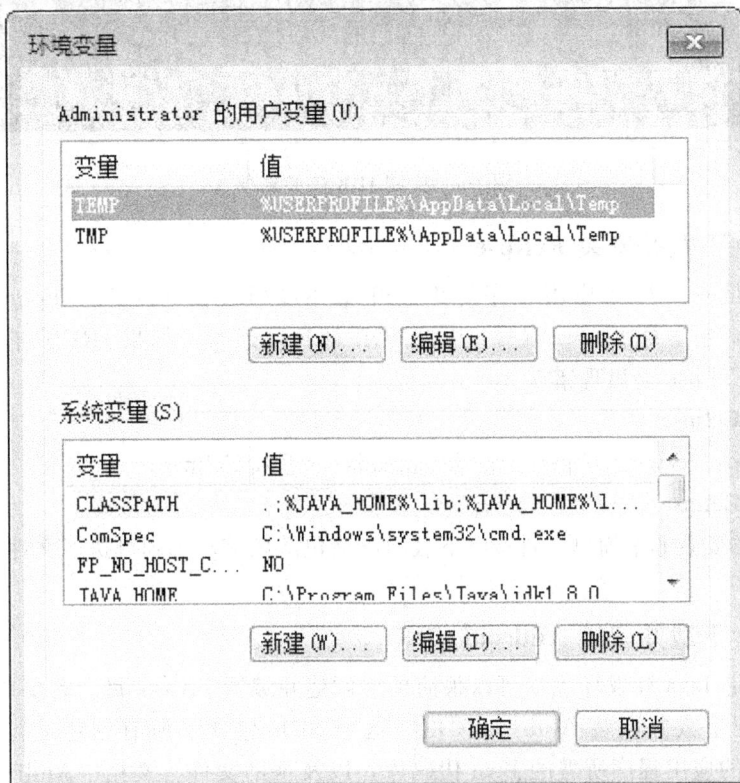

图 1-5　设置环境变量

(1)JAVA_HOME=C:\Program Files\Java\jdk1.7.0_05。

(2)JAVA_JRE_HOME=C:\Program Files\Java\jdk1.7.0_05\jre。

(3)JRE_HOME=C:\Program Files\Java\jre7。

(4)CLASSPATH=.;%JAVA_HOME%\lib;%JAVA_HOME%\lib\tools.jar;%JAVA_HOME%\lib\dt.jar;%JRE_HOME%\lib;%JRE_HOME%\lib\rt.jar;%JAVA_JRE_HOME%\lib;%JAVA_JRE_HOME%\lib\rt.jar。

(5)Path=%JAVA_HOME%\bin;%JRE_HOME%\bin;%JAVA_JRE_HOME%\bin。

4. 检测安装结果

安装配置完成之后，要测试是否安装成功。单击"开始→运行"，输入"cmd"，打开命令行模式，输入命令"java-version"，检测 JDK 是否安装成功，运行结果如图 1-6 所示，表示安装成功。

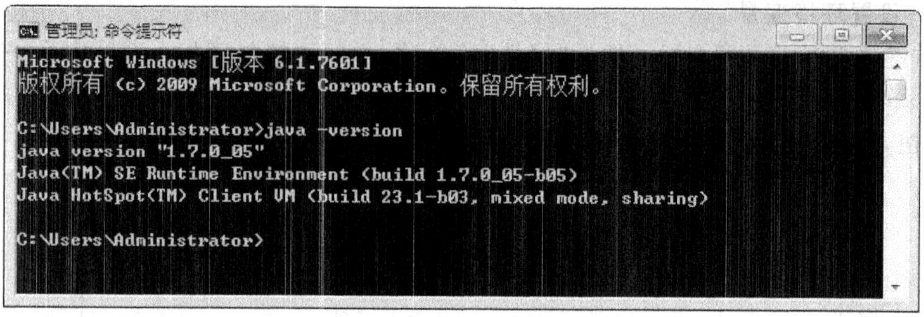

图 1-6　检测 JDK 安装结果

1.2.2　下载并安装 Eclipse

Eclipse 是一个 Java 应用程序的集成开发环境（Integrated Development Environment，IDE），它本身由 Java 编写，因此要求 JRE 来运行。如果 JRE 没有安装或被检测到，打开 Eclipse 会出现错误。

1. 下载 Eclipse

登录 http://www.eclipse.org/downloads/，下载 Eclipse。

2. 安装 Eclipse

Eclipse 的安装非常简单，直接将下载的压缩包解压缩，找到可执行文件 Eclipse.exe 运行即可。

1.2.3　下载并安装 Android SDK

Eclipse 是 Java 开发环境，可以很简单地创建并编辑 Java 项目。若要创建 Android 项目，就需要下载并安装 Android SDK。这个 SDK 包含了所有创建运行在特有 Android 平台上的应用程序所需的 Java 代码库，以及帮助文件、文档、Android 模拟器和大量调试工具。

1. 下载 Android SDK

登录 http://developer.android.com/sdk/index.html，下载 Android SDK。

2. 安装 Android SDK

Android SDK 的安装也非常简单，直接将下载的压缩包解压缩即可。

3. 设置环境变量

右键单击"计算机"图标，选择"属性"菜单项，打开"控制面板→系统安全→系统"窗体。单击左侧选项条中的"高级系统设置"，打开"系统属性"对话框。单击"环境变量"按钮，打开"环境变量"对话框，如图 1-5 所示。分别设置以下变量：

（1）Android_SDK_HOME＝C:\Android\android－sdk（Android SDK 的解压缩路径）。

（2）Path＝％Android_SDK_HOME％\tools。

4. 设置存储路径

启动 Eclipse，选择菜单项"Window→Perferences"，打开"Perferences"对话框，如图 1-7 所示。在左侧导航树中选择"Android"，单击右侧参数区中"Browse…"按钮，选择 Android SDK 的解压缩路径，确认后即可完成设置。

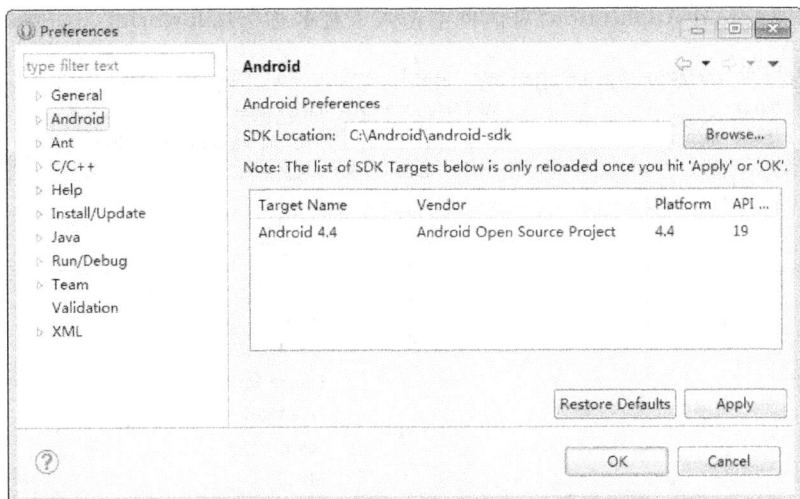

图 1-7　设置 Android SDK 存储路径

1.2.4　下载并安装 ADT

ADT 是 Google 公司提供的针对 Eclipse 的 Android 开发插件。通过 ADT 可以进行集成开发，包括代码的自动生成、调试、编译、打包、拖曳式界面生成等。

1. 下载 ADT

登录 https://dl—ssl.google.com/android/eclipse/，下载 ADT。

2. 安装 ADT

启动 Eclipse，使用菜单"Help→Install New Software …"将 ADT 插件安装到 Eclipse 编辑环境中，如图 1-8 所示。

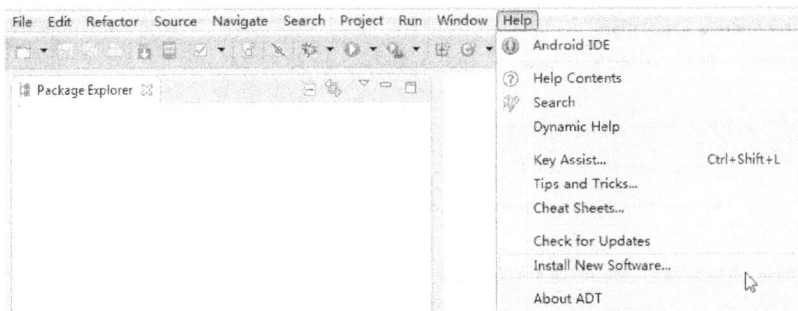

图 1-8　安装 ADT 插件

▶ 1.3　Android 应用程序介绍

1.3.1　Android 应用程序的创建步骤

下面以 Helloworld 程序为例，介绍 Android 应用程序的创建步骤。

1. 创建 Android 工程

(1)启动 Eclipse，单击菜单"File→New→Android Project"，如图 1-9 所示。在弹

出的"New Android Application"对话框中输入工程名称"Helloworld"，如图 1-10 所示。

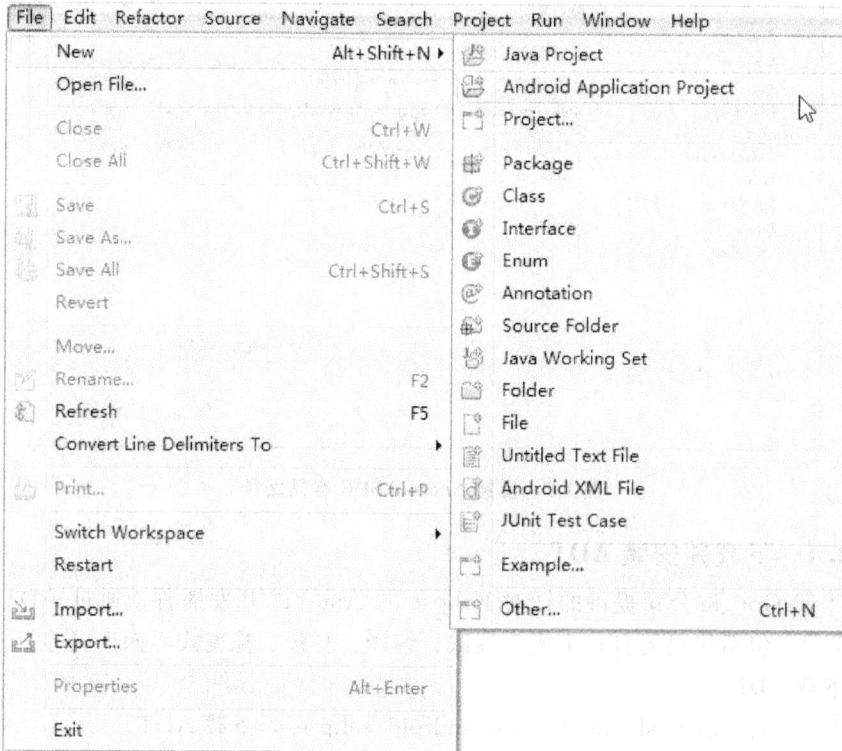

图 1-9 创建 Android 工程的菜单

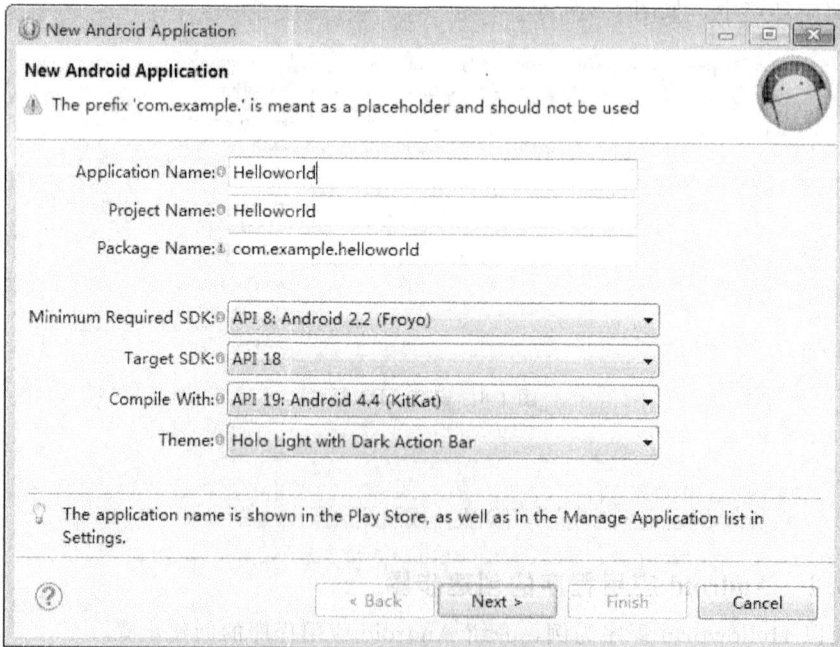

图 1-10 输入工程名称

（2）单击"Next"按钮，选择是否创建图标、活动以及工程创建位置，如图 1-11 所示。

（3）单击"Next"按钮，选择发布程序时图标的大小及颜色，如图 1-12 所示。

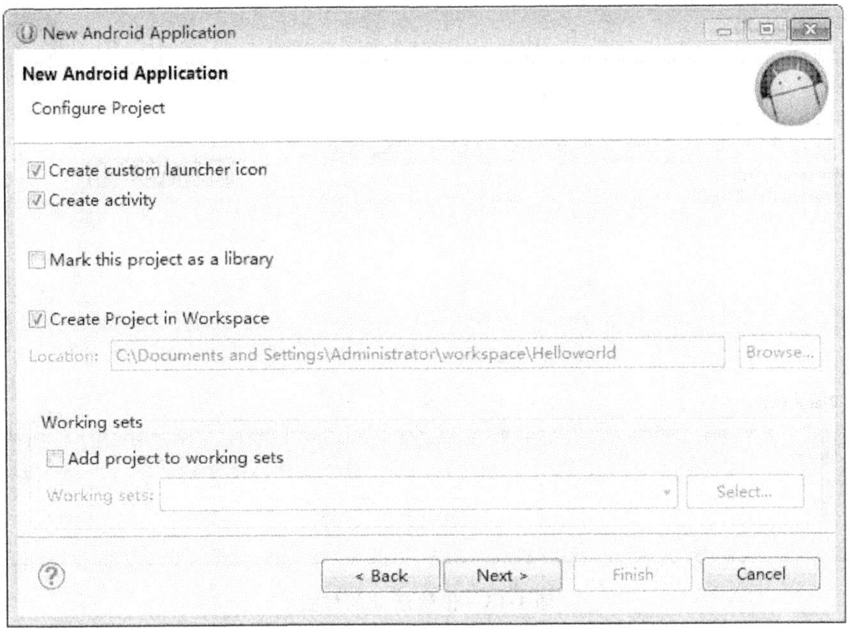

图 1-11　设置工程属性

图 1-12　设置应用程序图标

（4）单击"Next"按钮，选择所创建的活动的样式，如图 1-13 所示。

（5）单击"Next"按钮，输入所创建的活动和布局的名称，如图 1-14 所示。

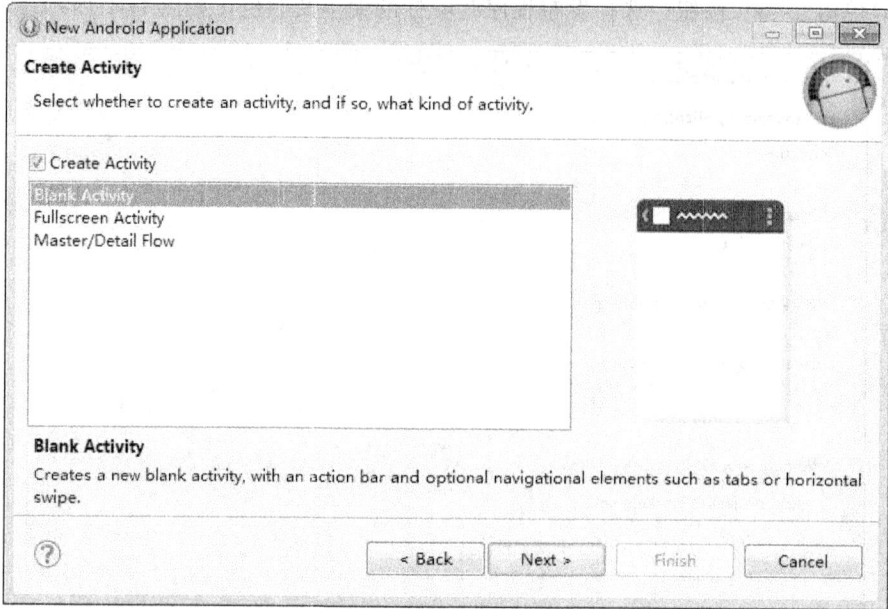

图 1-13　设置活动的样式

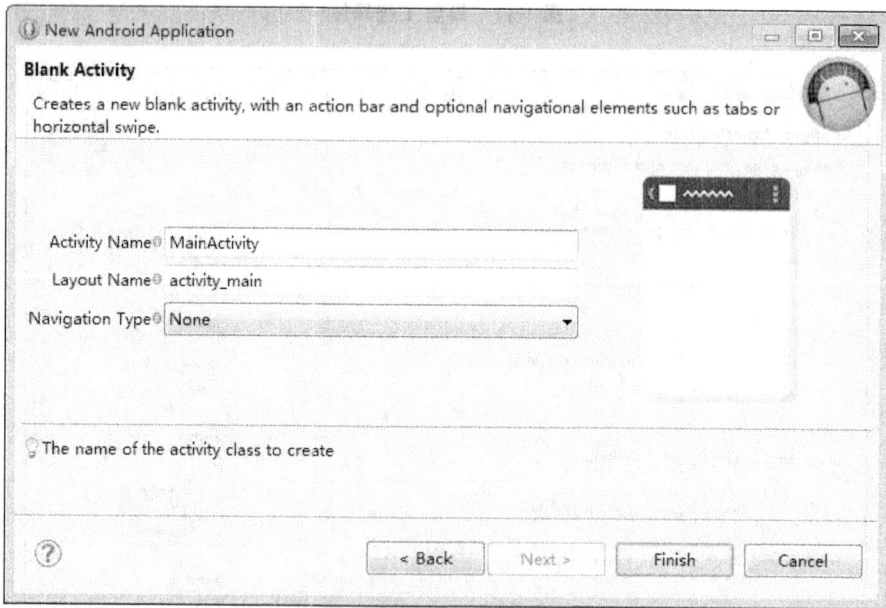

图 1-14　输入活动和布局的名称

（6）单击"Finish"按钮完成工程的创建，Eclipse 左侧 Package Explorer 窗口中将显示新建的"Helloworld"工程，如图 1-15 所示。

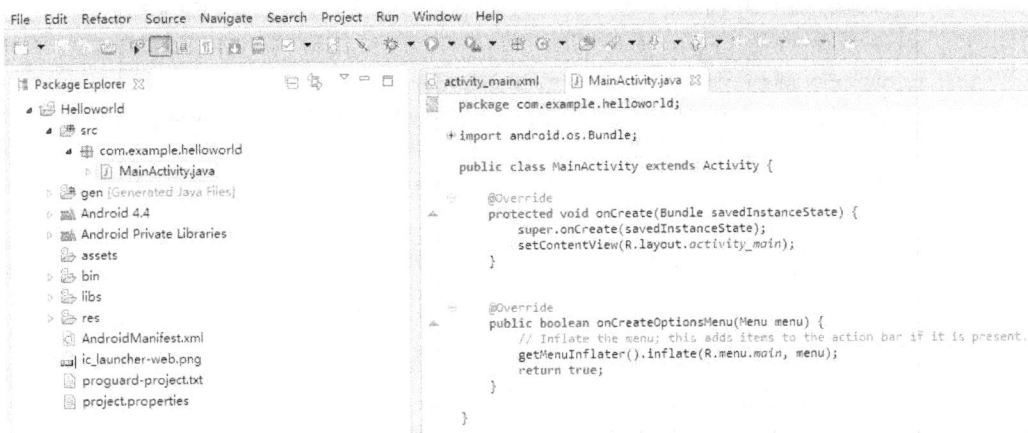

图 1-15　创建完成的工程

2. 创建 Android 模拟器

从 Android 1.5 开始引入了 Android 模拟器（Android Virtual Device，AVD），以便让用户更好地来模拟真实设备。Android 模拟器提供了大多数物理硬件设备的硬件和软件特征。当然，它与真机还是有一些区别的。例如，它不能接打电话、不能拍照等。

（1）在 Eclipse 中单击菜单"Window→Android Virtual Device Manager"，如图 1-16 所示。弹出"Android Virtual Device Manager"对话框，如图 1-17 所示。

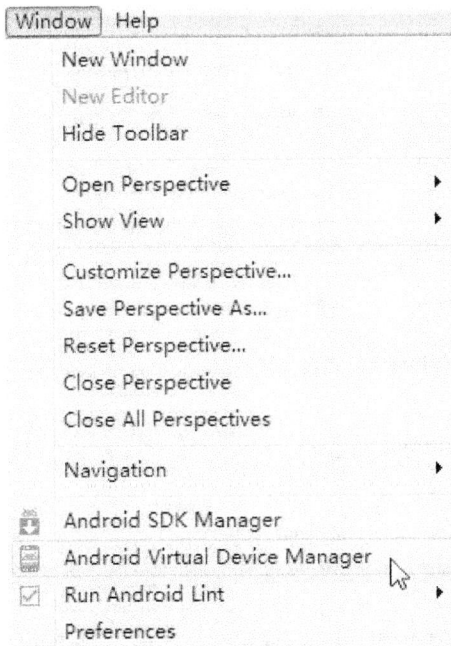

图 1-16　打开 Android 模拟器管理对话框的菜单

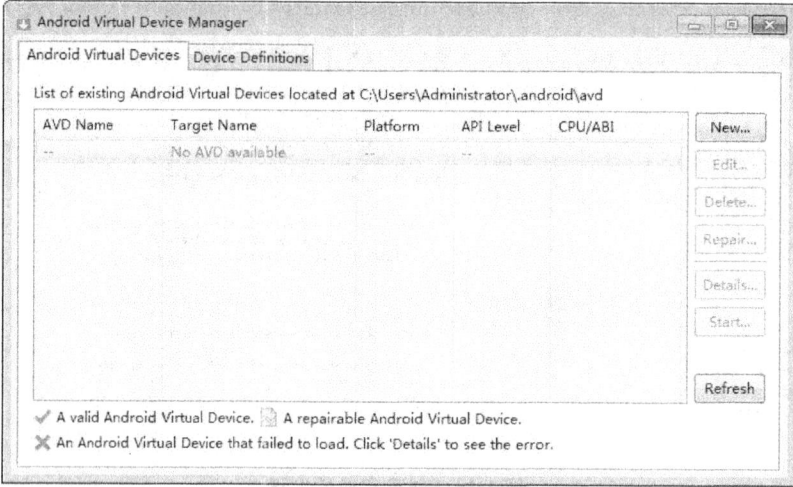

图 1-17　"Android Virtual Device Manager"对话框

(2)单击"New…"按钮，打开"Create new Android Virtual Device"对话框，输入模拟器名(AVD Name)称、设备样式(Device)、API 等级(Target)、键盘(Keyboard)、模拟器外观(Skin)、SD 卡大小(Size)等参数，如图 1-18 所示。其中，Keyboard 可设置模拟器是否响应计算机键盘，Skin 可设置模拟器是否显示图形键盘。

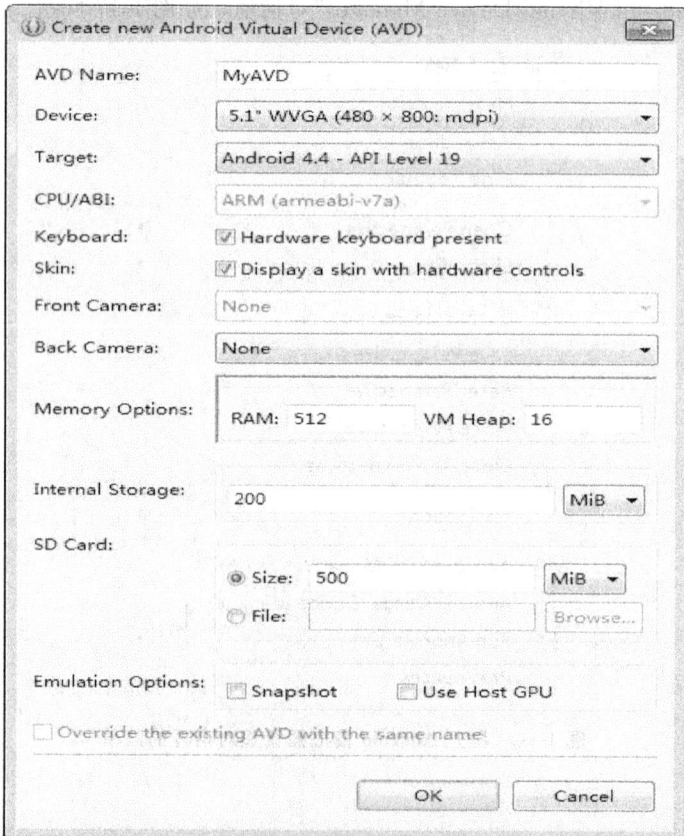

图 1-18　Android 模拟器参数

（3）单击"OK"按钮，完成 Android 模拟器，如图 1-19 所示。

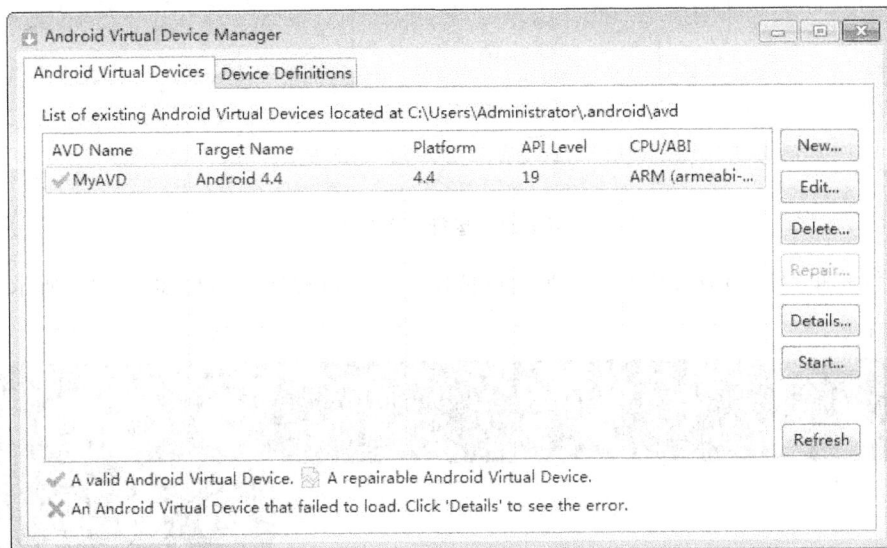

图 1-19　新创建的 Android 模拟器

（4）选择新创建的模拟器并单击"Start"按钮，启动 Android 模拟器，如图 1-20
所示。

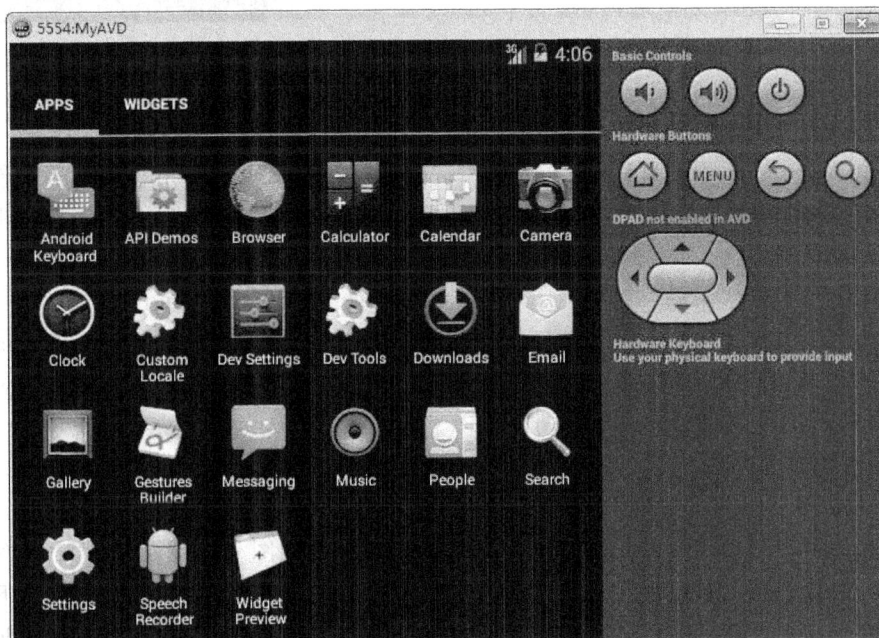

图 1-20　启动 Android 模拟器

3. 发布 Android 工程

在 Eclipse 中选择 Package Explorer 窗口里的"Helloworld"工程，单击菜单"Run→
Run As→Android Application"运行应用程序，如图 1-21 所示。

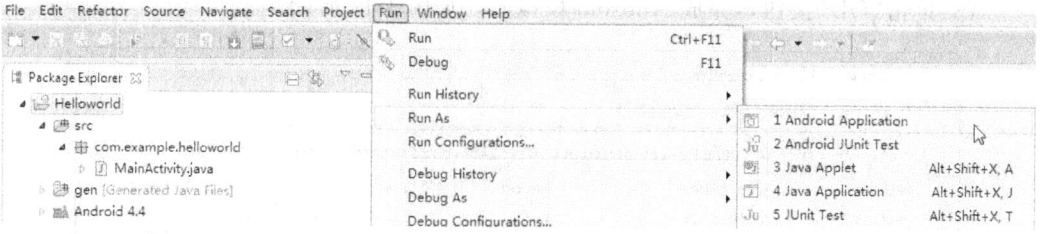

图 1-21 运行应用程序

系统将把"Helloworld"工程发布到模拟器上并运行程序，结果如图 1-22 所示。

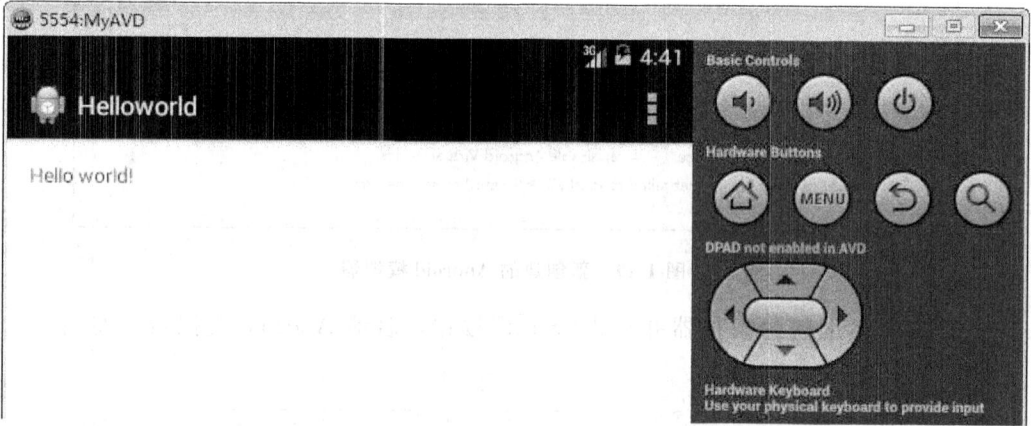

图 1-22 Helloworld 程序的运行结果

1.3.2 Android 工程的目录结构

一个 Android 工程项目包括 src、gen、Android4.4、assets、bin 和 res 等文件夹以及 AndroidManifest.xml、proguard.cfg、project.properties 等文件，如图 1-23 所示。

1. src 文件夹

该文件夹存放了项目源代码。新建项目时，系统生成了一个 MainActivity.java 文件，它导入了 android.os.Bundle 和 android.app.Activity 两个类。MainActivity 类继承自 Activity 且重写了 onCreate() 方法。

2. gen 文件夹

该文件夹下面有一个项目创建时自动生成并自动更新的 R.java 文件，它是只读文件，不允许用户修改。R.java 文件中定义了一个类 R，如图 1-24 所示。类中包含很多静态类，且静态类的名字都与 res 中的一个资源对应，即 R 类定义了 res 目录下所有资源的索引。通过 R.java 程序可以很快地查找到需要的资源，另外通过检查 R.java 列表，编译器不会将没有被使用到的资源编译进应用程序包中，以减少手机中的空间占用。

图 1-23　Android 工程的目录结构

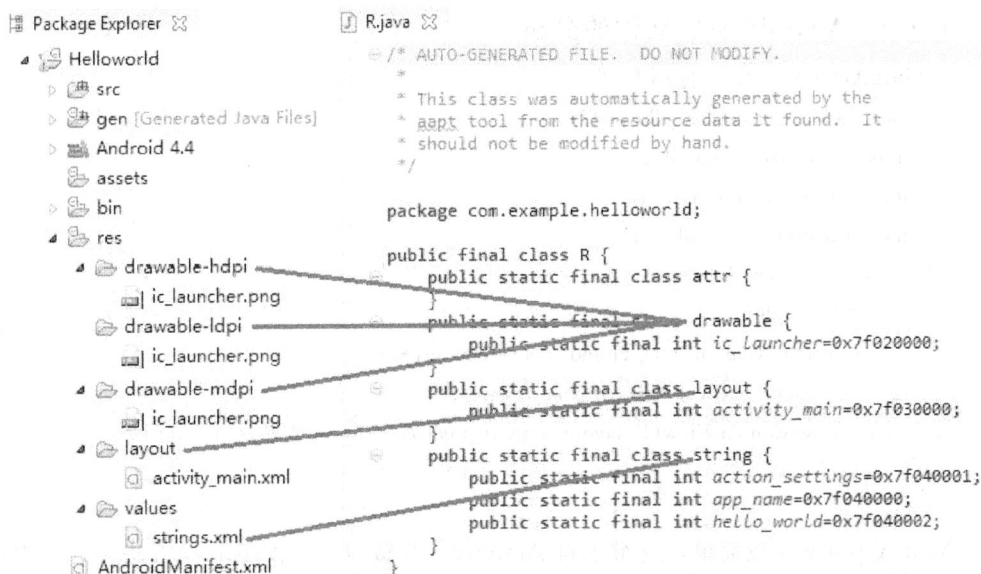

图 1-24　R. java 文件结构

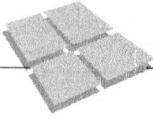

3. Android 4.4 文件夹

该文件夹中有 Java 归档文件 android.jar，包含了构建项目所需的所有 Android SDK 库和 API。通过 android.jar 将应用程序绑定到 Android SDK 和 Android 模拟器，使得项目可以使用所有 Android 的库和包，并且可以在适当的环境中调试。

4. assets 文件夹

该文件夹用来保存原始的资源文件。

5. bin 文件夹

该文件夹中存放了项目输出的 apk 文件和资源。

6. res 文件夹

该文件夹包含了项目中的所有资源，向此文件夹添加的资源，会被 R.java 自动索引。res 中有 5 个子文件夹，drawabel-dpi、drawabel-lpi、drawabel-mpi 分别用来存放不同分辨率的图标文件；layout 子文件夹存放布局文件 activity_main.xml；values 子文件夹保存常量文件 strings.xml。

7. AndroidManifest.xml 文件

该文件为项目的总配置文件，存储整个项目的配置数据，记录了应用程序中所使用的各种组件，列出了应用程序所提供的功能，指出了应用程序使用到的服务（如电话、互联网、短信、GPS 等）。当向应用程序中添加新的 Activity 时，需要在此文件中注册。

8. project.properties 文件

该文件由 Android Tools 自动生成，不允许修改。文件中记录了项目所需要的环境信息，比如 Android API 的最低兼容版本等。

9. proguard-project.txt 文件

该文件是 Java 类文件的压缩、优化、混淆器，用于删除没有用的类、字段、方法与属性，以使字节码达到最大程度地优化。作为配置文件，没有必要时可以不做修改。

1.3.3 Android 主要文件的分析

1. MainActivity.java 程序代码

```
package com.example.helloworld;
import android.os.Bundle;
import android.app.Activity;
import android.view.Menu;
public class MainActivity extends Activity {
    @Override
    protected void onCreate(Bundle savedInstanceState) {
        super.onCreate(savedInstanceState);
        setContentView(R.layout.activity_main);
    }
}
```

MainActivity 比较简单，它继承自 Activity，并覆盖了 onCreate()方法。在该方法中调用了父类的构造方法，然后调用 setContentView()显示视图界面 activity_main.

xml。R. layout. activity_main 是 R 类的一个属性。

在方法前面加上@Override 系统可以帮助检查方法的正确性。例如：public void onCreate()这种写法是正确的，如果写成 public void oncreate()这样编译器会报错，以确保正确重写 onCreate 方法。如果不加 @Override，则编译器会认为是新定义了一个方法 oncreate，检测不出书写错误。

2. R. java 程序代码

```
package com. example. helloworld;
public final class R {
    public static final class attr {
    }
    public static final class drawable {
        public static final int ic_launcher=0x7f020000;
    }
    public static final class id {
        public static final int action_settings=0x7f080000;
    }
    public static final class layout {
        public static final int activity_main=0x7f030000;
    }
    public static final class string {
        public static final int action_settings=0x7f050001;
        public static final int app_name=0x7f050000;
        public static final int hello_world=0x7f050002;
    }
}
```

R 类是一个资源索引类，由系统自动生成，无须修改。根据不同的资源类型，该类里面包含了不同的静态内部类，attr 中声明了属性；drawable 中声明了一些图片资源；layout 中声明了布局文件；string 中声明了字符串。MainActivity. java 程序代码中 setContentView(R. layout. activity _ main)通过访问资源类 R 的内部类的 activity _ main 属性来访问工程 layout 文件夹下的 activity _ main. xml 布局文件，在界面上展示视图组件。

代码中定义了很多常量，这些常量的名字都与 res 文件夹中的文件名相同，这再次证明了 R. java 文件中所存储的是该项目所有资源的索引。有了这个文件，就可以很快地找到要用的资源。由于为个文件不能手动编辑，所以在项目中加入新的资源时，只需要刷新一下该项目，R. java 文件便自动更新所有资源的索引。

3. activity_main. xml 布局文件

```
<? xml version="1.0" encoding="utf-8"? >
<LinearLayout xmlns:android="http://schemas. android. com/apk/res/android"
    android:orientation="vertical"
    android:layout_width="fill_parent"
    android:layout_height="fill_parent">
```

```
<TextView
    android:layout_width="wrap_content"
    android:layout_height="wrap_content"
    android:text="@string/hello_world"/>
</LinearLayout>
```

该文件是一个 XML 文件，声明了程序中使用的视图组件。Android 通过这种方法将程序的表现层与控制层分开，降低了程序的耦合性，提高了程序的可配置性。当然，也可以在程序中编码实现视图组件。

activity_main.xml 布局文件第一行是 XML 文件的版本和编码声明。第二行是一个线型布局，该布局以垂直或水平方式摆放控件。Orientation 属性控制摆放方式，值为"vertical"表示垂直摆放，为"horizontal"表示水平摆放；layout_width 属性和 layout_height 属性分别控制视图的宽度和高度，值为"fill_parent"或"match_parent"表示充满父组件(屏幕)，为"wrap_content"表示依据自身内容调整。线型布局中放置了一个文本视图，text 属性控制文本内容，值为""@string/hello_world"表示文本内容引用 string.xml 文件中的 hello_world 元素。

4. string. xml 文件代码

```
<? xml version="1.0" encoding="utf-8"? >
<resources>
    <string name="app_name">Helloworld</string>
    <string name="action_settings">Settings</string>
    <string name="hello_world">Hello world! </string>
</resources>
```

该文件也是一个 XML 文件，声明了系统中使用到的字符串常量，项目中所有使用的常量都可以通过这种 XML 文件的方式定义。这样有两个好处：一是降低了程序的耦合性；二是 Android 通过一种特殊的方式来使用这些字符串，提高了程序的运行效率。运行结果中显示的程序标题和文本内容都来自该文件。在 XML 文件的组件定义里，可使用"@string/"的形式引用字符串，如"@string/hello_world"；在程序中，首先通过 Context 的 getResources() 方法实例化一个 Resources 对象，然后用 Resources 的 getString() 方法取得指定索引的字符串，Java 代码如下：

```
Resources r=this.getContext().getResources();
String hello=((String)r.getString(R.string.hello_world));
```

5. AndroidManifest. xml 文件代码

```
<? xml version="1.0" encoding="utf-8"? >
<manifest xmlns:android="http://schemas.android.com/apk/res/android"
    package="com.example.helloworld"
    android:versionCode="1"
    android:versionName="1.0">
    <uses-sdk android:minSdkVersion="8"
        android:targetSdkVersion="18"/>
    <application android:icon="@drawable/ic_launcher" android:label=
        "@string/app_name">
```

```
<activity android:name="com. example. helloworld. MainActivity"
    android:label="@string/app_name">
    <intent-filter>
        <action android:name="android. intent. action. MAIN" />
        <category android:name="android. intent. category. LAUNCHER" />
    </intent-filter>
</activity>
</application>
</manifest>
```

每一个 Android 工程都有一个名为"AndroidManifest. xml"的配置文件，它是 Android 工程的一个全局配置文件。Android 中使用的所有应用程序组件（Activity、Service、BroadcastReceiver 和 ContentProvider）都要在该文件中声明。在这个文件中还可以声明一些权限以及 SDK 的最低版本信息。

(1)文件第一行<? xml version="1.0" encoding="utf-8"? >是 XML 文件版本和编码的声明。

(2)<manifest … />是根元素，指定了命名空间、包名称、版本代码号和版本名称等信息。

(3)<application … />子元素的 ico 和 label 属性分别指定了程序的图标和标题，需要注意的是，每个 AndroidManifest. xml 文件中只能有一个<application … />子元素。

(4)所有 Activity 组件都必须使用<activity … />元素在 AndroidManifest. xml 文件中声明，Activity 组件声明中的 name 和 label 属性分别指定了 Activity 的类名和标题。

(5)<intent-filter … />是找到对应 Activity 的过滤器，描述了 Activity 启动位置和时间，当一个 Activity 要执行操作时，系统比较<application … />中的<intent-filter … />，找到最适合的 Activity。<action android:name="android. intent. action. MAIN"/>表明 Activity 是程序入口，<category android:name="android. intent. category. LAUNCHER"/>表明 Activity 显示在屏幕启动栏里。

(6)<uses-sdk android:minSdkVersion="8"/>表明了使用的 SDK 最低版本。

思考与练习题

1. 什么是 Android 系统？它具有什么特点？
2. 如何搭建 Android 开发环境？
3. 简述 Android 系统架构。
4. 简述 Android 工程的目录结构和功能。
5. Android 工程中主要包含哪些文件？它们各有什么作用？
6. 编写 Helloworld 应用程序，分布到 Android 模拟器上运行测试。

第 2 章 Android 的资源

【学习目标】

- 了解 Android 资源的类型和引用方式。
- 掌握颜色、字符串、尺寸、图片资源的定义和使用方法。
- 熟悉 Android 系统中原生文件使用方法。

▶ 2.1 资源的类型和使用

2.1.1 Android 资源的类型

Android 资源是指工程中非代码的部分，其覆盖面很广泛，只要与外界相关的都可以用资源文件表示。例如，用户界面布局、菜单、配置文件、字符串、图片、音视频、动画、颜色、尺寸、风格和样式等都是 Android 资源。

创建一个 Android 工程时，与 src 文件夹并列的有两个文件夹，分别是 res 和 assets，如图 1-23 所示。res 文件夹下又有 drawable-ldpi、drawable-hdpi、drawable-mdpi、layout、values 文件夹，分别用来保存低分辨率图片、高分辨率图片、中分辨率图片、布局文件、常量值。如果需要其他资源，如动画、菜单、原生文件和 XML 文件，还可以在 res 文件夹下建立 animation、menu、raw 和 xml 文件夹。

res 和 assets 文件夹的主要区别在于其存储内容的访问方式。任何放置在 res 文件夹里的内容可以通过资源类直接访问，这是被 Android 编译过的；而任何存放在 assets 文件夹里的内容会保持它的原始文件格式。例如，一个 MP3 文件，Android 程序不能直接访问，必须通过 AssetManager 类以二进制流的形式来读取。因此，将文件和数据资源保存在文件夹 res 中会更方便访问。

2.1.2 Android 资源的使用

1. Android 资源的标示

创建一个 Android 工程后，系统会自动生成并维护一个 R 类，在该类中根据不同的资源类型又生成了相应的内部类。R 类包含了系统中使用到的所有资源的标示，内容如下所示：

```
package com. example. helloworld;
public final class R {
    public static final class attr {
    }
    public static final class drawable {
        public static final int ic_launcher=0x7f020000;
    }
    public static final class id {
```

```
        public static final int action_settings＝0x7f080000;
    }
    public static final class layout {
        public static final int activity_main＝0x7f030000;
    }
    public static final class string {
        public static final int action_settings＝0x7f050001;
        public static final int app_name＝0x7f050000;
        public static final int hello_world＝0x7f050002;
    }
}
```

R 类中包含有 attr、drawable、id、layout、string 五个内部类。attr 类表示属性、drawable 类表示图片、id 类表示组件、layout 类表示布局、string 类表示字符串。当然如果有需要，系统会在 R 类中加入表示颜色、尺寸、样式等资源的内部类。

2. Android 资源的引用

（1）在代码中引用资源

在 Java 源代码中访问资源是通过 R 类中定义的资源文件类型和资源文件名称来实现的，具体格式为：

R. 资源文件类型. 资源文件名称

例如，要访问 layout 文件夹下的 activity_main. xml 布局文件，需要首先获得其标示，而该标示已经编译成为 R 类中 layout 内部类中的一个 activity_main 属性，代码如下：

```
public final class R {
    …
    public static final class layout {
        public static final int activity_main＝0x7f030000;
    }
    …
}
```

显然访问 activity_main. xml 布局文件，也就是访问 R. layout. activity_main。

此外，除了访问用户自己定义的资源文件，还可以访问系统提供的资源文件。系统资源文件被定义在 Android 包下的 R 类中，具体引用格式为：

android. R. 资源文件类型. 资源文件名称

例如，要访问系统的黑色，引用的代码为：

android. R. color. black

（2）在其他资源文件中引用资源

在其他资源文件中访问资源也是通过 R 类中定义的资源文件类型和资源文件名称来实现的，具体格式为：

@/资源文件类型/资源文件名称

例如，activity _ main. xml 布局文件中的 TextView 组件引用字符串资源显示文本时，可使用以下格式：

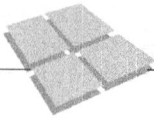

```
<TextView
    android:layout_width="wrap_content"
    android:layout_height="wrap_content"
    android:text="@string/hello_world"
/>
```

@string/hello_world 表示 R 类中 string 内部类的一个 hello_world 属性。打开 values 文件夹下的 string.xml 文件，可以查看 hello_world 字符串资源的具体内容。这样设计的好处是：当资源被多次引用时，只要修改资源文件，就可以达到修改所有文本的目的。

▶ 2.2 颜色资源的定义和使用

颜色是我们对到达视网膜的各种频率的光的感觉。我们的视网膜有三种颜色感光视锥细胞，负责接收不同频率的光。这些感光器分别对应于红（Red，R）、绿（Green，G）和蓝（Blue，B）三种基本颜色，人眼可以觉察的其他颜色都能由这三种颜色混合而成，如图 2-1 所示。颜色通常用 RGB 值表示，其实这是三个数字，说明了每种基色的相对份额。如果用 0 到 255 的十进制数字（十六进制为 00 到 FF）表示一种元素的份额，那么 0 表示这种颜色没有参与，255 表示它完全参与其中。例如，RGB 值（255，255，0）最大化了红色和绿色的份额，最小化了蓝色的份额，结果生成的是嫩黄色。

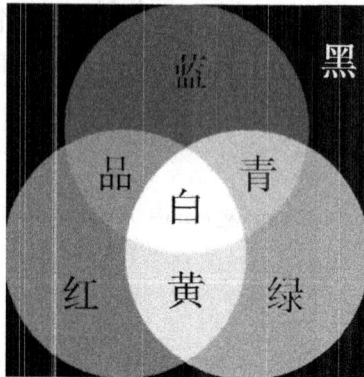

图 2-1　三基色混色原理

在 Android 系统中，颜色用"♯XXYYZZ"的形式表示，其中♯表示采用十六进制，XXYYZZ 是用十六进制表示的 RGB 值。下面通过一个例子说明 Android 颜色资源的定义与使用方法。

[例 2-1]建立名为 ch2_1 的 Android 工程，在 res\values\目录下创建一个颜色资源文件 colors.xml，在文件中定义红色（RED）和蓝色（BLUE）两个资源；在 res\layout\目录下包含一个布局资源文件 activity_main.xml，在文件中定义两个 Text-View 组件，分别用红色和蓝颜色显示字符串"Hello world!"。其中，第一个 TextView 在 activity_main.xml 布局文件中引用红色资源，第二个 TextView 在 Java 源代码中引用蓝色资源。

colors. xml 代码如下：

```
<? xml version="1.0" encoding="utf-8"? >
<resources>
    <color name="RED"># ff0000</color>
    <color name="BLUE"># 0000ff</color>
</resources>
```

activity _ main. xml 代码如下：

```
<? xml version="1.0" encoding="utf-8"? >
<LinearLayout xmlns:android="http://schemas.android.com/apk/res/android"
    android:orientation="vertical"
    android:layout_width="fill_parent"
    android:layout_height="fill_parent">
    <TextView android:id="@+id/textView1"
        android:layout_width="fill_parent"
        android:layout_height="wrap_content"
        android:text="@string/hello_world"
        android:textSize="30sp"
        android:textColor="@color/RED" />
    <TextView android:id="@+id/textView2"
        android:layout_width="fill_parent"
        android:layout_height="wrap_content"
        android:text="@string/hello_world"
        android:textSize="30sp" />
</LinearLayout>
```

打开 src 文件夹下的包 com. example. ch2_1 中的 MainActivity 类，修改代码如下：

```
package com. example. ch2_1;
import android. os. Bundle;
import android. widget. TextView;
import android. app. Activity;
public class MainActivity extends Activity {
    protected void onCreate(Bundle savedInstanceState) {
        super. onCreate(savedInstanceState);
        setContentView(R. layout. activity_main);
        //获得屏幕上的第二个文本框组件
        TextView tv=(TextView) findViewById(R. id. textView2);
        //将文本框字体颜色设置为蓝色
        tv. setTextColor(getResources(). getColor(R. color. BLUE));
    }
}
```

运行程序，显示两行"Hello world!"，一行为红色，另一行为蓝色，如图 2-2 所示。在源代码中使用颜色资源时，可通过 getResources(). getColor(颜色资源 ID)或 Resources. getSystem(). getColor(颜色资源 ID)将颜色资源 ID 转化为颜色数值。

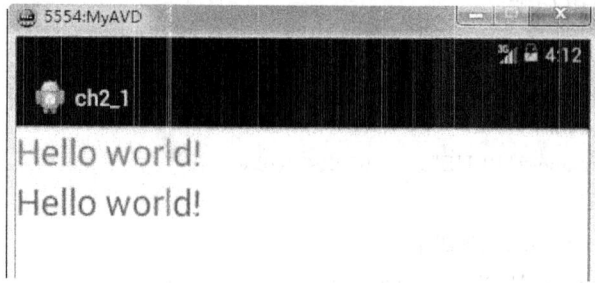

图 2-2　程序运行结果

2.3　字符串资源的定义和使用

在一个 Android 工程中，可能会使用到大量的字符串作为提示信息。这些字符串都可以作为字符串资源声明在配置文件中，从而实现程序的可配置性。在源代码中使用 Context. getString()方法，通过传递资源 ID 参数来得到该字符串。也可以在其他资源文件中引用字符串资源，格式为@string/字符串资源名称。下面通过一个例子说明 Android 字符串资源的定义与使用方法。

［例 2-2］建立名为 ch2_2 的 Android 工程，在 res\values\目录下创建一个字符串资源文件 strings. xml，在文件中定义 xml_str 和 java_str 两个资源；在 res\layout\目录下包含一个布局资源文件 activity_main. xml，在文件中定义两个 TextView 组件，分别显示"资源文件中引用"和"Java 代码中引用"。其中，第一个 TextView 在 activity_main. xml 布局文件中引用字符串资源，第二个 TextView 在 Java 源代码中引用字符串资源。

strings. xml 代码如下：<? xml version="1. 0" encoding="utf-8"? >

```
<resources>
    <string name="app_name">ch2_2</string>
    <string name="action_settings">Settings</string>
    <string name="hello_world">Hello world! </string>
    <string name="xml_str">资源文件中引用</string>
    <string name="java_str">Java 代码中引用</string>
</resources>
```

activity_main. xml 代码如下：

```
<? xml version="1. 0" encoding="utf-8"? >
<LinearLayout xmlns:android="http://schemas. android. com/apk/res/android"
    android:orientation="vertical"
    android:layout_width="fill_parent"
    android:layout_height="fill_parent">
    <TextView android:id="@+id/textView1"
        android:layout_width="fill_parent"
        android:layout_height="wrap_content"
```

```
            android:textSize="30sp"
            android:text="@string/xml_str" />
        <TextView android:id="@+id/textView2"
            android:layout_width="fill_parent"
            android:layout_height="wrap_content"
            android:textSize="30sp" />
    </LinearLayout>
```

打开 src 文件夹下的包 com. example. ch2_2 中的 MainActivity 类，修改代码如下：

```
    package com. example. ch2_2;
    import android. os. Bundle;
    import android. widget. TextView;
    import android. app. Activity;
    public class MainActivity extends Activity {
        protected void onCreate(Bundle savedInstanceState) {
            super. onCreate(savedInstanceState);
            setContentView(R. layout. activity_main);
            //获得屏幕上的第二个文本框组件
            TextView tv=(TextView) findViewById(R. id. textView2);
            //设置文本框显示的内容
            tv. setText(getResources(). getString(R. string. java_str));
        }
    }
```

运行程序，显示"资源文件中引用"和"Java 代码中引用"两行文本，如图 2-3 所示。在源代码中使用字符串资源时，可通过 getResources(). getColor(字符串资源 ID)或 Resources. getSystem(). getColor(字符串资源 ID) 将资源 ID 转化为字符串内容。

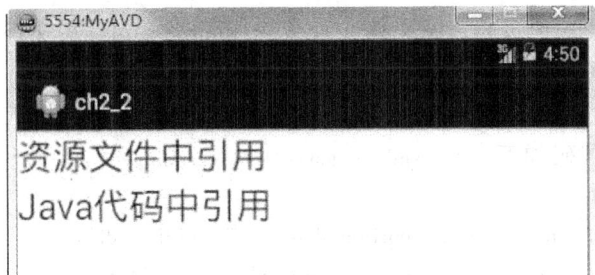

图 2-3 程序运行结果

▶ 2.4 尺寸资源的定义和使用

可以通过尺寸单位控制文字大小、视图组件的宽和高等。尺寸资源是一个数字类型的数值，定义在 res \ values \ dimens. xml 文件中。Android 中支持的尺寸单位如表 2-1 所示。

表 2-1　Android 中支持的尺寸单位

单位表示	单位名称	单位说明
px	像素	屏幕上的真实像素表示，不同设备显示效果相同，320×480HVGA 代表像素
in	英尺	基于屏幕的物理尺寸表示
mm	毫米	基于屏幕的物理尺寸表示
pt	点	英尺的 1/72，用于印刷业，非常简单易用
dp(或 dip)	与密度无关的像素	相对屏幕物理密度的抽象单位，不同设备有不同的显示效果，它与设备硬件有关，一般为了支持 WVGA、HVGA 和 QVGA 推荐使用，不依赖像素
sp	与精度无关的像素	相对屏幕物理密度的抽象单位，主要用于字体显示

dp 也就是 dip，与 sp 基本类似。如果设置表示长度、高度等属性时可以使用 dp 或 sp。但如果设置字体，需要使用 sp。dp 与密度无关，sp 除了与密度无关外，还与 scale 无关。如果屏幕密度为 160，这时 dp 与 sp、px 是一样的，即 1dp=1sp=1px。但使用 px 作为单位，如果屏幕大小不变(假设 3.2 寸)，而屏幕密度变成了 320，那么原来 TextView 的宽度设为 160px，在密度为 320 的屏幕里看要比在密度为 160 的屏幕上看内容短了一半。但如果设置成 160dp 或 160sp，系统会自动将 width 属性值设置成 320px，也就是 160×320/160。其中 320/160 称为密度比例因子。也就是说，如果使用 dp 和 sp，系统会根据屏幕密度的变化自动进行转换。下面通过一个例子说明 Android 尺寸资源的定义与使用方法。

[例 2-3]建立名为 ch2_3 的 Android 工程，在 res\values\目录下创建一个尺寸资源文件 dimens. xml，在文件中定义 text_size1 和 text_size2 两个资源；在 res\layout\目录下包含一个布局资源文件 activity_main. xml，在文件中定义两个 TextView 组件，分别显示"Hello world!"。其中，第一个 TextView 在 activity_main. xml 布局文件中引用尺寸资源，第二个 TextView 在 Java 源代码中引用尺寸资源。

dimens. xml 代码如下：<? xml version="1.0" encoding="utf-8"? >

```
<resources>
    <dimen name="activity_horizontal_margin">16dp</dimen>
    <dimen name="activity_vertical_margin">16dp</dimen>
    <dimen name="text_size1">25sp</dimen>
    <dimen name="text_size2">50sp</dimen>
</resources>
```

activity_main. xml 代码如下：

```
<? xml version="1.0" encoding="utf-8"? >
<LinearLayout xmlns:android="http://schemas. android. com/apk/res/android"
    android:orientation="vertical"
    android:layout_width="fill_parent"
    android:layout_height="fill_parent">
```

```
<TextView android:id="@+id/textView1"
    android:layout_width="fill_parent"
    android:layout_height="wrap_content"
    android:text="@string/hello_world"
    android:textSize="@dimen/text_size1" />
<TextView android:id="@+id/textView2"
    android:layout_width="fill_parent"
    android:layout_height="wrap_content"
    android:text="@string/hello_world" />
</LinearLayout>
```

打开 src 文件夹下的包 com. example. ch2_3 中的 MainActivity 类，修改代码如下：

```
package com. example. ch2_3;
import android. os. Bundle;
import android. widget. TextView;
import android. app. Activity;
public class MainActivity extends Activity {
    protected void onCreate(Bundle savedInstanceState) {
        super. onCreate(savedInstanceState);
        setContentView(R. layout. activity_main);
        //获得屏幕上的第二个文本框组件
        TextView tv=(TextView) findViewById(R. id. textView2);
        //设置文本框字体的大小
        tv. setTextSize(getResources(). getDimension(R. dimen. text_size2));
    }
}
```

运行程序，显示两行"Hello world!"，一行字体小，另一行字体大，如图 2-4 所示。在源代码中使用尺寸资源时，可通过 getResources(). getDimension(尺寸资源 ID)或 Resources. getSystem(). getDimension(尺寸资源 ID)将尺寸资源 ID 转化为尺寸数值。

图 2-4　程序运行结果

2.5 图片资源的定义和使用

图片资源主要用来绘制屏幕，包括位图文件（Bitmap File）、颜色（Color Drawable）和九片图片（Nine－Patch Image）三种类型，这里只讲述位图文件的使用。Android 中支持的位图文件有 png、jpg 和 gif，依据图片分辨率分别放置在 res 文件夹下的 drawable－ldpi、drawable－hdpi 和 drawable－mdpi 文件夹中。将图片文件直接拷贝到相应的 drawable 文件夹里即可完成图片资源的定义。下面通过一个例子说明 Android 图片资源的使用方法。

[例 2-4]建立名为 ch2_4 的 Android 工程，在 res\drawable－mdpi\目录下增加两个图片文件 p1. jpg 和 p2. jpg；在 res \ layout \ 目录下包含一个布局资源文件 activity_main. xml，在文件中定义两个 ImageView 组件显示图片。其中，第一个 ImageView 在 activity_main. xml 布局文件中引用图片资源，第二个 ImageView 在 Java 源代码中引用图片资源。

activity_main. xml 代码如下：

```
<? xml version="1.0" encoding="utf-8"? >
<LinearLayout xmlns:android="http://schemas. android. com/apk/res/android"
    android:orientation="vertical"
    android:layout_width="fill_parent"
    android:layout_height="fill_parent">
    <ImageView android:id="@+id/imageView1"
        android:layout_width="wrap_content"
        android:layout_height="wrap_content"
        android:src="@drawable/p1" />
    <ImageView android:id="@+id/imageView2"
        android:layout_width="wrap_content"
        android:layout_height="wrap_content" />
</LinearLayout>
```

打开 src 文件夹下的包 com. example. ch2_4 中的 MainActivity 类，修改代码如下：

```
package com. example. ch2_4;
import android. os. Bundle;
import android. widget. ImageView;
import android. app. Activity;
public class MainActivity extends Activity {
    protected void onCreate(Bundle savedInstanceState) {
        super. onCreate(savedInstanceState);
        setContentView(R. layout. activity_main);
        //获得屏幕上的第二个图片视图组件
        ImageView img=(ImageView) findViewById(R. id. imageView2);
        //设置图片视图组件显示的内容
```

```
        img. setImageDrawable(getResources(). getDrawable(R. drawable. p2));
    }
}
```

运行程序后会显示出两个风景图片,如图 2-5 所示。在源代码中使用图片资源时,可通过 getResources(). getDrawable(图片资源 ID)或 Resources. getSystem(). getDrawable(图片资源 ID)将图片资源 ID 转化为位图。

图 2-5　程序运行结果

2.6　原生文件使用简介

在 assets 文件夹中保存的一般是原生文件,通常很少用到,如 MP3 文件。assets 可以有目录结构,能够再建立文件夹。assets 文件夹下的文件不会被映射到 R.java 中,Android 程序不能直接访问,必须通过 AssetManager 类以二进制的形式读取。读取 assets 下的文件资源,通过以下方式获得输入流来进行写操作:

```
        AssetManager am=null;
        am=getAssets();
        InputStream is=am. open("filename");
```

如前所述,res 文件夹中的资源可以通过 R 资源类直接访问,经常会被使用。res 中的文件夹 raw 也是用来存放原生文件的,但与 assets 中文件不同,存放在 res\raw 中的文件会被映射到 R.java 文件中,访问时直接使用资源 ID,即 R. id. filename。res \raw 不能有目录结构,读取 res\raw 下的文件资源通过以下方式获得输入流来进行操作:

```
        InputStream is=getResources(). openRawResource(R. id. filename);
```

在 Android 中使用 assets 或者 res\raw 这两种资源提供方式时,必须要注意文件大小。经调试发现,assets 或者 res\raw 中资源文件的 UNCOMPRESS_DATA_MAX 取值为 1048576B,也就是最大为 1MB。

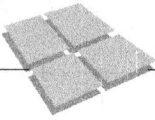

思考与练习题

1. Android 系统有哪些资源类型？

2. Android 资源有哪两种引用方式？

3. Android 系统中的颜色以什么形式表示？

4. 简述颜色资源的定义和使用方法。

5. 简述字符串资源的定义和使用方法。

6. 简述尺寸资源的定义和使用方法。

7. 简述图片资源的定义和使用方法。

8. Android 工程中哪两个文件夹能存放原生文件？它们有何区别？

第 3 章　用户界面设计

【学习目标】

- 了解 Android 各种用户界面类之间的关系。
- 熟悉 Android 布局组件的种类和使用方法。
- 掌握 Android 基本用户界面组件的程序设计方法。
- 掌握 Android 菜单的种类和程序设计方法。
- 掌握 Android 对话框的种类和程序开发步骤。

Android 用户界面(User Interface，UI)设计使用了 Java 的 UI 设计思想，主要包括：布局管理(Layout)、事件响应(Listener)、图标(Icon)、菜单(Menu)、对话框(Dialog)、提示框(Toast)、风格和主题、定制控件(Widget)等。

所有 UI 类均源于 View 类和 ViewGroup 类，View 类的子类称为控件(Widget)，ViewGroup 类的子类称为布局(Layout)，如图 3-1 所示。ViewGroup 通过各种 Layout，控制所属 View 的显示方式，形成组合设计。

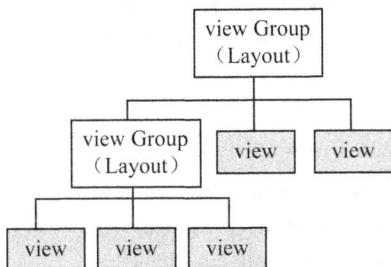

图 3-1　UI 类之间的关系

3.1　布局管理器

控件在手机屏幕上的呈现方式称为"布局(Layout)"，布局中需要描述控件的大小、间距、对齐方式等。在创建 Layout 时，首先将需要呈现的控件在 XML 配置文件中进行声明，然后在程序中通过 setContentView(View) 方法将布局呈现在 Activity 中，最后在程序中通过 findViewById(Id)方法获得各控件实例。Android 提供了一些预定义的布局视模型，包括线性布局(LinearLayout)、相对布局(RelativeLayout)、表格布局(TableLayout)、框架布局(FrameLayout)等。

3.1.1　线性布局

线性布局(LinearLayout)方式是应用程序中最常用的布局方式，主要提供控件水平或者垂直排列的模型。在一个方向上(垂直或水平)对齐所有子元素，所有子元素逐一堆放，一个垂直列表的每行只有一个子元素(无论它们有多宽)，一个水平列表只是一

列的高度(最高子元素的高度)。要实现二维平面布局,需要进行嵌套。

[例 3-1]建立名为 ch3 _ 1 的 Android 工程,在 res \ layout \ 目录下包含一个布局资源文件 activity _ main. xml,在 XML 文件中定义三个 LinearLayout,最外层的 LinearLayout 为垂直对齐所有子元素,里面的两个 LinearLayout 分别为垂直和水平对齐所有子元素。

activity_main. xml 代码如下:

```xml
<? xml version="1.0" encoding="utf-8"? >
<LinearLayout xmlns:android="http://schemas. android. com/apk/res/android"
    android:orientation="vertical"
    android:layout_width="match_parent"
    android:layout_height="match_parent">
    <LinearLayout android:id="@+id/layout1"
        android:orientation="vertical"
        android:layout_width="fill_parent"
        android:layout_height="wrap_content">
        <Button android:layout_width="wrap_content"
            android:layout_height="wrap_content"
            android:text="垂直布局"/>
        <Button android:layout_width="wrap_content"
            android:layout_height="wrap_content"
            android:text="垂直布局"/>
    </LinearLayout>
    <LinearLayout android:id="@+id/layout2"
        android:orientation="horizontal"
        android:layout_width="wrap_content"
        android:layout_height="fill_parent">
        <Button android:layout_width="wrap_content"
            android:layout_height="wrap_content"
            android:text="水平布局"/>
        <Button android:layout_width="wrap_content"
            android:layout_height="wrap_content"
            android:text="水平布局"/>
    </LinearLayout>
</LinearLayout>
```

这里的 activity _ main. xml 布局文件使用了嵌套的概念。在根节点定义了一个垂直线性布局,通过 android:orientation="vertical"实现垂直特性。在根节点下安放了两个线性布局,一个是垂直线性布局,一个是水平线性布局。每个 LinearLayout 中放了两个 Button 控件,在垂直线性布局中它们垂直排列,在水平线性布局中它们水平排列。程序运行结果如图 3-2 所示。

图 3-2　程序运行结果

3.1.2　相对布局

相对布局(RelativeLayout)允许子控件设置在一个与父控件或其他子控件保持相对关系的位置上。在相对布局中设置控件位置前,必须先定义它的参照控件。相对布局的常用属性如表 3-1 所示。

表 3-1　相对布局的常用属性

属性名称	功能描述
layout _ centerInParent	在父控件中居中
layout _ centerVertical	在父控件中垂直居中
layout _ centerHorizontal	在父控件中水平居中
layout _ alignParentTop	与容器顶部对齐
layout _ alignParentBottom	与容器底部对齐
layout _ alignParentLeft	与容器左对齐
layout _ alignParentRight	与容器右对齐
layout _ above	在指定控件的上方
layout _ below	在指定控件的下方
layout _ toLeftOf	在指定控件的左侧
layout _ toRightOf	在指定控件的右侧
layout _ alignTop	与指定控件顶部对齐
layout _ alignBottom	与指定控件底部对齐
layout _ alignLeft	与指定控件左侧对齐
layout _ alignRight	与指定控件右侧对齐

[例 3-2]建立名为 ch3 _ 2 的 Android 工程,在 res \ layout \ 目录下包含一个布局资源文件 activity_main. xml,在 XML 文件中定义一个 RelativeLayout,内有四个按钮,第一个按钮默认在屏幕左上角,第二个按钮相对于第一个按钮的位置在其右侧,第三个按钮在第二个按钮的下方,第四个按钮相对于 RelativeLayout 来说位置垂直

居中。

activity_main.xml 代码如下：

```
<? xml version="1.0" encoding="utf-8"? >
<RelativeLayout xmlns:android="http://schemas.android.com/apk/res/android"
    android:layout_width="fill_parent"
    android:layout_height="fill_parent">
    <Button android:id="@+id/button1" android:text="相对布局"
        android:layout_width="wrap_content"
        android:layout_height="wrap_content"/>
    <Button android:id="@+id/button2" android:text="相对布局"
        android:layout_width="wrap_content"
        android:layout_height="wrap_content"
        android:layout_toRightOf="@+id/button1"/>
    <Button android:id="@+id/button3" android:text="相对布局"
        android:layout_width="wrap_content"
        android:layout_height="wrap_content"
        android:layout_below="@+id/button2"
        android:layout_alignRight="@+id/button2"/>
    <Button android:id="@+id/button4" android:text="相对布局"
        android:layout_width="wrap_content"
        android:layout_height="wrap_content"
        android:layout_centerVertical="true"/>
</RelativeLayout>
```

上述代码中用到了很多描述相对位置的属性，如 layout_toRightOf、layout_below 和 layout_alignRight，分别表示将控件置于该属性值（控件 ID）所指向控件的右侧、下方和右对齐。这些属性的格式都为"@id/idname"的形式，因此前面作为参照的控件一定要定义 ID。还有一些属性描述了控件与父控件的位置关系，如 layout_alignParentRight，它们的值用 true 或 false 来描述，这个属性表示控件与父控件右对齐，其他读者可以类推。程序运行结果如图 3-3 所示。

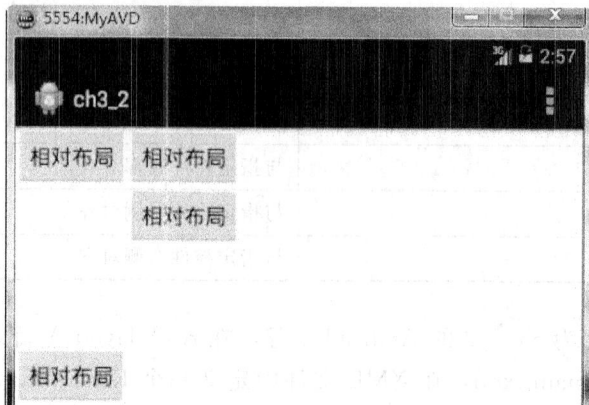

图 3-3　程序运行结果

3.1.3　表格布局

表格布局(TableLayout)是将子元素放入表格的行和列中。每个表格可以有多个 TableRow 来定义多行。应该注意的是，它并不显示表格的边框线。TableLayout 一般都会与 TableRow 配合使用。TableLayout 放在最底层，TableRow 放在 TableLayout 的上面，而其他控件放在 TableRow 上。表格布局的常用属性如表 3-2 所示。

表 3-2　表格布局的常用属性

属性名称	功能描述
layout_column	控件在 TableRow 中所处的列
layout_span	控件所跨越的列数
collapseColumns	将指定的列隐藏(列号从 0 开始，若有多列，用逗号分隔，下同)
stretchColumns	将指定的列设为可伸展的列，该列会尽量伸展以填满空间
shrinkColumns	将指定的列设为可收缩的列，该列会收缩以适应屏幕

[例 3-3]建立名为 ch3_3 的 Android 工程，在 res \ layout \ 目录下包含一个布局资源文件 activity_main. xml，在 XML 文件中定义一个 TableLayout，并增加三行 TableRow 用来放置 TextView。

activity_main. xml 代码如下：

```
<? xml version="1. 0" encoding="utf-8"? >
<TableLayout xmlns:android="http://schemas. android. com/apk/res/android"
    android:layout_width="match_parent"
    android:layout_height="match_parent">
    <TableRow >
        <TextView android:text="第 0 列" android:layout_weight="1"/>
        <TextView android:text="第 1 列" android:layout_weight="1"/>
        <TextView android:text="第 2 列" android:layout_weight="1"/>
        <TextView android:text="第 3 列" android:layout_weight="1"/>
    </TableRow>
        <TableRow android:gravity="center">
        <TextView android:text="第 0 列"/>
    </TableRow>
    <TableRow >
        <TextView android:text="第 0 列" android:layout_weight="1"/>
        <TextView android:text="第 1 列" android:layout_weight="1"/>
        <TextView android:text="第 2 列" android:layout_weight="1"/>
    </TableRow>
</TableLayout>
```

程序运行结果如图 3-4 所示。

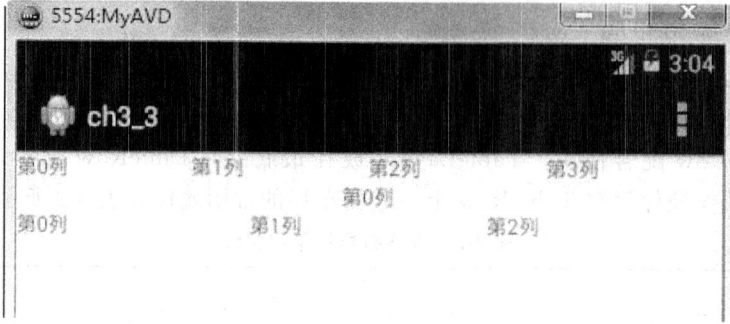

图 3-4　程序运行结果

3.1.4　框架布局

框架布局(FrameLayout)是最简单的布局方式,所有添加到这个布局中的视图都以层叠的方式显示。第一个添加的控件放到最底层,最后添加到框架中的视图显示在最上面,下层控件将会被覆盖。

［例 3-4］建立名为 ch3 _ 4 的 Android 工程,在 res \ layout \ 目录下包含一个布局资源文件 activity_main. xml,在 XML 文件中定义一个 FrameLayout,并增加三个TextView 控件,字体由大到小。

activity _ main. xml 代码如下:

```
<? xml version="1.0" encoding="utf-8"? >
<FrameLayout xmlns:android="http://schemas. android. com/apk/res/android"
    android:layout_width="fill_parent"
    android:layout_height="wrap_content">
    <TextView android:text="一大" android:textSize="160dip"
        android:layout_width="wrap_content"
        android:layout_height="wrap_content"
        android:layout_gravity="center"/>
    <TextView android:text="二大" android:textSize="60dip"
        android:layout_width="wrap_content"
        android:layout_height="wrap_content"
        android:layout_gravity="center"/>
    <TextView android:text="三大" android:textSize="12dip"
        android:layout_width="wrap_content"
        android:layout_height="wrap_content"
        android:layout_gravity="center"/>
</FrameLayout>
```

程序运行后,三个控件显示的内容重叠在了一起,最后添加到框架中的视图在最上面,下层控件将会被覆盖,如图 3-5 所示。

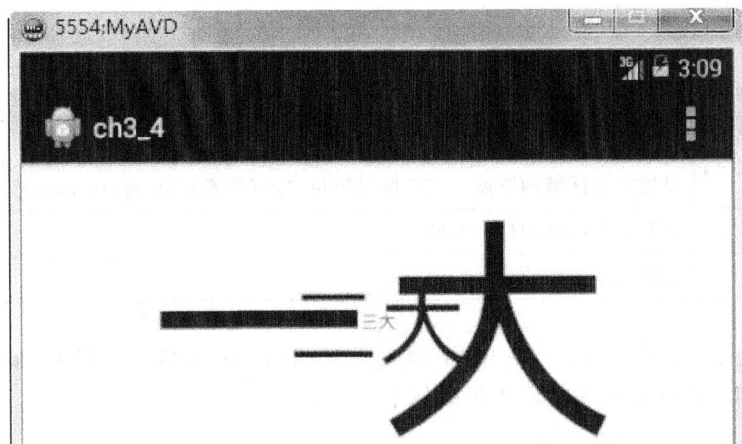

图 3-5　程序运行结果

▶ 3.2　基本界面组件

Android 为开发程序提供了许多控件，常用的有文本框（TextView）、列表（List-View）、编辑框（EditText）、图片视图（ImageView）、单项选择（RadioGroup/RadioButton）、多项选择（CheckBox）、下拉列表（Spinner）、按钮（Button）和图标按钮（ImageButton）等。

3.2.1　文本框

文本框（TextView）用来设置文本内容，其属性较多，常用的属性如表 3-3 所示。可以在布局文件中设置这些属性，并在屏幕中显示出来。也可以在 Java 代码中创建 TextView 并显示在屏幕上，如图 3-5 所示。

表 3-3　文本框的常用属性

属性名称	功能描述
autoLink	设置当文本为 URL 链接/email/电话号码/map 时，是否显示为可单击的链接，可选值：none/web/email/phone/map/all
MaxLength	限制文本显示的长度，超出部分不显示
text	设置显示的文本
textColor	设置文本颜色
textSize	设置文本大小，推荐度量单位"sp"
textStyle	设置文本字形［bold（粗体）0/italic（斜体）1/bolditalic（又粗又斜）2］，可以设置一个或多个，用"｜"隔开
typeface	设置文本字体，必须是以下常量值之一： Normal 0/sans 1/serif 2/monospace（等宽字体）3
height	设置文本区域的高度，支持度量单位：px（像素）/dp/sp/in/mm（毫米）

续表

属性名称	功能描述
maxHeight	设置文本区域的最大高度
minHeight	设置文本区域的最小高度
width	设置文本区域的宽度，支持度量单位：px(像素)/dp/sp/in/mm(毫米)
maxWidth	设置文本区域的最大宽度
minWidth	设置文本区域的最小宽度

[例 3-5]建立名为 ch3_5 的 Android 工程，打开 src 文件夹下的包 com. example. ch3_5 中的 MainActivity 类，修改代码如下：

```
package com. example. ch3_5;
import android. os. Bundle;
import android. app. Activity;
import android. widget. TextView;
public class MainActivity extends Activity {
    protected void onCreate(Bundle savedInstanceState) {
    super. onCreate(savedInstanceState);
    setContentView(R. layout. activity_main);
    TextView tv＝new TextView(this);    //创建一个 TextView 实例
    tv. setText("本行文字是通过 Java 代码实现的");    //设置显示的文字
    tv. setTextSize(30);    //设置文字的大小
    setContentView(tv);    //设置在屏幕上显示
    }
}
```

程序运行结果如图 3-6 所示。

图 3-6   程序运行结果

3.2.2 按钮和图片按钮

Android SDK 包含了两个按钮控件，即按钮(Button)和图片按钮(ImageButton)，它们功能相似，区别在于 Button 控件只有一个文本标签，而 ImageButton 可通过 src 属性显示一个图片资源。

[例 3-6]建立名为 ch3_6 的 Android 工程，在 res \ layout \ 目录下包含一个布局资源

文件 activity_main. xml，在 XML 文件中分别定义了一个 TextView、Button 和 ImageButton。

activity_main. xml 代码如下：

```
<? xml version="1.0" encoding="utf-8"? >
<LinearLayout xmlns:android="http://schemas. android. com/apk/res/android"
    android:orientation="vertical"
    android:layout_width="fill_parent"
    android:layout_height="fill_parent">
    <TextView android:id="@+id/textView1" android:text="请单击下面的按钮"
        android:layout_width="wrap_content"
        android:layout_height="wrap_content"
        android:textSize="30sp"/>
    <Button android:id="@+id/button1" android:text="普通按钮"
        android:layout_width="wrap_content"
        android:layout_height="wrap_content"/>
    <ImageButton android:id="@+id/button2" android:src="@drawable/qingwa"
        android:layout_width="wrap_content"
        android:layout_height="wrap_content"/>
</LinearLayout>
```

打开 src 文件夹下的包 com. example. ch3_6 中的 MainActivity 类，修改代码如下：

```
package com. example. ch3_6;
import android. os. Bundle;
import android. view. View;
import android. view. View. OnClickListener;
import android. widget. Button;
import android. widget. ImageButton;
import android. widget. TextView;
import android. app. Activity;
public class MainActivity extends Activity {
    protected void onCreate(Bundle savedInstanceState) {
        super. onCreate(savedInstanceState);
        setContentView(R. layout. activity_main);
        //获取 TextView、Button 和 ImageButton 对象
        final TextView tv=(TextView)findViewById(R. id. textView1);
        Button bt1=(Button)findViewById(R. id. button1);
        ImageButton bt2=(ImageButton)findViewById(R. id. button2);
        //为普通按钮绑定监听器
        bt1. setOnClickListener(new OnClickListener() {
            public void onClick(View arg0) {tv. setText("您单击了：普通按钮");}
        });
        //为图片按钮绑定监听器
```

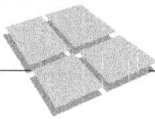

```
bt2.setOnClickListener(new OnClickListener() {
    public void onClick(View arg0) {tv.setText("您单击了:图片按钮");}
});
    }
}
```

对按钮控件来说,单击(OnClick)事件是最常发生的。上述代码中采用绑定的方法来响应按钮的单击事件。基于绑定的事件处理机制包括了事件源、事件和事件监听器 3 个部分。事件源是指产生事件的组件、硬件、资源等;事件是对动作的描述,如单击事件、按键事件,常见事件有 onClick、onKey、onTouch、onFocusChange、onCreate、onPause 等;事件监听器(Listener)用于监听事件的发生。本例中,首先通过 findViewById()方法获取 TextView、Button 和 ImageButton 对象,然后使用 new 关键字将匿名内部类实例化为单击事件监听器,最后调用按钮控件的 setOnClickListener()方法把按钮对象和监听器绑定在一起。按钮被单击后会产生 OnClick 消息,系统根据这一消息调用按钮绑定的监听器来处理事件。程序运行结果如图 3-7 所示。

图 3-7 程序运行结果

3.2.3 提示

提示(Toast)是 Android 中用来显示提示信息的一种机制,是一种提供给用户简洁信息的视图,Toast 类帮助用户创建和显示信息。该视图以浮动于应用程序之上的形式呈现给用户。因为它不获得焦点,所以即使用户正在输入也不会受到影响。它的目标是尽可能以不显眼的方式,使用户看到提供的信息。但 Toast 显示的时间有限,过一定的时间就会自动消失。使用该类最简单的方法就是调用一个静态方法 makeText(),

来构造需要的一切并返回一个新的 Toast 对象。

[例 3-7]建立名为 ch3 _ 7 的 Android 工程，在 res \ layout \ 目录下包含一个布局资源文件 activity_main. xml，在 XML 文件中定义两个按钮。

activity _ main. xml 代码如下：

```
<? xml version="1. 0" encoding="utf-8"? >
<LinearLayout xmlns:android="http://schemas. android. com/apk/res/android"
    android:orientation="vertical"
    android:layout_width="fill_parent"
    android:layout_height="fill_parent">
    <Button
        android:id="@+id/button1" android:text="long toast"
        android:layout_width="fill_parent"
        android:layout_height="wrap_content"/>
    <Button
        android:id="@+id/button2" android:text="short toast"
        android:layout_width="fill_parent"
        android:layout_height="wrap_content"/>
</LinearLayout>
```

打开 src 文件夹下的包 com. example. ch3 _ 7 中的 MainActivity 类，修改代码如下：

```
package com. example. ch3_7;
import android. os. Bundle;
import android. view. View;
import android. view. View. OnClickListener;
import android. widget. Button;
import android. widget. Toast;
import android. app. Activity;
public class MainActivity extends Activity {
    protected void onCreate(Bundle savedInstanceState) {
        super. onCreate(savedInstanceState);
        setContentView(R. layout. activity_main);
        //获得 button 的实例
        Button btn1=(Button)findViewById(R. id, button1);
        //为 button1 添加按钮事件
        btn1. setOnClickListener(new OnClickListener() {
            public void onClick(View arg0) {
                //定义一个 Toast
                Toast toast=Toast. makeText(MainActivity. this,
"这是一个长时间的 Toast",Toast. LENGTH_LONG);
                //显示 Toast
                toast. show();
            }
```

```
        });
        //获得 button 的实例
        Button btn2=(Button)findViewById(R. id. button2);
        //为 button2 添加按钮事件
        btn2. setOnClickListener(new OnClickListener() {
            public void onClick(View arg0) {
                //定义一个 Toast
                Toast toast=Toast. makeText(MainActivity. this,
"这是一个短时间的 Toast",Toast. LENGTH_SHORT);
                //显示 Toast
                toast. show();
            }
        });
    }
}
```

程序运行结果如图 3-8 所示。

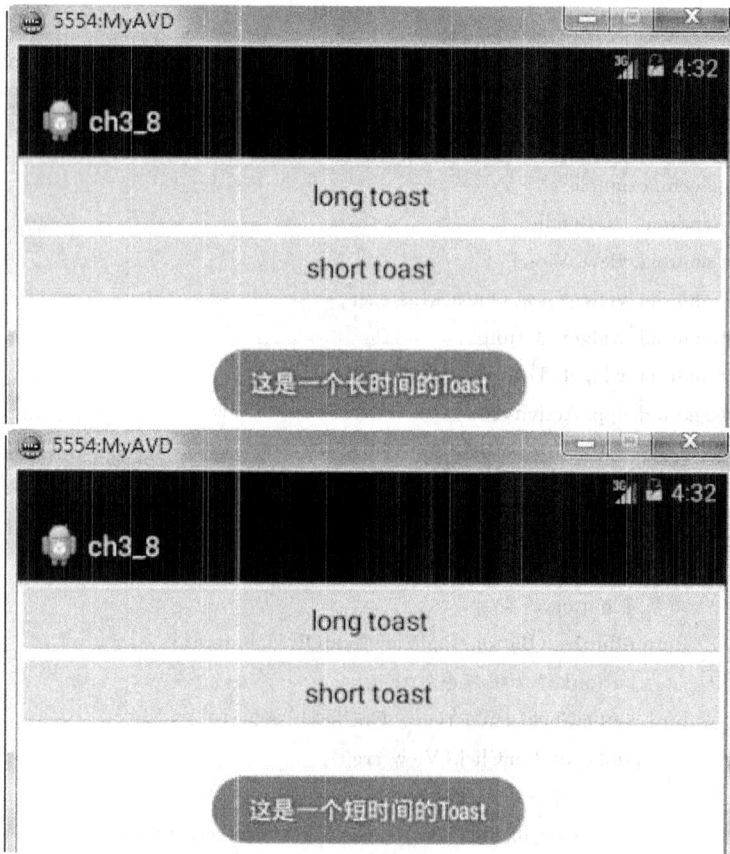

图 3-8　程序运行结果

3.2.4 编辑框

Android 中编辑框（EditText）的主要功能是作为简单的文本输入框，由于它继承自 TextView 类，所以功能上与 TextView 有很多相似之处，XML 属性如表 3-4 所示。

表 3-4 编辑框的常用属性

属性名称	功能描述
autoText	如果设置，将自动执行输入值拼写纠正，在显示输入法并输入时起作用
digits	设置允许输入哪些字符。如"1234567890.＋－＊／％＼n（）"
gravity	设置文本位置，如设置成"center"，文本将居中显示
password	以小圆点"．"显示文本
phoneNumber	设置为电话号码的输入方式
singleLine	设置单行显示，如果与 layout_width 一起使用，当文本不能全部显示时，后面用"…"表示。如果不设置 singleLine 或者设置为 false，文本将自动换行
text	设置显示的文本
textColor	设置文本颜色
textSize	设置文本大小，推荐度量单位"sp"
height	设置文本区域的高度，支持度量单位：px（像素）/dp/sp/in/mm（毫米）
maxHeight	设置文本区域的最大高度
minHeight	设置文本区域的最小高度
width	设置文本区域的宽度，支持度量单位：px（像素）/dp/sp/in/mm（毫米）
maxWidth	设置文本区域的最大宽度
minWidth	设置文本区域的最小宽度

[例 3-8]建立名为 ch3_8 的 Android 工程，在 res\layout\目录下包含一个布局资源文件 activity_main.xml，在 XML 文件中定义一个 EditText 和一个 Button。
activity_main.xml 代码如下：

```
<? xml version="1.0" encoding="utf-8"?>
<LinearLayout xmlns:android="http://schemas.android.com/apk/res/android"
    android:orientation="vertical"
    android:layout_width="fill_parent"
    android:layout_height="fill_parent">
    <EditText android:id="@+id/editText1"
        android:layout_width="fill_parent"
        android:layout_height="wrap_content"
        android:digits="1234567890.＋－＊/%\n()"/>
    <Button android:id="@+id/button1" android:text="OK"
        android:layout_width="wrap_content"
        android:layout_height="wrap_content"
        android:layout_gravity="center_horizontal"/>
```

</LinearLayout>

打开 src 文件夹下的包 com. example. ch3 _ 8 中的 MainActivity 类，修改代码如下：

```
package com. example. ch3_8；
import android. os. Bundle；
import android. view. View；
import android. view. View. OnClickListener；
import android. widget. Button；
import android. widget. EditText；
import android. widget. Toast；
import android. app. Activity；
public class MainActivity extends Activity {
    protected void onCreate(Bundle savedInstanceState) {
        super. onCreate(savedInstanceState)；
        setContentView(R. layout. activity_main)；
        Button bn＝(Button)findViewById(R. id. button1)；
        bn. setOnClickListener(new OnClickListener() {
            public void onClick(View arg0) {
                EditText et＝(EditText)findViewById(R. id. editText1)；
                String str＝et. getText(). toString()；
                Toast. makeText(MainActivity. this,str,Toast. LENGTH_LONG).
show()；
            }
        })；
    }
}
```

程序运行后，除"1234567890. ＋－＊/％\ n()"之外，其他输入的字符不能显示。单击按钮后，会提示输入的内容，如图 3-9 所示。

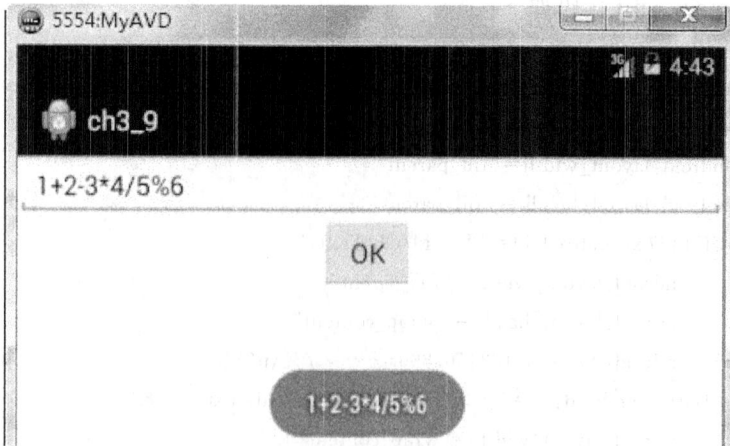

图 3-9　程序运行结果

3.2.5 图片视图

图片视图(ImageView)主要用来显示图片,可以在布局文件的 XML 属性中设置图片,也可以在 Java 代码中设置图片。

[例 3-9]建立名为 ch3_9 的 Android 工程,在 res \ layout \ 目录下包含一个布局资源文件 activity_main. xml,在 XML 文件中定义一个 ImageView 和一个 Button。

activity_main. xml 代码如下:

```
<? xml version="1.0" encoding="utf-8"? >
<LinearLayout xmlns:android="http://schemas.android.com/apk/res/android"
        android:orientation="vertical"
        android:layout_width="match_parent"
        android:layout_height="match_parent"
        android:gravity="center_horizontal">
        <ImageView android:id="@+id/image1"
            android:layout_width="wrap_content"
            android:layout_height="wrap_content"
            android:src="@drawable/off"/>
        <Button
            android:id="@+id/button1" android:text="开灯"
            android:layout_width="wrap_content"
            android:layout_height="wrap_content"
            android:textSize="30sp"/>
</LinearLayout>
```

打开 src 文件夹下的包 com. example. ch3_9 中的 MainActivity 类,修改代码如下:

```
package com. example. ch3_9;
import android. os. Bundle;
import android. view. View;
import android. view. View. OnClickListener;
import android. widget. Button;
import android. widget. ImageView;
import android. app. Activity;
public class MainActivity extends Activity {
    private boolean pic=false;
    protected void onCreate(Bundle savedInstanceState) {
        super. onCreate(savedInstanceState);
        setContentView(R. layout. activity_main);
        final ImageView iv=(ImageView)findViewById(R. id. image1);
        final Button bt=(Button)findViewById(R. id. button1);
        bt. setOnClickListener(new OnClickListener() {
            public void onClick(View arg0) {
                if(pic==true){
                    iv. setImageResource(R. drawable. off);
```

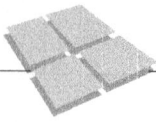

```
                bt.setText("开灯"); pic=false;}
        else{
            iv.setImageResource(R.drawable.on);
            bt.setText("关灯"); pic=true;}
        }
    });
  }
}
```

程序运行后，显示关灯图片，按钮文本为"开灯"。单击按钮后，显示开灯图片，按钮文本变为"关灯"。再次单击按钮，又会显示关灯图片图片，按钮文本再次变为"开灯"，不断循环，如图 3-10 所示。

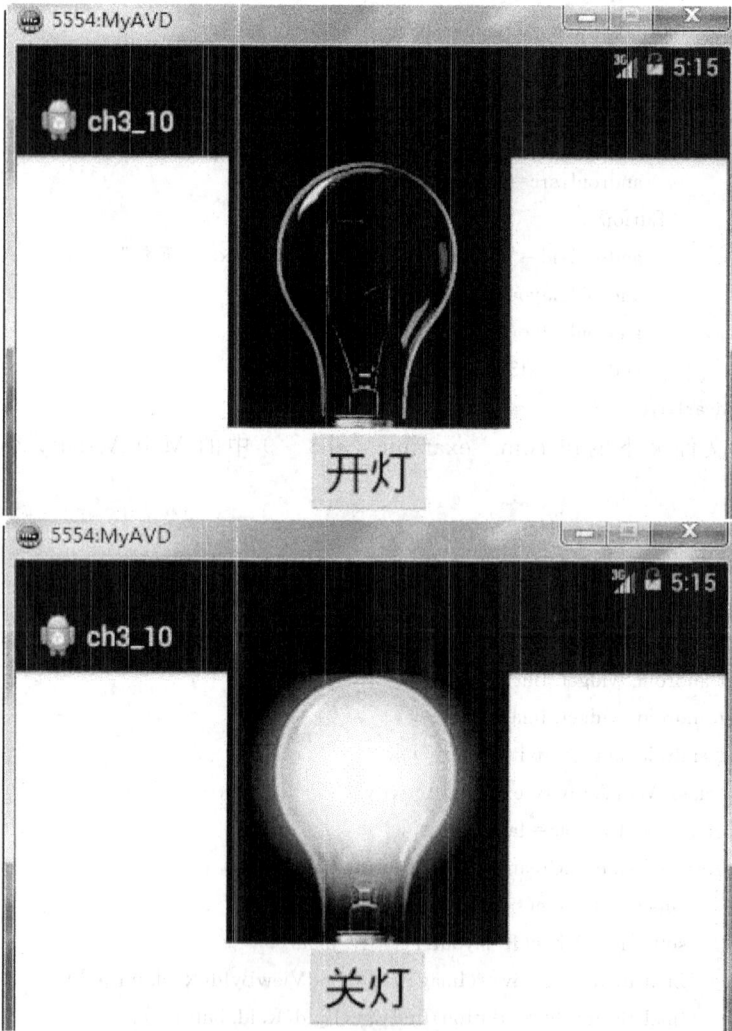

图 3-10　程序运行结果

3.2.6　单项选择

单选按钮(RadioGroup 和 RadioButton)是一种双状态按钮,可以选中或不选中。在单选按钮没有被选中时,用户能单击选中。但是,与复选框不同,用户一旦选中就不能够取消选中。多个单选按钮通常与单选组(RadioGroup)同时使用。当一个 RadioGroup 包含几个单选按钮时,选中其中一个的同时将取消其他选中的单选按钮。

(1)要用代码选中 RadioGroup 中的单选按钮,可调用 RadioGroup 的 Check()方法,传入所要选择的单选按钮的 ID。

(2)当使用者选择单选按钮后,会产生 OnCheckedChange 消息,此时可使用 RadioGroup 的 setOnCheckedChangeListener()方法为单选按钮绑定监听器 OnChecked-ChangeListener,在监听器的 OnCheckedChanged()方法中,可取得被选中单选按钮的实例,代码如下:

```
radioGroup.setOnCheckedChangeListener(new OnCheckedChangeListener(){
    public void OnCheckedChanged(RadioGroup group,int checkId){
        ...
    }
});
```

[例 3-10]建立名为 ch3_10 的 Android 工程,在 res\layout\目录下包含一个布局资源文件 activity_main.xml,在 XML 文件中定义一个 RadioGroup,它包含两个 RadioButton。

activity_main.xml 代码如下:

```
<? xml version="1.0" encoding="utf-8"? >
<LinearLayout xmlns:android="http://schemas.android.com/apk/res/android"
    android:orientation="vertical"
    android:layout_width="fill_parent"
    android:layout_height="fill_parent">
    <RadioGroup android:id="@+id/radioGroup"
        android:layout_width="wrap_content"
        android:layout_height="wrap_content">
        <RadioButton android:id="@+id/radioButton1" android:text="男"
            android:layout_width="wrap_content"
            android:layout_height="wrap_content"/>
        <RadioButton android:id="@+id/radioButton2" android:text="女"
            android:layout_width="wrap_content"
            android:layout_height="wrap_content"/>
    </RadioGroup>
</LinearLayout>
```

打开 src 文件夹下的包 com.example.ch3_10 中的 MainActivity 类,修改代码如下:

```
package com.example.ch3_10;
import android.os.Bundle;
import android.widget.RadioButton;
```

```
import android. widget. RadioGroup；
import android. widget. RadioGroup. OnCheckedChangeListener；
import android. widget. Toast；
import android. app. Activity；
public class MainActivity extends Activity {
    protected void onCreate(Bundle savedInstanceState) {
    super. onCreate(savedInstanceState)；
    setContentView(R. layout. activity_main)；
    //获取 RadioGroup 实例
    RadioGroup radioGroup=(RadioGroup)findViewById(R. id. radioGroup)；
    //设置 radioGroup 监听事件,当有选择时触发
    radioGroup. setOnCheckedChangeListener(new OnCheckedChangeListener()
        { public void onCheckedChanged(RadioGroup arg0,int checkedId) {
            //获取 RadioButton 实例
            RadioButton rb=(RadioButton)findViewById(checkedId)；
            //在 toast 中显示选择的内容
            Toast. makeText(MainActivity. this,String. valueOf(rb.
getText()),Toast. LENGTH_LONG). show()；
        }
    })；
    }
}
```

程序运行结果如图 3-11 所示。

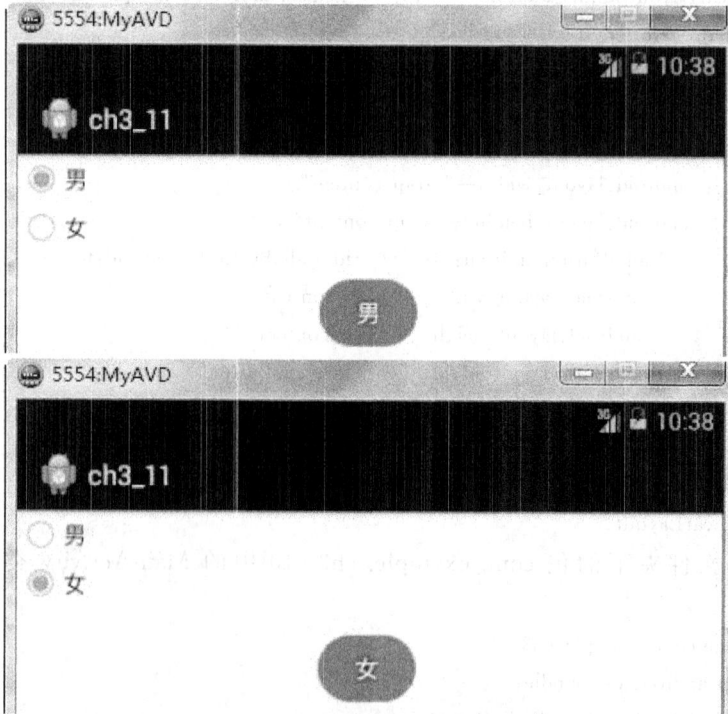

图 3-11 程序运行结果

3.2.7 多项选择

复选框是一种双状态按钮，可以选中或不选中。在复选框没有被选中时，用户能单击选中。单击已被选中的复选框，能够取消选中状态。

(1)要用代码选中复选框，可调用多项选择(CheckBox)的 setChecked()方法。

(2)当使用者改变复选框选中状态后，会产生 OnCheckedChange 消息，可使用 CheckBox 的 setOnCheckedChangeListener()方法为复选框绑定监听器 OnChecked-ChangeListener，在监听器的 OnCheckedChanged()方法中，可取得被选中 CheckBox 的实例。

(3)判断复选框是否被选中，可使用 CheckBox 的 isChecked()方法。

[例 3-11]建立名为 ch3_11 的 Android 工程，在 res\layout\目录下包含一个布局资源文件 activity_main.xml，在 XML 文件中定义三个 CheckBox、一个 Button 和一个 TextView。

activity_main.xml 代码如下：

```xml
<? xml version="1.0" encoding="utf-8"? >
<LinearLayout xmlns:android="http://schemas.android.com/apk/res/android"
    android:orientation="vertical"
    android:layout_width="fill_parent"
    android:layout_height="fill_parent">
    <TextView android:id="@+id/textView1"
        android:layout_width="wrap_content"
        android:layout_height="wrap_content"
        android:textSize="20sp"
        android:text="请选择您喜欢的运动"/>
    <CheckBox android:id="@+id/fb" android:text="足球"
        android:layout_width="wrap_content"
        android:layout_height="wrap_content"/>
    <CheckBox android:id="@+id/bb" android:text="篮球"
        android:layout_width="wrap_content"
        android:layout_height="wrap_content"/>
    <CheckBox android:id="@+id/vb" android:text="排球"
        android:layout_width="wrap_content"
        android:layout_height="wrap_content"/>
</LinearLayout>
```

打开 src 文件夹下的包 com.example.ch3_11 中的 MainActivity 类，修改代码如下：

```java
package com.example.ch3_11;
import android.os.Bundle;
import android.widget.CheckBox;
import android.widget.CompoundButton;
import android.widget.TextView;
import android.app.Activity;
```

```java
public class MainActivity extends Activity {
    private CheckBox fb,bb,vb;
    private TextView tv;
    protected void onCreate(Bundle savedInstanceState) {
        super.onCreate(savedInstanceState);
        setContentView(R.layout.activity_main);
        //获取 TextView 实例
        tv=(TextView)findViewById(R.id.textView1);
        //获取三个 CheckBox 实例
        fb=(CheckBox)findViewById(R.id.fb);
        bb=(CheckBox)findViewById(R.id.bb);
        vb=(CheckBox)findViewById(R.id.vb);
        //为三个 CheckBox 绑定监听器
        fb.setOnCheckedChangeListener(new CompoundButton.OnCheckedChangeListener() {
            public void onCheckedChanged(CompoundButton arg0,boolean arg1) {
                showResult();
            }
        });
        bb.setOnCheckedChangeListener(new CompoundButton.OnCheckedChangeListener() {
            public void onCheckedChanged(CompoundButton arg0,boolean arg1) {
                showResult();
            }
        });
        vb.setOnCheckedChangeListener(new CompoundButton.OnCheckedChangeListener() {
            public void onCheckedChanged(CompoundButton arg0,boolean arg1) {
                showResult();
            }
        });
    }
    //显示选择结果的方法
    private void showResult(){
        String str="您喜欢的运动是:";
        if(fb.isChecked()==true) str=str+"  "+fb.getText().toString();
        if(bb.isChecked()==true) str=str+"  "+bb.getText().toString();
        if(vb.isChecked()==true) str=str+"  "+vb.getText().toString();
        tv.setText(str);
    }
}
```

程序运行结果如图 3-12 所示。

图 3-12　程序运行结果

3.2.8　列表视图

在 Android 开发中列表视图(ListView)是比较常用的控件,它以列表的形式展示具体内容,并且能够根据数据的长度自适应显示。ListView 中的每个子项 Item 可以是一个字符串,也可以是一个组合控件。下面的例子中每个条目由两个 TextView 组成。

[例 3-12]建立名为 ch3 _ 12 的 Android 工程,在 res \ layout \ 目录下包含一个布局资源文件 activity _ main. xml,在 XML 文件中定义一个 ListView,并增加一个 list-view _ item. xml 文件用来显示 ListView 每个条目的 Layout。

activity _ main. xml 代码如下:

```
<? xml version="1.0" encoding="utf-8"? >
<LinearLayout xmlns:android="http://schemas. android. com/apk/res/android"
    android:orientation="vertical"
    android:layout_width="match_parent"
    android:layout_height="match_parent">
    <ListView android:id="@+id/listView1"
        android:layout_width="fill_parent"
        android:layout_height="wrap_content"
        android:text="@string/hello_world"/>
</LinearLayout>
```

listview _ item. xml 代码如下:

```
<? xml version="1.0" encoding="utf-8"? >
<LinearLayout xmlns:android="http://schemas. android. com/apk/res/android"
    android:orientation="horizontal"
    android:layout_width="fill_parent"
    android:layout_height="fill_parent">
    <TextView android:id="@+id/name" android:text="TextView01"
        android:layout_height="30dip"
        android:layout_width="180dip"/>
    <TextView android:id="@+id/ip" android:text="TextView02"
        android:layout_height="fill_parent"
        android:layout_width="fill_parent"
```

```
            android:gravity="right"/>
    </LinearLayout>
```

打开 src 文件夹下的包 com. example. ch3 _ 12 中的 MainActivity 类，修改代码如下：

```
        package com. example. ch3_12;
        import java. util. ArrayList;
        import java. util. HashMap;
        import android. os. Bundle;
        import android. app. Activity;
        import android. widget. ListView;
        import android. widget. SimpleAdapter;
        public class MainActivity extends Activity {
            private String name[]={"章文","孙俪","王庆"};
            private String IP[]={"192.168.1.100","192.168.1.101","192.168.1.102"};
            protected void onCreate(Bundle savedInstanceState) {
                super. onCreate(savedInstanceState);
                setContentView(R. layout. activity_main);
                //获取 ListView 对象
                ListView list=(ListView)findViewById(R. id. listView1);
                //定义一个 ArrayList 数组,数组元素为 HashMap 类型
                ArrayList< HashMap < String, String >> Item = new ArrayList< HashMap <
        String,
        String>>();
                //实例化 HashMap
                HashMap<String,String>map1=new HashMap<String,String>();
                HashMap<String,String>map2=new HashMap<String,String>();
                HashMap<String,String>map3=new HashMap<String,String>();
                //向 HashMap 中放入数据
                map1. put("name","章文");
                map1. put("IP","192.168.1.100");
                //向 Item 数组中放入元素
                Item. add(map1);
                map2. put("name","孙俪");
                map2. put("IP","192.168.1.101");
                Item. add(map2);
                map3. put("name","王庆");
                map3. put("IP","192.168.1.102");
                Item. add(map3);
                String[]key={"name","IP"};
                int[]id={R. id. name,R. id. ip};
                //生成适配器的 Item 和动态数组对应的元素,SimpleAdapter 作为 ListView 的数
        据源
                SimpleAdapter sa=new SimpleAdapter(this,Item,R. layout. listview_item,key,id);
```

```
            //添加数据源并显示
        list. setAdapter(sa);
            //添加 ListView 事件监听
        list. setOnItemClickListener(new OnItemClickListener() {
                public void onItemClick (AdapterView<? > arg0, View arg1, int arg2, long
arg3) {
                    //设置显示当前选择的项
                    Toast. makeText(MainActivity. this, name[arg2]+IP[arg2], Toast. LENGTH_
LONG). show();
                }
            });
        }
    }
```

这里用到了数据适配器，根据类型不同，数据适配器可分为 ArrrayAdapter、SimpleAdapter 和 SimpleCursorAdapter 三种。其中 ArrrayAdapter 最为简单，只能展示一行字。SimpleAdapter 具有最好的扩充性，可以自定义各种效果。SimpleCursorAdapter 是 SimpleAdapter 对数据库的结合，可以方便地把内容以列表形式展示出来。SimpleAdapter 的构造函数为：

publicSimpleAdapter(Context context, List<? extends Map< String,? > > data, int resource, String[]from, int[]to)

第一个参数 Context 是 SimpleAdapter 所要关联的视图，一般是 SimpleAdapter 所在的 Activity，因此这个参数一般为"当前 Activity 的名字. this"。

第二个参数是一个列表，一般采用 ArrrayList，它内部存储的是 Map 或继承自 Map 的对象，如 HashMap。ArrrayList 作为数据源，它的每一行就代表呈现出来的一行，Map 的键就是这一行的列名，值也是列名。

第三个参数是资源文件，就是要加载每行中的两列所需的视图资源文件，一般在 Layout 中建立相应的 XML 文件，如 listview _ item. xml。它左右两侧各有一个 TextView，其目的在于呈现左右两列的值。

第四个参数是一个 String 类型的数组，主要将 Map 对象中的名称映射到列名。

第五个参数是第四个参数的值所对应对象的 ID，它是一个int 类型的数组，元素值就是 Layout 中 XML 文件里 TextView 的 ID。

程序运行结果如图 3-13 所示。

3.2.9   下拉列表

当我们在某个网站注册账号时，常常需要提供性别、生日、所在城市等信息。网站开发人员为方便用户，会提供一个下拉列表(Spinner)将所有可选项列出，供用户选择。Android 的 Spinner 能轻松实现这一功能。下面通过一个让用户选择自己喜欢颜色的示例来分析 Spinner 的具体用法。当用户单击下拉列表时，选择的内容会显示在 TextView 中。

[例 3-13]建立名为 ch3 _ 13 的 Android 工程，在 res \ layout \ 目录下包含一个布局资源文件 activity_main. xml，在 XML 文件中定义一个 Spinner 和一个 TextView。

图 3-13　程序运行结果

activity_main. xml 代码如下：

```
<? xml version="1.0" encoding="utf-8"? >
<LinearLayout xmlns:android="http://schemas. android. com/apk/res/android"
    android:orientation="horizontal"
    android:layout_width="fill_parent"
    android:layout_height="fill_parent">
    <TextView android:id="@+id/textView1"
        android:layout_width="wrap_content"
        android:layout_height="wrap_content"
        android:text="您喜欢的动物是:"
        android:textSize="18sp"/>
    <Spinner android:id="@+id/spinner1"
        android:layout_width="fill_parent"
        android:layout_height="wrap_content" />
</LinearLayout>
```

打开 src 文件夹下的包 com. example. ch3_13 中的 MainActivity 类，修改代码如下：

```
package com. example. ch3_13;
import android. os. Bundle;
import android. widget. AdapterView;
import android. widget. AdapterView. OnItemSelectedListener;
import android. widget. ArrayAdapter;
import android. widget. Spinner;
import android. widget. Toast;
import android. app. Activity;
public class MainActivity extends Activity {
    private String[]animals={"猎狗","羚羊","老虎"};
    private Spinner sp;
    private ArrayAdapter<String>adapter;
```

```
protected void onCreate(Bundle savedInstanceState) {
    super.onCreate(savedInstanceState);
    setContentView(R.layout.activity_main);
    sp=(Spinner)findViewById(R.id.spinner1);
    //将可选内容与 ArrayAdapter 连接
    adapter=new ArrayAdapter<String>(this,android.R.layout.
simple_spinner_item,animals);
        //设置下拉列表的风格
    adapter.setDropDownViewResource(android.R.layout.
simple_spinner_dropdown_item);
        //将 adapter 添加到 sp 中
    sp.setAdapter(adapter);
        //添加 Spinner 事件监听
    sp.setOnItemSelectedListener(new OnItemSelectedListener() {
        public void onItemSelected(AdapterView<? >arg0,
            android.view.View arg1,int arg2,long arg3) {
            //设置显示当前选择的项
            Toast.makeText(MainActivity.this,animals[arg2],Toast.LENGTH_
LONG).show();
        }
        public void onNothingSelected(AdapterView<? >arg0) {}
    });
    }
}
```

程序运行结果如图 3-14 所示。

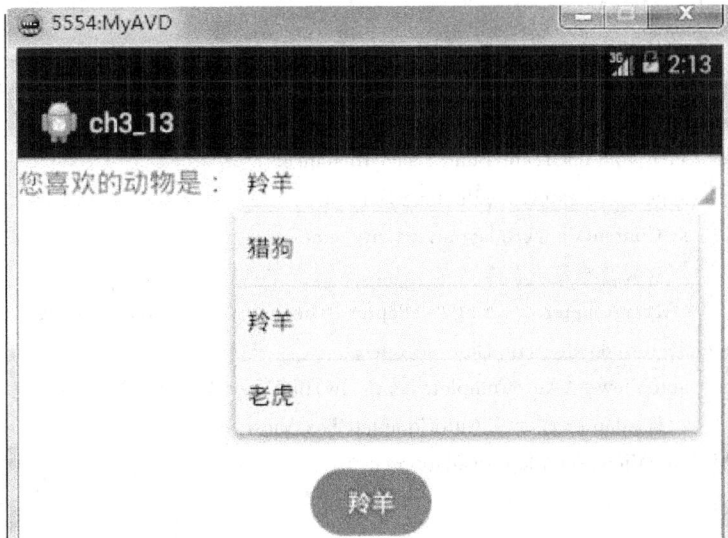

图 3-14　程序运行结果

3.2.10 自动提示

很多文体框都有自动提示（AutoCompleteTextView）功能，当输入一个字母或一个汉字时，会自动显示一些提示信息。下面的例子中，当在文本框中输入"go"时，会自动提示有两个选择项"google"和"google search"；当输入"ba"时，会有自动提示有两个选择项"baidu"和"baidu search"。

[例 3-14]建立名为 ch3_14 的 Android 工程，在 res\layout\ 目录下包含一个布局资源文件 activity_main.xml，在 XML 文件中定义一个 AutoCompleteTextView。

activity_main.xml 代码如下：

```xml
<? xml version="1.0" encoding="utf-8"? >
<LinearLayout xmlns:android="http://schemas.android.com/apk/res/android"
    android:orientation="vertical"
    android:layout_width="fill_parent"
    android:layout_height="wrap_content">
    <AutoCompleteTextView android:id="@+id/act"
        android:layout_width="fill_parent"
        android:layout_height="wrap_content"/>
</LinearLayout>
```

打开 src 文件夹下的包 com.example.ch3_14 中的 MainActivity 类，修改代码如下：

```java
package com.example.ch3_14;
import android.os.Bundle;
import android.widget.ArrayAdapter;
import android.widget.AutoCompleteTextView;
import android.app.Activity;
public class MainActivity extends Activity {
    //定义自动提示内容
    private static final String[]search={"google","google search","baidu","baidu search"};
    private AutoCompleteTextView autoView;
    protected void onCreate(Bundle savedInstanceState) {
        super.onCreate(savedInstanceState);
        setContentView(R.layout.activity_main);
        //设置数据源适配器
        ArrayAdapter<String> adapter = new ArrayAdapter<String>(this,android.R.layout.simple_dropdown_item_1line,search);
        autoView=(AutoCompleteTextView)findViewById(R.id.act);
        //将 adapter 添加到 AutoCompleteTextView 中
        autoView.setAdapter(adapter);
    }
}
```

程序运行结果如图 3-15 所示。

图 3-15　程序运行结果

3.2.11　日期和时间

在生活中我们经常会用到一些日期和时间(DatePicker 和 TimePicker)的选择。比如，更改系统时间、设置闹钟、输入日期等。Android 提供了非常人性化的日期和时间选择。

[例 3-15]建立名为 ch3 _ 15 的 Android 工程，在 res \ layout \ 目录下包含一个布局资源文件 activity_main. xml，在 XML 文件中定义一个 DatePicker 和 TimePicker 控件。

activity _ main.　xml 代码如下：

```
<? xml version="1. 0" encoding="utf-8"? >
<LinearLayout xmlns:android="http://schemas. android. com/apk/res/android"
    android:orientation="vertical"
    android:layout_width="fill_parent"
    android:layout_height="fill_parent">
    <TextView android:id="@+id/textView1"
        android:layout_width="fill_parent"
        android:layout_height="wrap_content"/>
    <DatePicker android:id="@+id/datePicker1"
        android:layout_width="wrap_content"
        android:layout_height="wrap_content"
        android:layout_gravity="center_horizontal"/>
    <TimePicker android:id="@+id/timePicker1"
        android:layout_width="wrap_content"
        android:layout_height="wrap_content"
        android:layout_gravity="center_horizontal"/>
</LinearLayout>
```

打开 src 文件夹下的包 com. example. ch3 _ 15 中的 MainActivity 类，修改代码如下：

```
package com. example. ch3_15;
```

```
import java. util. Calendar;
import android. os. Bundle;
import android. widget. DatePicker;
import android. widget. TextView;
import android. widget. TimePicker;
import android. widget. TimePicker. OnTimeChangedListener;
import android. app. Activity;
import android. widget. DatePicker. OnDateChangedListener;
public class MainActivity extends Activity {
    //定义 5 个记录当前时间的变量
    private int year,month,day,hour,minute;
    protected void onCreate(Bundle savedInstanceState) {
        super. onCreate(savedInstanceState);
        setContentView(R. layout. activity_main);
        //获取 DatePicker 和 TimePicker 实例
        DatePicker dp=(DatePicker)findViewById(R. id. datePicker1);
        TimePicker tp=(TimePicker)findViewById(R. id. timePicker1);
        //获取当前的年、月、日、小时、分钟
        Calendar c=Calendar. getInstance();
        year=c. get(Calendar. YEAR);
        month=c. get(Calendar. MONTH);
        day=c. get(Calendar. DAY_OF_MONTH);
        hour=c. get(Calendar. HOUR);
        minute=c. get(Calendar. MINUTE);
        //显示当前日期、时间
        showDate(year,month,day,hour,minute);
        //初始化 DatePicker 组件,初始化时指定监听器
        dp. init(year,month,day,new OnDateChangedListener(){
            public void onDateChanged(DatePicker arg0,int year,int month,int day){
                MainActivity. this. year=year;
                MainActivity. this. month=month;
                MainActivity. this. day=day;
                //显示当前日期、时间
                showDate(year,month,day,hour,minute);}
        });
        //为 TimePicker 指定监听器
        tp. setOnTimeChangedListener(new OnTimeChangedListener() {
            public void onTimeChanged(TimePicker view,int hourOfDay,int minute) {
                MainActivity. this. hour=hourOfDay;
                MainActivity. this. minute=minute;
                //显示当前日期、时间
                showDate(year,month,day,hour,minute);}
        });
```

```
        }
        //定义在 EditText 中显示当前日期、时间的方法
        private void showDate(int year,int month,int day,int hour,int minute){
            TextView show=(TextView)findViewById(R. id. textView1);
            show. setText("您选择的日期和时间为:"+year+"年"+(month+1)+"月"+day
        +"日  "+hour+"时"+minute+"分");
        }
    }
```

程序运行结果如图 3-16 所示,使用 DatePicker 和 TimePicker 修改日期或时间后,
选择的日期和时间会显示在屏幕上的文本框中。

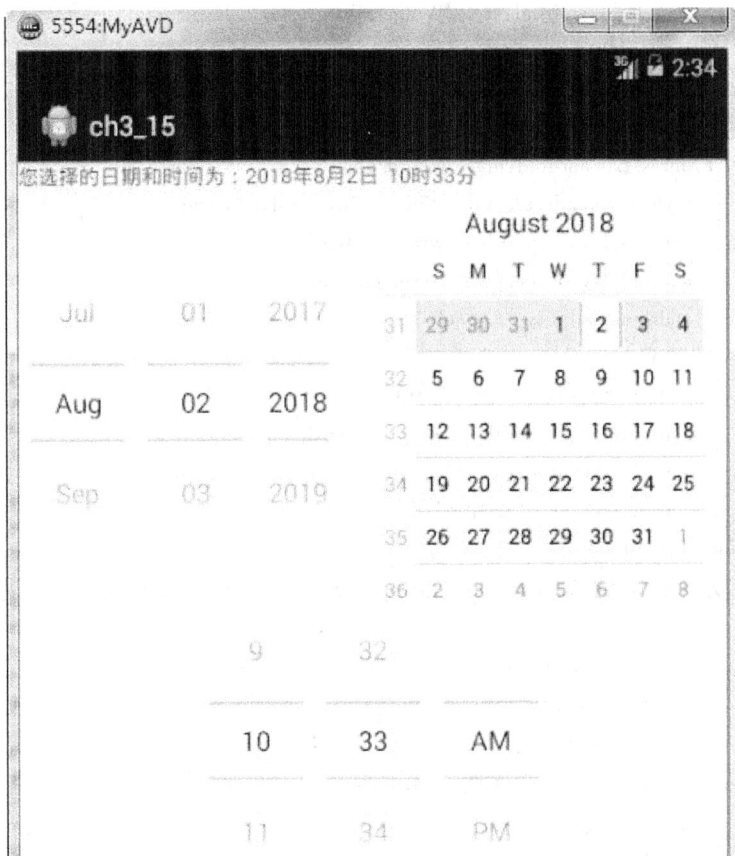

图 3-16 程序运行结果

3.2.12 进度条

Android 中的进度条(ProgressBar)控件在开发中经常用到,如用户浏览网页时,
中间肯定有传输过程,进度条用来让用户耐心等待。进度条有圆形和长条形两种,在
应用程序任务时间长度不确定的情况下,显示循环动画。

[例 3-16]建立名为 ch3_16 的 Android 工程,在 res \ layout \ 目录下包含一个布
局资源文件 activity_main. xml,在 XML 文件中定义两个 ProgressBar 和一个 Button
控件。第一个 ProgressBar 属性 style="@android:style/Widget. ProgressBar. Hori-

zontal"表示为长条形。第二个 ProgressBar 属性 style＝"＠android：style/Widget. ProgressBar. Large"表示为圆形，且一直会旋转。android：visibility＝"gone"属性进度条不可见。

activity＿main. xml 代码如下：

```
<? xml version="1.0" encoding="utf-8"? >
<LinearLayout xmlns:android="http://schemas. android. com/apk/res/android"
    android:orientation="vertical"
    android:layout_width="fill_parent"
    android:layout_height="fill_parent">
    <ProgressBar android:id="@+id/Lbar"
        style="@android:style/Widget. ProgressBar. Horizontal"
        android:layout_width="fill_parent"
        android:layout_height=".30dp"
        android:visibility="gone"/>
    <ProgressBar android:id="@+id/Cbar"
        style="@android:style/Widget. ProgressBar. Large"
        android:layout_width="wrap_content"
        android:layout_height="wrap_content"
        android:visibility="gone"/>
    <Button
        android:id="@+id/myButton"
        android:layout_width="wrap_content"
        android:layout_height="wrap_content"
        android:text="开始进度" />
</LinearLayout>
```

打开 src 文件夹下的包 com. example. ch3＿16 中的 MainActivity 类，修改代码如下：

```
package com. example. ch3_16;
import android. os. Bundle；
import android. view. View；
import android. view. View. OnClickListener；
import android. widget. Button；
import android. widget. ProgressBar；
import android. app. Activity；
public class MainActivity extends Activity {
    //声明变量
    private ProgressBar lbar=null；
    private ProgressBar cbar=null；
    private Button bn=null；
    private int i=0；
    protected void onCreate(Bundle savedInstanceState) {
        super. onCreate(savedInstanceState)；
```

```
        setContentView(R. layout. activity_main);
        //获取控件对象
        lbar=(ProgressBar)findViewById(R. id. Lbar);
        cbar=(ProgressBar)findViewById(R. id. Cbar);
        bn=(Button)findViewById(R. id. myButton);
        bn. setOnClickListener(new OnClickListener() {
            public void onClick(View arg0) {
                if(i==0){
                    //设置进度条为可见状态
                    lbar. setVisibility(View. VISIBLE);
                    cbar. setVisibility(View. VISIBLE);
                    lbar. setMax(100);
                    bn. setText(i * 100/lbar. getMax()+"%");
                }
                else if(i<lbar. getMax()){
                    //设置长条形进度条的当前值
                    lbar. setProgress(i);
                    bn. setText(i * 100/lbar. getMax()+"%");
                }
                else{
                    //设置进度条为不可见状态
                    lbar. setVisibility(View. GONE);
                    cbar. setVisibility(View. GONE);
                    bn. setText("开始进度");
                    i=-10;
                }
                i=i+10;
            }
        });
    }
}
```

程序运行后，单击按钮将出现两个进度条，一个是长条形，另一个是圆形。每单击一次按钮，进度条前进 10%，进度百分比会显示在按钮上。圆形进度条没有进度表示，只是不停转圈。当单按钮 10 次后，整个进度完成，这时进度条消失，如图 3-17 所示。

▶ 3.3 菜单

菜单(Menu)是许多应用程序不可或缺的一部分，所有搭载 Android 系统的手机都有一个"MENU"键，由此可见菜单在 Android 程序中的重要性。Android SDK 提供了三种菜单，即选项菜单(Options Menu)、上下文菜单(Context Menu)和子菜单(Sub Menu)。前两者都可以嵌套子菜单，而子菜单本身不能再嵌套。Android 系统具备对菜

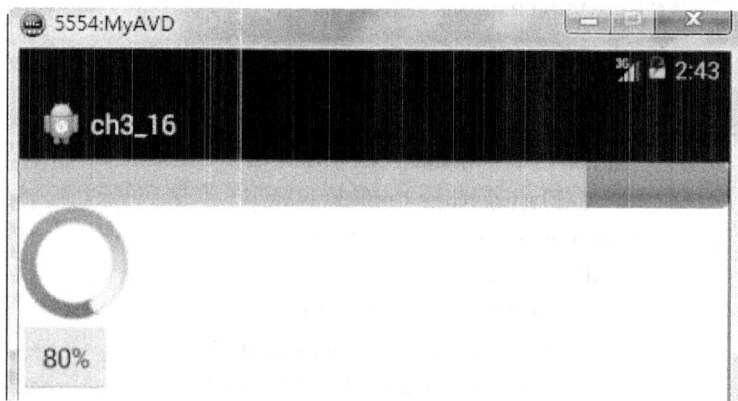

图 3-17　程序运行结果

单项进行分组的功能，可以把相似功能的菜单项分成同一个组。菜单项分组后，可以调用 setGroupEnabled()、setGroupCheckable()、setGroupVisible()等方法来统一设置整个菜单项分组的属性，而无需一个一个单独设置。

选项菜单可通过单击手机屏幕上的"MENU"键来显示，它位于屏幕下方，最多只能显示 6 个菜单项。若菜单项超过 6 个，则第 6 个菜单项会被系统替换成一个叫作"更多(More)"的菜单项，它可以展开一个子菜单，原来屏幕下方显示不下的菜单项都会显示在子菜单中，这个子菜单被称为扩展菜单(Expanded Menu)。上下文菜单是用户在 Android 系统长按某个视图控件后出现的菜单，相当于 Window 中单击鼠标右键。

特别需要说明的是，从 Android4.0 以后，选项菜单与子菜单合并在了一起，并且不支持显示图片。要使用以前的样式，可将工程配置文件 AndroidManifest. xml 中 <application. . . />子元素的 android:theme="@style/AppTheme"属性删除，同时将 <uses-sdk. . . />子元素的 android:targetSdkVersion 属性值修改为 9。

3.3.1　选项菜单

按下 Android 手机上的"MENU"键时，每个 Activity 都可以选择处理这一请求，在屏幕底部弹出一个菜单，即选项菜单(Options Menu)。一般情况下，选项菜单最多显示 2 排 3 列个菜单项，这些菜单项包含文字和图标，又被称为图标菜单(Icon Menu)。

［例 3-17］建立名为 ch3_17 的 Android 工程，在 res \ layout \ 目录下包含一个布局资源文件 activity_main. xml，在文件中定义一个 TextView 控件。在 res \ menu \ 目录下创建一个菜单资源文件 optionsmenu. xml，在文件中定义菜单。

activity_main. xml 代码如下：

```
<? xml version="1.0" encoding="utf-8"? >
<LinearLayout xmlns:android="http://schemas. android. com/apk/res/android"
    android:orientation="vertical"
    android:layout_width="fill_parent"
    android:layout_height="fill_parent">
    <TextView android:id="@+id/textView1"
        android:layout_width="fill_parent"
```

```
            android:layout_height="wrap_content"
            android:text="单击 MENU 键显示菜单"
            android:textSize="20sp"/>
    </LinearLayout>
```

optionsmenu. xml 代码如下：

```
    <? xml version="1.0" encoding="utf-8"? >
    <menu xmlns:android="http://schemas.android.com/apk/res/android">
        <item android:id="@+id/item1" android:orderInCategory="1"
            android:icon="@drawable/phone" android:title="电话"/>
        <item android:id="@+id/item2" android:orderInCategory="2"
            android:icon="@drawable/camera" android:title="拍照"/>
        <item android:id="@+id/item3" android:orderInCategory="3"
            android:icon="@drawable/browser" android:title="游览器"/>
        <item android:id="@+id/item4" android:orderInCategory="4"
            android:icon="@drawable/message" android:title="短信"/>
        <item android:id="@+id/item5" android:orderInCategory="5"
            android:icon="@drawable/setting" android:title="设置"/>
        <item android:id="@+id/item6" android:orderInCategory="6"
            android:icon="@drawable/weather" android:title="天气"/>
        <item android:id="@+id/item6" android:orderInCategory="7"
            android:icon="@drawable/address" android:title="通讯簿"/>
        <item android:id="@+id/item6" android:orderInCategory="8"
            android:icon="@drawable/recorder" android:title="录音机"/>
    </menu>
```

打开 src 文件夹下的包 com. example. ch3 _ 17 中的 MainActivity 类，修改代码如下：

```
    package com.example.ch3_17;
    import android.app.Activity;
    import android.os.Bundle;
    import android.view.Menu;
    import android.view.MenuInflater;
    import android.view.MenuItem;
    import android.widget.TextView;
    public class MainActivity extends Activity{
        private TextView tv=null;
        public void onCreate(Bundle savedInstanceState){
            super.onCreate(savedInstanceState);
            setContentView(R.layout.activity_main);
            tv=(TextView)findViewById(R.id.textView1);
        }
        //重写 onCreateOptionsMenu 用以创建选项菜单
        public boolean onCreateOptionsMenu(Menu menu){
```

```
            MenuInflater my＝new MenuInflater(this);
            my.inflate(R.menu.optionsmenu,menu);
            return true;
        }
        //重写 onOptionsItemSelected 用以响应选项菜单
        public boolean onOptionsItemSelected(MenuItem item){
            switch(item.getOrder()){
            case 1:
                tv.setText("您选择的菜单项为:"＋item.getTitle());
                break;
            case 2:
                tv.setText("您选择的菜单项为:"＋item.getTitle());
                break;
            case 3:
                tv.setText("您选择的菜单项为:"＋item.getTitle());
                break;
            case 4:
                tv.setText("您选择的菜单项为:"＋item.getTitle());
                break;
            case 5:
                tv.setText("您选择的菜单项为:"＋item.getTitle());
                break;
            case 6:
                tv.setText("您选择的菜单项为:"＋item.getTitle());
                break;
            case 7:
                tv.setText("您选择的菜单项为:"＋item.getTitle());
                break;
            case 8:
                tv.setText("您选择的菜单项为:"＋item.getTitle());
                break;
            }
            return false;
        }
    }
```

　　上述代码中采用回调的方法来响应菜单项被选中事件。回调是指当用户在控件上激发某个事件时,控件自己或其所在的 Activity 特有的方法会负责处理该事件。对于基于监听的事件处理模型来说,事件源和监听器是分离的,事件源产生的事件交给监听器负责处理;对于基于回调的事件处理模型来说,事件源和监听器是统一的,事件源产生的事件由事件源本身处理。为实现回调机制的事件处理,Android 为所有控件都提供了一些事件处理回调方法。例如,View 类就包含有 onKeyDown()、onKeyLong-Press()、onTouchEvent()等回调方法。几乎所有回调方法都有一个 boolean 类型的返回值，用于标识处理方法是否能完成处理该事件。返回 true，表示该方法已完全处理该事件，该事件不会传播出去；返回 false，表示该方法并未完全处理该事件，该事件会传播出去。控件上所发生的事件不仅激发了该控件上的回调方法，也会触发它所在 Activity 的回调方法。事件最先触发的是控件上绑定的监听器，接着才触发控件自身的回调方法，最后触发控件所在 Activity 的回调方法。不管是监听器事件处理方法还是控件或其所在 Activity 的回调方法，返回 true 后事件就不会继续向后传播，后面的事件处理方法也不会被执行。在本例中，单击 MENU 键显示选项菜单。选择菜单项后，系统调用菜单项所在 Activity 的回调方法 onOptionsItemSelected() 将菜单项标题显示在屏幕上的文本框中，程序运行结果如图 3-18 所示。

图 3-18　程序运行结果

3.3.2　子菜单

一般情况下，Android 手机屏幕底部弹出一个菜单后，单击菜单项会弹出子菜单（Sub Menu）。下面通过一个例子来学习选项菜单的子菜单。

[例 3-18]建立名为 ch3_18 的 Android 工程，在 res\layout\目录下包含一个布局资源文件 activity_main.xml，在文件中定义一个 TextView 控件。在 res\menu\目录下创建一个菜单资源文件 submenu.xml，在文件中定义菜单。其中，主菜单包括电话、拍照、游览器、短信、设置、天气、通讯簿、录音机 6 个菜单项；"设置"菜单项下有屏幕风格、背景颜色、音量大小子 3 个子菜单项。activity_main.xml 与例 3-17 相同，此处不再赘述。

submenu.xml 代码如下：

```
<? xml version="1.0" encoding="utf-8"? >
<menu xmlns:android="http://schemas.android.com/apk/res/android">
    <item android:id="@+id/item1" android:orderInCategory="1"
        android:icon="@drawable/phone" android:title="电话"/>
    <item android:id="@+id/item2" android:orderInCategory="2"
```

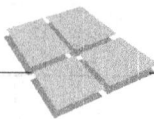

```
                android:icon="@drawable/camera" android:title="拍照"/>
        <item android:id="@+id/item3" android:orderInCategory="3"
                android:icon="@drawable/browser" android:title="游览器"/>
        <item android:id="@+id/item4" android:orderInCategory="4"
                android:icon="@drawable/message" android:title="短信"/>
        <item android:id="@+id/item5" android:orderInCategory="5"
                android:icon="@drawable/setting" android:title="设置">
            <menu>
                <item android:id="@+id/item51" android:orderInCategory="51"
                        android:title="屏幕风格"/>
                <item android:id="@+id/item52" android:orderInCategory="52"
                        android:title="背景颜色"/>
                <item android:id="@+id/item53" android:orderInCategory="52"
                        android:title="音量大小"/>
            </menu>
        </item>
        <item android:id="@+id/item6" android:orderInCategory="6"
                android:icon="@drawable/weather" android:title="天气"/>
        <item android:id="@+id/item6" android:orderInCategory="7"
                android:icon="@drawable/address" android:title="通讯簿"/>
        <item android:id="@+id/item6" android:orderInCategory="8"
                android:icon="@drawable/recorder" android:title="录音机"/>
    </menu>
```

打开 src 文件夹下的包 com. example. ch3＿18 中的 MainActivity 类，修改代码如下：

```java
package com.example.ch3_18;
import android.app.Activity;
import android.os.Bundle;
import android.view.Menu;
import android.view.MenuInflater;
import android.view.MenuItem;
import android.widget.TextView;
public class MainActivity extends Activity{
    private TextView tv=null;
    public void onCreate(Bundle savedInstanceState){
        super.onCreate(savedInstanceState);
        setContentView(R.layout.activity_main);
        tv=(TextView)findViewById(R.id.textView1);
    }
    //重写 onCreateOptionsMenu 用以创建子菜单
    public boolean onCreateOptionsMenu(Menu menu){
        MenuInflater my=new MenuInflater(this);
        my.inflate(R.menu.submenu,menu);
```

```
            return true;
        }
        //重写 onOptionsItemSelected 用以响应子菜单
        public boolean onOptionsItemSelected(MenuItem item){
            switch(item.getOrder()){
            case 1:
                tv.setText("您选择的菜单项为:"+item.getTitle());
                break;
            case 2:
                tv.setText("您选择的菜单项为:"+item.getTitle());
                break;
            case 3:
                tv.setText("您选择的菜单项为:"+item.getTitle());
                break;
            case 4:
                tv.setText("您选择的菜单项为:"+item.getTitle());
                break;
            case 5:
                tv.setText("您选择的菜单项为:"+item.getTitle());
                break;
            case 6:
                tv.setText("您选择的菜单项为:"+item.getTitle());
                break;
            case 7:
                tv.setText("您选择的菜单项为:"+item.getTitle());
                break;
            case 8:
                tv.setText("您选择的菜单项为:"+item.getTitle());
                break;
            case 51:
                tv.setText("您选择的菜单项为:"+item.getTitle());
                break;
            case 52:
                tv.setText("您选择的菜单项为:"+item.getTitle());
                break;
            }
            return false;
        }
    }
```

程序运行结果如图 3-19 所示。

图 3-19　程序运行结果

3.3.3　上下文菜单

在 Windows 中，我们已经习惯了在文件上右键单击鼠标来执行"打开""剪切""删除"等操作，这个右键弹出的菜单就是上下文菜单(Context Menu)。手机的操作方式与使用鼠标的台式计算机不同，目前大多数智能手机是全触屏的，没有物理键盘和鼠标，而是通过长按某个视图元素来弹出上下文菜单的。Context Menu 与 Options Menu 最大的不同在于，Options Menu 的拥有者是 Activity，而 Context Menu 的拥有者是 Activity 中的 View。每个 Activity 有且只有一个 Options Menu，它为整个 Activity 服务。而一个 Activity 往往有多个 View，并不是每个 View 都有 Context Menu，这就需要通过 registerForContextMenu()方法来注册。

[例 3-19]建立名为 ch3_19 的 Android 工程，在 res\layout\目录下包含一个布局资源文件 activity_main.xml，在文件中定义一个 TextView 控件。在 res\menu\目录下创建一个菜单资源文件 contextmenu.xml，在文件中定义菜单，包括红色、绿色、蓝色 3 个菜单项。

activity_main.xml 代码如下：

```
<? xml version="1.0" encoding="utf-8"? >
<LinearLayout xmlns:android="http://schemas.android.com/apk/res/android"
android:orientation="vertical"
android:layout_width="fill_parent"
android:layout_height="fill_parent">
<TextView android:id="@+id/textView1"
    android:layout_width="fill_parent"
    android:layout_height="wrap_content"
    android:textSize="30sp"
    android:text="长按文本框显示菜单"/>
```

　　　　　　</LinearLayout>

contextmenu. xml 代码如下：

```
<? xml version="1. 0" encoding="utf-8"? >
<menu xmlns:android="http://schemas. android. com/apk/res/android">
    <item android:id="@+id/item1" android:orderInCategory="1"
        android:title="红色"/>
    <item android:id="@+id/item2" android:orderInCategory="2"
        android:title="绿色"/>
    <item android:id="@+id/item3" android:orderInCategory="3"
        android:title="蓝色"/>
</menu>
```

　　打开 src 文件夹下的包 com. example. ch3_19 中的 MainActivity 类，修改代码如下：

```
package com. example. ch3_19;
import android. os. Bundle;
import android. app. Activity;
import android. view. ContextMenu;
import android. view. ContextMenu. ContextMenuInfo;
import android. view. MenuItem;
import android. view. View;
import android. widget. TextView;
public class MainActivity extends Activity {
    private TextView tv=null;
    protected void onCreate(Bundle savedInstanceState) {
        super. onCreate(savedInstanceState);
        setContentView(R. layout. activity_main);
        tv=(TextView)findViewById(R. id. textView1);
        //为 TextView 对象注册一个上下文菜单
        this. registerForContextMenu(tv);
    }
    //重写 onCreateContextMenu 以生成上下文菜单
    public void onCreateContextMenu(ContextMenu menu,View v,
            ContextMenuInfo menuInfo) {
        getMenuInflater(). inflate(R. menu. contextmenu,menu);
    }
    //重写 onContextItemSelected 用以响应上下文菜单
    public boolean onContextItemSelected(MenuItem item){
        switch(item. getOrder()){
        case 1:
            tv. setBackgroundColor(android. graphics. Color. RED);
            break;
        case 2:
```

```
                    tv. setBackgroundColor(android. graphics. Color. GREEN);
                    break;
        case 3:
                    tv. setBackgroundColor(android. graphics. Color. BLUE);
                    break;
            }
            return true;
        }
    }
```

长按文本框弹出上下文菜单，选择菜单项后，文本框背景颜色会发生改变，程序运行结果如图 3-20 所示。

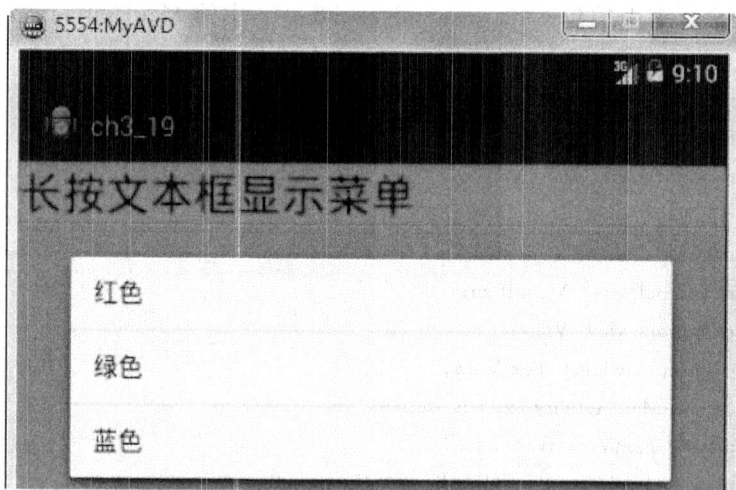

图 3-20　程序运行结果

3.4　对话框

Android 中对话框主要有"提示"对话框、"列表"对话框、"单选"对话框、"多选"对话框、"进度条"对话框、"简单视图"对话框、"自定义格式"对话框等。可通过 Activity 的 onCreateDialog()方法或 Builder 的 creat()方法创建对话框；调用 Activity 的 show-Dialog()方法或 Dialog 的 show()方法可显示对话框；关闭对话框可用 Activity 的 dis-missDialog()方法或 Dialog 的 dismiss()方法实现，也可以调用 Activity 的 removeDia-log()方法来彻底释放对话框。另外，使用 Activity 的 onPrepareDialog()可在每一次打开对话框时改变它的属性；若将 Dialog 对象与 onDismissListener 绑定，可在关闭对话框时执行特定工作。

3.4.1　提示对话框

执行一个操作时，弹出一个提示，以便让用户确认是否进行该操作，这时就需要一个提示对话框。

[例 3-20]建立名为 ch3 _ 20 的 Android 工程，在 res \ layout \ 目录下包含一个布局资源文件 activity _ main. xml，在 XML 文件中定义一个按钮。

activity _ main. xml 代码如下：

```xml
<? xml version="1. 0" encoding="utf-8"? >
<LinearLayout xmlns:android="http://schemas. android. com/apk/res/android"
    android:orientation="vertical"
    android:layout_width="fill_parent"
    android:layout_height="fill_parent">
    <Button android:id="@+id/button1"
        android:layout_width="fill_parent"
        android:layout_height="wrap_content"
        android:text="退出当前视图" />
</LinearLayout>
```

打开 src 文件夹下的包 com. example. ch3 _ 20 中的 MainActivity 类，修改代码如下：

```java
package com. example. ch3_20;
import android. os. Bundle;
import android. view. View;
import android. view. View. OnClickListener;
import android. widget. Button;
import android. app. Activity;
import android. app. AlertDialog. Builder;
import android. content. DialogInterface;
public class MainActivity extends Activity {
    protected void onCreate(Bundle savedInstanceState) {
        super. onCreate(savedInstanceState);
        setContentView(R. layout. activity_main);
        Button bn=(Button)findViewById(R. id. button1);
        bn. setOnClickListener(new OnClickListener() {
            public void onClick(View arg0) {
                //创建 Builder 对象
                Builder dg=new Builder(MainActivity. this);
                //设置对话框的图标
                dg. setIcon(R. drawable. ic_launcher);
                //设置对话框的标题
                dg. setTitle("提示对话框");
                //设置对话框的提示信息
                dg. setMessage("确定退出吗?");
                //设置对话框的确认按钮,并设置按钮的事件处理
                dg. setPositiveButton("确定",new DialogInterface.
OnClickListener() {
                    public void onClick(DialogInterface dilog,int which) {
```

```
                              //关闭对话框
                              dilog. dismiss();
                              //关闭当前视图并返回
                              MainActivity. this. finish();
                              }
                    });
                    //设置对话框的取消按钮,并设置按钮的事件处理
                    dg. setNegativeButton("取消",new DialogInterface.
OnClickListener() {
                         public void onClick(DialogInterface dilog,int which) {
                              //关闭对话框,返回原来的视图层次
                              dilog. dismiss();
                              }
                    });
                    //创建并显示一个对话框
                    dg. create(). show();
                    }
               });
          }
     }
```

程序运行后,单击按钮弹出一个对话框,如果单击"确认"按钮,则退出当前视图,也就是当前的屏幕;如果单击"取消"按钮,则重新回到原来的屏幕,如图 3-21 所示。

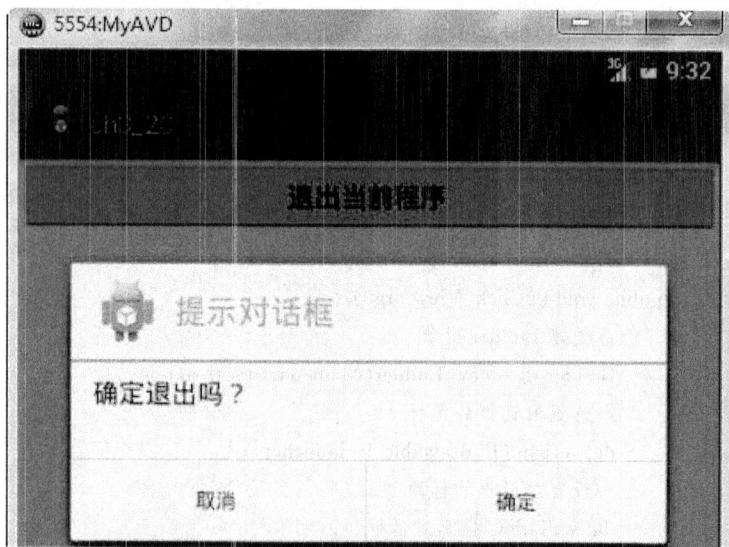

图 3-21 程序运行结果

3.4.2 列表对话框

进行一个操作时,弹出一个列表,用户选择一项执行操作,这时就需要一个列表对话框。

[例 3-21]建立名为 ch3 _ 21 的 Android 工程，在 res \ layout \ 目录下包含一个布局资源文件 activity _ main. xml，在 XML 文件中定义一个按钮。

activity _ main. xml 代码如下：

```
<? xml version="1.0" encoding="utf-8"? >
<LinearLayout xmlns:android="http://schemas.android.com/apk/res/android"
    android:orientation="vertical"
    android:layout_width="fill_parent"
    android:layout_height="fill_parent">
    <Button android:id="@+id/button1"
        android:layout_width="fill_parent"
        android:layout_height="wrap_content"
        android:text="列表对话框" />
</LinearLayout>
```

打开 src 文件夹下的包 com. example. ch3 _ 21 中的 MainActivity 类，修改代码如下：

```
package com.example.ch3_21;
import android.os.Bundle;
import android.view.View;
import android.view.View.OnClickListener;
import android.widget.Button;
import android.app.Activity;
import android.app.AlertDialog.Builder;
import android.content.DialogInterface;
public class MainActivity extends Activity {
    String[]mItems={"红色","绿色","蓝色"};
    int[]colors = {android.graphics.Color.RED,android.graphics.Color.GREEN,android.graphics.Color.BLUE};
    protected void onCreate(Bundle savedInstanceState) {
        super.onCreate(savedInstanceState);
        setContentView(R.layout.activity_main);
        //定义一个数组,存放列表项的内容
        final Button bn=(Button)findViewById(R.id.button1);
        bn.setOnClickListener(new OnClickListener() {
            public void onClick(View arg0) {
                //创建 Builder 对象
                Builder dg=new Builder(MainActivity.this);
                //设置对话框的图标
                dg.setIcon(R.drawable.ic_launcher);
                //设置对话框的标题
                dg.setTitle("列表对话框");
                //将对话框设置为列表的形式,并设置列表项的事件监听器
                dg.setItems(mItems,new DialogInterface.OnClickListener() {
```

73

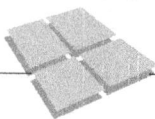

```
public void onClick(DialogInterface dialog,int which) {
//设置按钮文本颜色
bn. setTextColor(colors[which]);
}
});
//创建并显示一个对话框
dg. create(). show();
}
});
}
}
```

程序运行后，单击按钮弹出一个对话框，选择其中的列表项，按钮文本的颜色会根据选择进行改变，如图 3-22 所示。

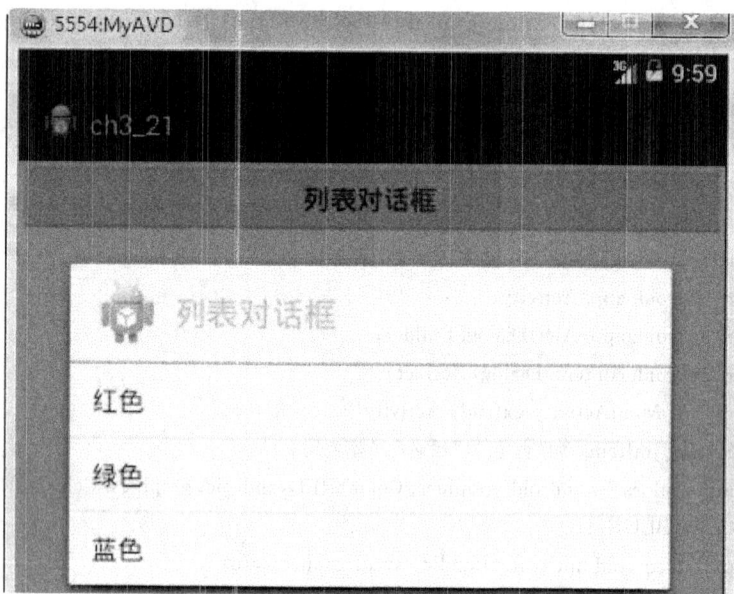

图 3-22 程序运行结果

3.4.3 单选对话框

这种对话框可提供给用户多个选择项，选项为单选的形式。

[例 3-22]建立名为 ch3 _ 22 的 Android 工程，在 res \ layout \ 目录下包含一个布局资源文件 activity_main. xml，在 XML 文件中定义一个按钮。

activity _ main. xml 代码如下：

```
<? xml version="1.0" encoding="utf-8"? >
<LinearLayout xmlns:android="http://schemas. android. com/apk/res/android"
    android:orientation="vertical"
    android:layout_width="fill_parent"
    android:layout_height="fill_parent">
    <Button android:id="@+id/button1"
```

```
android:layout_width="fill_parent"
android:layout_height="wrap_content"
android:text="单选对话框" />
```
　　　　`</LinearLayout>`

　　打开 src 文件夹下的包 com. example. ch3 _ 22 中的 MainActivity 类，修改代码如下：

```
package com. example. ch3_22；
import android. os. Bundle；
import android. view. View；
import android. view. View. OnClickListener；
import android. widget. Button；
import android. widget. Toast；
import android. app. Activity；
import android. app. AlertDialog. Builder；
import android. content. DialogInterface；
public class MainActivity extends Activity {
    String[]mItems={"red","green","blue"}；
    protected void onCreate(Bundle savedInstanceState) {
        super. onCreate(savedInstanceState)；
        setContentView(R. layout. activity_main)；
        //定义一个数组,存放单选项的内容
        Button bn=(Button)findViewById(R. id. button1)；
        bn. setOnClickListener(new OnClickListener() {
            public void onClick(View arg0) {
                //创建 Builder 对象
                Builder dg=new Builder(MainActivity. this)；
                //设置对话框的图标
                dg. setIcon(R. drawable. ic_launcher)；
                //设置对话框的标题
                dg. setTitle("单选对话框")；
                //将对话框设置为单选形式,并设置单选按钮的事件监听器,第二个参数
为 0 表示默认选择第一项,小于 0 不选任何项
                dg. setSingleChoiceItems(mItems,0, new DialogInterface. OnClickListener
() {
                    public void onClick(DialogInterface dialog,int which) {
                        Toast. makeText(MainActivity. this,"您选择的交通工具是:"+
mItems[which],Toast. LENGTH_LONG). show()；
                        //完成选择后可使用"dialog. dismiss()；"关闭对话框
                    }
                })；
                //创建并显示一个对话框
                dg. create(). show()；
            }
```

```
        });
    }
}
```

程序运行结果如图 3-23 所示。

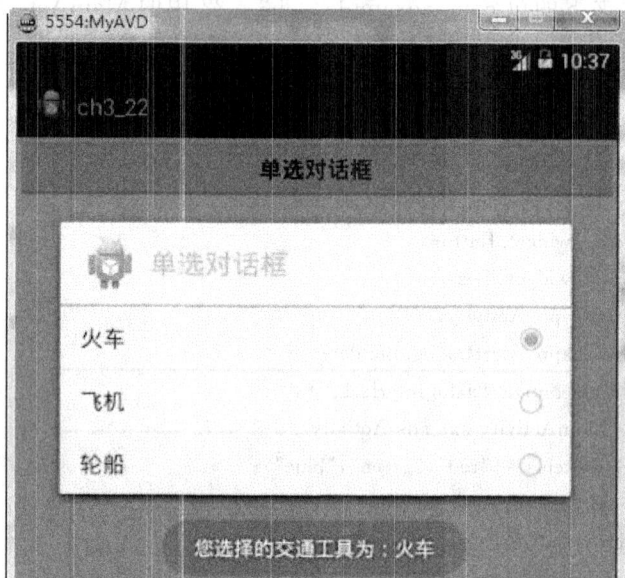

图 3-23 程序运行结果

3.4.4 多选对话框

这种对话框可提供给用户多个选择项，选项为多选的形式。

[例 3-23]建立名为 ch3_23 的 Android 工程，在 res\layout\目录下包含一个布局资源文件 activity_main. xml，在 XML 文件中定义一个按钮。

activity_main. xml 代码如下：

```
<? xml version="1.0" encoding="utf-8"? >
<LinearLayout xmlns:android="http://schemas. android. com/apk/res/android"
    android:orientation="vertical"
    android:layout_width="fill_parent"
    android:layout_height="fill_parent">
    <Button android:id="@+id/button1"
        android:layout_width="fill_parent"
        android:layout_height="wrap_content"
        android:text="多选对话框" />
</LinearLayout>
```

打开 src 文件夹下的包 com. example. ch3_23 中的 MainActivity 类，修改代码如下：

```
package com. example. ch3_23;
import android. os. Bundle;
import android. view. View;
```

```
import android. view. View. OnClickListener；
import android. widget. Button；
import android. widget. Toast；
import android. app. Activity；
import android. app. AlertDialog. Builder；
import android. content. DialogInterface；
public class MainActivity extends Activity {
    //定义一个数组,存放多选项的状态
    Boolean[]itemChecked={false,false,false}；
    //定义一个数组,存放多选项的内容
    String[]mItems={"red","green","blue"}；
    protected void onCreate(Bundle savedInstanceState) {
        super. onCreate(savedInstanceState)；
        setContentView(R. layout. activity_main)；
        Button bn=(Button)findViewById(R. id. button1)；
        bn. setOnClickListener(new OnClickListener() {
            public void onClick(View arg0) {
                //创建 Builder 对象
                Builder dg=new Builder(MainActivity. this)；
                //设置对话框的图标
                dg. setIcon(R. drawable. ic_launcher)；
                //设置对话框的标题
                dg. setTitle("多选对话框")；
                //将对话框设置为多选形式,并设置多选按钮的事件监听器,第二个参数
为布尔数组且所有元素均为 false 表示默认不选择任何项
                dg. setMultiChoiceItems(mItems, new boolean []{false, false, false}, new
DialogInterface. OnMultiChoiceClickListener() {
                    public void onClick(DialogInterface dialog, int which, boolean isCh-
ecked) {
                        //判断该项是否被选择
                        if(isChecked)
                            itemChecked[which]=true；
                        else
                            itemChecked[which]=false；
                        String str="您喜欢的食物是:"；
                        //遍历查找所有选择项
                        for(int i=0;i<3;i++)
                            if(itemChecked[i])
                                str=str+mItems[i]+"  "；
                        Toast. makeText (MainActivity. this, str, Toast. LENGTH _
LONG). show()；
                    }
                })；
```

```
                              //创建并显示一个对话框
                    dg. create(). show();
               }
           });
      }
  }
```

程序运行结果如图 3-24 所示。

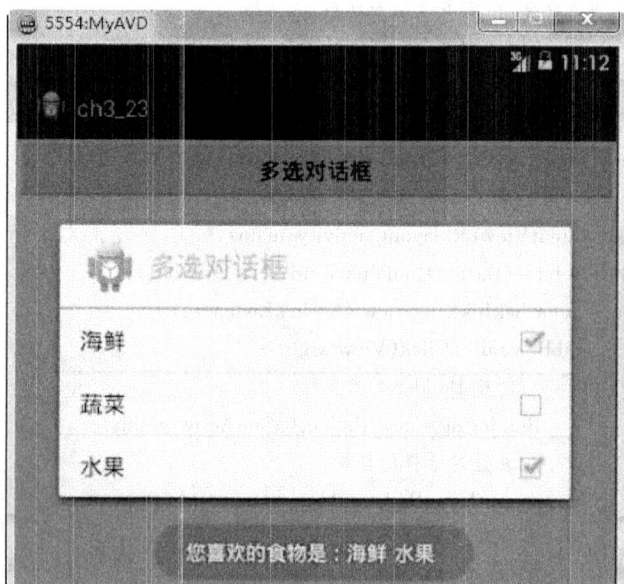

图 3-24 程序运行结果

3.4.5 进度条对话框

进度条对话框可在对话框中显示进度条效果。它有圆形和长条形两种，在应用程序任务时间长度不确定的情况下，进度条显示循环动画。

1. 圆形进度条对话框

[例 3-24]建立名为 ch3_24 的 Android 工程，在 res \ layout \ 目录下包含一个布局资源文件 activity_main. xml，在 XML 文件中定义一个按钮。

activity_main. xml 代码如下：

```
<? xml version="1.0" encoding="utf-8"? >
<LinearLayout xmlns:android="http://schemas. android. com/apk/res/android"
    android:orientation="vertical"
    android:layout_width="fill_parent"
    android:layout_height="fill_parent">
    <Button android:id="@+id/button1"
        android:layout_width="fill_parent"
        android:layout_height="wrap_content"
        android:text="圆形进度条对话框" />
</LinearLayout>
```

打开 src 文件夹下的包 com. example. ch3 _ 24 中的 MainActivity 类，修改代码如下：

```
package com. example. ch3_24;
import android. os. Bundle;
import android. view. View;
import android. view. View. OnClickListener;
import android. widget. Button;
import android. app. Activity;
import android. app. ProgressDialog;
public class MainActivity extends Activity {
    protected void onCreate(Bundle savedInstanceState) {
        super. onCreate(savedInstanceState);
        setContentView(R. layout. activity_main);
        Button bn=(Button)findViewById(R. id. button1);
        bn. setOnClickListener(new OnClickListener() {
            public void onClick(View arg0) {
                //创建对话框对象
                ProgressDialog pg=new ProgressDialog(MainActivity. this);
                //设置对话框的图标
                pg. setIcon(R. drawable. ic_launcher);
                //设置对话框的标题
                pg. setTitle("圆形进度条对话框");
                //设置提示信息
                pg. setMessage("正在读取中,请稍候...");
                //设置进度条是否明确,不明确时进度条的当前值自动在最小值与最大值
之间来回移动,形成动画
                pg. setIndeterminate(true);
                //设置进度条对话框是否可以按退回按键取消
                pg. setCancelable(true);
                //显示对话框
                pg. show();
            }
        });
    }
}
```

程序运行结果如图 3-25 所示。

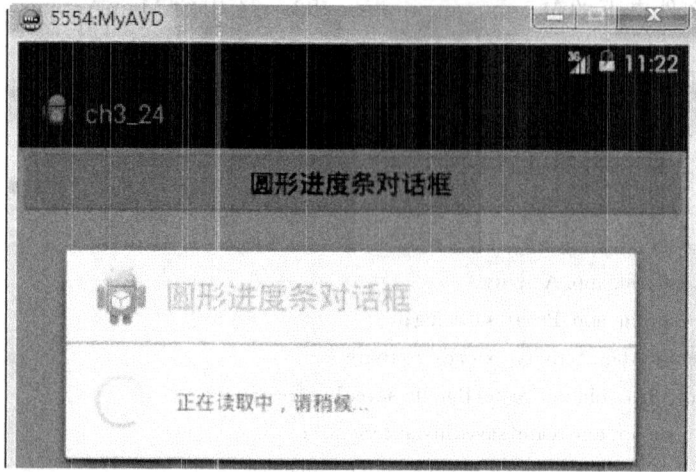

图 3-25　程序运行结果

2. 长条形进度条对话框

［例 3-25］建立名为 ch3＿25 的 Android 工程，在 res＼layout＼目录下包含一个布局资源文件 activity＿main. xml，在 XML 文件中定义一个按钮。

activity＿main. xml 代码如下：

```
<? xml version="1. 0" encoding="utf-8"? >
<LinearLayout xmlns:android="http://schemas. android. com/apk/res/android"
    android:orientation="vertical"
    android:layout_width="fill_parent"
    android:layout_height="fill_parent">
    <Button android:id="@+id/button1"
        android:layout_width="fill_parent"
        android:layout_height="wrap_content"
        android:text="长条形进度条对话框" />
</LinearLayout>
```

打开 src 文件夹下的包 com. example. ch3＿25 中的 MainActivity 类，修改代码如下：

```
package com. example. ch3_25;
import android. os. Bundle;
import android. view. View;
import android. view. View. OnClickListener;
import android. widget. Button;
import android. app. Activity;
import android. app. ProgressDialog;
import android. content. DialogInterface;
public class MainActivity extends Activity {
    protected void onCreate(Bundle savedInstanceState) {
        super. onCreate(savedInstanceState);
```

```
        setContentView(R. layout. activity_main);
        Button bn=(Button)findViewById(R. id. button1);
        bn. setOnClickListener(new OnClickListener() {
            public void onClick(View arg0) {
                //创建对话框对象
                ProgressDialog pg=new ProgressDialog(MainActivity. this);
                //设置对话框的图标
                pg. setIcon(R. drawable. ic_launcher);
                //设置对话框的标题
                pg. setTitle("长条形进度条对话框");
                //设置进度条风格为水平
                pg. setProgressStyle(ProgressDialog. STYLE_HORIZONTAL);
                //设置进度条最大值
                pg. setMax(100);
                //设置确定按钮监听器
                pg. setButton(DialogInterface. BUTTON_POSITIVE,"确定",new Dialog-
Interface. OnClickListener() {
                    public void onClick(DialogInterface arg0,int arg1) {
                        //这里可添加单击按钮后的逻辑
                    }
                });
                //设置取消按钮监听器
                pg. setButton(DialogInterface. BUTTON_NEGATIVE,"取消", new Dialog-
Interface. OnClickListener() {
                    public void onClick(DialogInterface arg0,int arg1) {
                        //这里可添加单击按钮后的逻辑
                    }
                });
                //显示对话框
                pg. show();
            }
        });
    }
}
```

程序运行结果如图 3-26 所示。

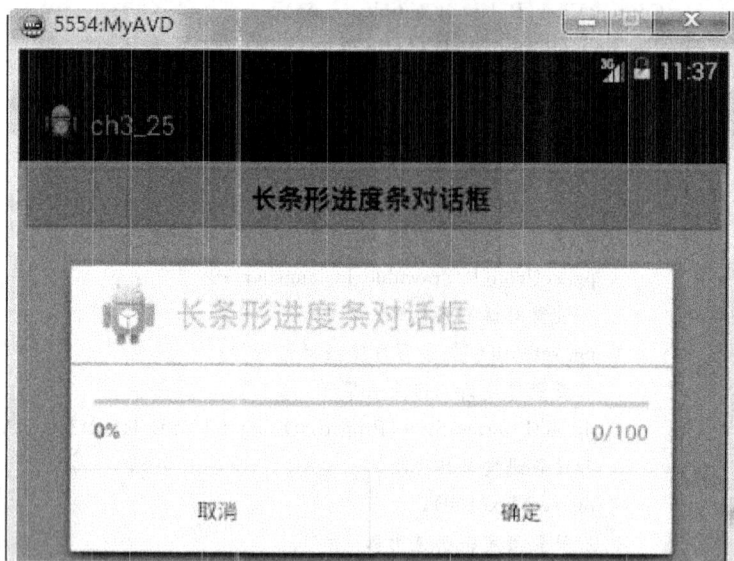

图 3-26　程序运行结果

3.4.6　简单视图对话框

在这种对话框中，系统提供给用户一个简单的 View 视图，本例中为一个文本框。

[例 3-26]建立名为 ch3 _ 26 的 Android 工程，在 res \ layout \ 目录下包含一个布局资源文件 activity_main. xml，在 XML 文件中定义一个按钮。

activity _ main. xml 代码如下：

```
<? xml version="1.0" encoding="utf-8"? >
<LinearLayout xmlns:android="http://schemas. android. com/apk/res/android"
    android:orientation="vertical"
    android:layout_width="fill_parent"
    android:layout_height="fill_parent">
    <Button android:id="@+id/button1"
        android:layout_width="fill_parent"
        android:layout_height="wrap_content"
        android:text="简 单 视 图 对 话 框" />
</LinearLayout>
```

打开 src 文件夹下的包 com. example. ch3 _ 26 中的 MainActivity 类，修改代码如下：

```
package com. example. ch3_26;
import android. os. Bundle;
import android. view. View;
import android. view. View. OnClickListener;
import android. widget. Button;
import android. widget. EditText;
import android. widget. Toast;
import android. app. Activity;
```

```
import android. app. AlertDialog. Builder;
import android. content. DialogInterface;
public class MainActivity extends Activity {
    protected void onCreate(Bundle savedInstanceState) {
        super. onCreate(savedInstanceState);
        setContentView(R. layout. activity_main);
        Button bn=(Button)findViewById(R. id. button1);
        bn. setOnClickListener(new OnClickListener() {
            public void onClick(View arg0) {
                //创建 Builder 对象
                Builder dg=new Builder(MainActivity. this);
                //设置对话框的图标
                dg. setIcon(R. drawable. ic_launcher);
                //设置对话框的标题
                dg. setTitle("简单视图对话框");
                //创建简单视图
                final EditText vw=new EditText(MainActivity. this);
                //设置对话框的视图
                dg. setView(vw);
                //设置对话框的确定按钮,并设置按钮的事件处理
                dg. setPositiveButton("确定", new DialogInterface. OnClickListener() {
                    public void onClick(DialogInterface dilog,int which) {
                        //获取文本框内容并提示
                        Toast. makeText(MainActivity. this,"您输入了:"＋vw. getText
(),Toast. LENGTH_LONG). show();
                    }
                });
                //设置对话框的取消按钮,并设置按钮的事件处理
                dg. setNegativeButton("取消", new DialogInterface. OnClickListener() {
                    public void onClick(DialogInterface dilog,int which) {
                    }
                });
                //创建并显示一个对话框
                dg. create(). show();
            }
        });
    }
}
```

程序运行结果如图 3-27 所示。

图 3-27　程序运行结果

3.4.7　自定义格式对话框

自定义布局在 Android 的开发中非常重要，它能让开发者做出五彩缤纷的 Activity，而不是使用系统枯燥的界面。

［例 3-27］建立名为 ch3_27 的 Android 工程，在 res\layout\目录下包含一个布局资源文件 activity_main. xml，在文件中定义一个按钮。同时，在 res\layout\目录下创建一个对话框布局资源文件 style. xml，在文件中定义对话框使用的布局。

activity_main. xml 代码如下：

```
<? xml version="1.0" encoding="utf-8"? >
<LinearLayout xmlns:android="http://schemas. android. com/apk/res/android"
    android:orientation="vertical"
    android:layout_width="fill_parent"
    android:layout_height="fill_parent">
    <Button android:id="@+id/button1"
        android:layout_width="fill_parent"
        android:layout_height="wrap_content"
        android:text="自定义格式对话框" />
</LinearLayout>
```

style. xml 代码如下：

```
<? xml version="1.0" encoding="utf-8"? >
<LinearLayout xmlns:android="http://schemas. android. com/apk/res/android"
    android:orientation="vertical"
    android:layout_width="fill_parent"
```

```
                android:layout_height="wrap_content"
                android:weightSum="1">
        <LinearLayout android:id="@+id/dialogname"
            android:orientation="horizontal"
            android:layout_width="fill_parent"
            android:layout_height="wrap_content">
            <TextView android:text="姓名:"
                android:layout_width="wrap_content"
                android:layout_height="wrap_content"/>
            <EditText android:id="@+id/etUserName"
                android:layout_width="fill_parent"
                android:layout_height="wrap_content"/>
        </LinearLayout>
        <LinearLayout android:id="@+id/dialognum"
            android:orientation="horizontal"
            android:layout_width="fill_parent"
            android:layout_height="wrap_content">
            <TextView android:text="密码:"
                android:layout_width="wrap_content"
                android:layout_height="wrap_content"/>
            <EditText android:id="@+id/etPassWord"
                android:layout_width="fill_parent"
                android:layout_height="wrap_content"/>
        </LinearLayout>
    </LinearLayout>
```

打开 src 文件夹下的包 com. example. ch3 _ 27 中的 MainActivity 类，修改代码如下：

```
package com. example. ch3_27;
import android. os. Bundle;
import android. view. LayoutInflater;
import android. view. View;
import android. view. View. OnClickListener;
import android. widget. Button;
import android. widget. EditText;
import android. widget. Toast;
import android. app. Activity;
import android. app. AlertDialog. Builder;
import android. content. DialogInterface;
public class MainActivity extends Activity {
    protected void onCreate(Bundle savedInstanceState) {
        super. onCreate(savedInstanceState);
        setContentView(R. layout. activity_main);
        Button bn=(Button)findViewById(R. id. button1);
```

```
        bn. setOnClickListener(new OnClickListener() {
            public void onClick(View arg0) {
                //创建 Builder 对象
                Builder dg＝new Builder(MainActivity. this);
                //设置对话框的图标
                dg. setIcon(R. drawable. ic_launcher);
                //设置对话框的标题
                dg. setTitle("自定义输入框");
                //创建 LayoutInflater 对象
                LayoutInflater factory＝LayoutInflater. from(MainActivity. this);
                //把布局文件填入视图中
                final View textEntryView＝factory. inflate(R. layout. style,null);
                //设置对话框的视图
                dg. setView(textEntryView);
                //设置对话框的确定按钮,并设置按钮的事件处理
                dg. setPositiveButton("确定",new DialogInterface. OnClickListener() {
                    public void onClick(DialogInterface dilog,int which) {
                        //获取对话框中两个文本框的内容并提示
                        EditText userName＝(EditText)textEntryView.
findViewById(R. id. etUserName);
                        EditText passWord＝(EditText)textEntryView.
findViewById(R. id. etPassWord);
                        Toast. makeText(MainActivity. this,"您输入了 "＋"姓名:"＋
userName. getText()＋" 密码:"＋passWord. getText(),Toast. LENGTH_LONG). show();
                    }
                });
                //设置对话框的取消按钮,并设置按钮的事件处理
                dg. setNegativeButton("取消",new DialogInterface.
OnClickListener() {
                    public void onClick(DialogInterface dilog,int which) {
                    }
                });
                //创建并显示一个对话框
                dg. create(). show();
            }
        });
    }
}
```

程序运行结果如图 3-28 所示。

图 3-28   程序运行结果

思考与练习题

1. 画图说明 Android 中 UI 类间的关系。

2. Android 系统主要有哪些布局组件?

3. Android 系统主要有哪些菜单?

4. Android 系统主要有哪些对话框?

5. 编写 Android 应用程序,实现图 3-29 所示界面。使用模拟器运行程序,输入姓名和密码后单击"登录"按钮显示信息条。

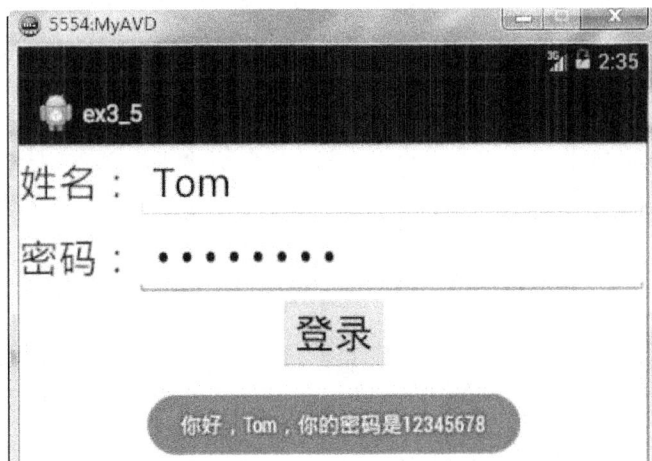

图 3-29   程序运行结果

6. 编写 Android 应用程序并在模拟器上运行，如图 3-30 所示。单击按钮出现对话框，选择颜色选项后对话框不关闭，屏幕背景颜色变为选择的颜色。

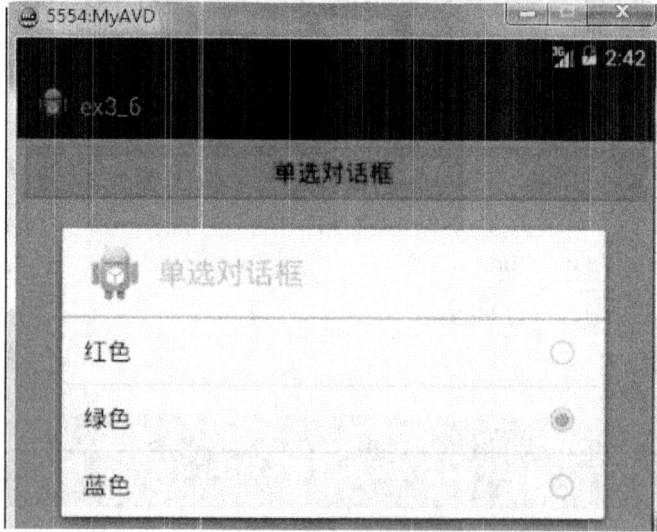

图 3-30　程序运行结果

第 4 章 事件处理和多线程

【学习目标】

- 了解 Android 系统事件处理机制。
- 掌握 Android 事件监听处理程序的设计方法。
- 熟悉 Android 系统线程的创建与启动。
- 掌握 Android 多线程应用程序的开发方法。

不管是桌面应用还是手机应用程序，面对最多的就是用户，经常需要处理的就是用户动作，也就是需要为用户动作提供响应，这种为用户动作提供响应的机制就是事件处理。Android 提供了两套事件处理机制，即基于监听的事件处理机制和基于回调的事件处理机制。对于基于监听的事件处理机制而言，主要做法就是为界面组件绑定事件监听器；对于基于回调的事件处理机制而言，主要做法就是重写组件的回调方法或重写组件所在 Activity 的回调方法。一般来说，基于回调的事件处理可用于处理一些通用性事件，处理代码会显得比较简洁。但对于某些特定的事件，无法使用基于回调机制的事件处理，只能采用基于监听的事件处理。

▶ 4.1 基于监听的事件处理

基于监听的事件处理机制采用事件监听处理模型来响应事件。事件监听处理模型由事件源（Event Source）、事件（Event）和事件监听器（Event Listener）三类对象组成。事件源是事件发生的场所，通常就是各个组件，如按钮、窗口、菜单等；事件封装了界面组件上发生的特定事情，通常就是一次用户操作。如果程序需要获得界面组件上所发生事件的相关信息，可通过 Event 对象来获得；事件监听器负责监听事件源所发生的事件，并对各种事件做出响应。当用户按下一个按钮或单击某个菜单项后，就会激发一个事件。该事件会触发事件源上注册的事件监听器，监听器调用其内部的方法对事件做出响应。根据事件监听器的来源不同，基于监听的事件处理机制分为五种情况，即内部类作为监听器、匿名内部类作为监听器、外部类作为监听器、Activity 本身作为监听器、直接绑定到标签（本质上还是 Activity 作为监听器）。

4.1.1 内部类作为监听器

内部类是指事件监听器类定义在 Activity 类里面。使用内部类可以在当前 Activity 类中复用监听器；因为监听器类是外部 Activity 类的内部类，所以可以自由访问外部 Activity 类的所有界面组件。这是内部类的两个优势。

[例 4-1]建立名为 ch4 _ 1 的 Android 工程，在 res \ layout \ 目录下包含一个布局资源文件 activity_main. xml，在文件中定义一个按钮。

activity_main. xml 代码如下：

```
<? xml version="1.0" encoding="utf-8"? >
<LinearLayout xmlns:android="http://schemas.android.com/apk/res/android"
    android:orientation="vertical"
    android:layout_width="fill_parent"
    android:layout_height="fill_parent" >
    <Button android:id="@+id/button1"
        android:layout_width="fill_parent"
        android:layout_height="wrap_content"
        android:text="内部类" />
</LinearLayout>
```

打开 src 文件夹下的包 com. example. ch4_1 中的 MainActivity 类，修改代码如下：

```
package com.example.ch4_1;
import android.os.Bundle；
import android.app.Activity；
import android.view.View；
import android.view.View.OnClickListener；
import android.widget.Button；
import android.widget.Toast；
public class MainActivity extends Activity {
    protected void onCreate(Bundle savedInstanceState) {
        super.onCreate(savedInstanceState);
        setContentView(R.layout.activity_main);
        Button bn=(Button) findViewById(R.id.button1);
        //为按钮绑定一个内部类形式的事件监听器
        bn.setOnClickListener(new MyClickListener());
    }
    //在外部 Activity 类中定义内部监听器类
    class MyClickListener implements OnClickListener{
        public void onClick(View arg0){
            Toast.makeText(MainActivity.this,"内部类作为监听器响应事件",Toast.LENGTH_LONG).show();
        }
    }
}
```

程序运行结果如图 4-1 所示。

4.1.2　匿名内部类作为监听器

大多数情况下事件监听器没有什么复用价值，因此大部分事件监听器只是临时使用一次，这种情况下使用匿名内部类形式的事件监听器更为合适。

[例 4-2]建立名为 ch4_2 的 Android 工程，在 res\layout\目录下包含一个布局资源文件 activity_main.xml，在文件中定义一个按钮。

图 4-1　程序运行结果

activity _ main. xml 代码如下：

```
<? xml version="1.0" encoding="utf-8"? >
<LinearLayout xmlns:android="http://schemas. android. com/apk/res/android"
    android:orientation="vertical"
    android:layout_width="fill_parent"
    android:layout_height="fill_parent" >
    <Button android:id="@+id/button1"
        android:layout_width="fill_parent"
        android:layout_height="wrap_content"
        android:text="匿名内部类" />
</LinearLayout>
```

打开 src 文件夹下的包 com. example. ch4 _ 2 中的 MainActivity 类，修改代码
如下：

```
package com. example. ch4_2;
import android. os. Bundle;
import android. app. Activity;
import android. view. View;
import android. view. View. OnClickListener;
import android. widget. Button;
import android. widget. Toast;
public class MainActivity extends Activity {
    protected void onCreate(Bundle savedInstanceState) {
        super. onCreate(savedInstanceState);
        setContentView(R. layout. activity_main);
        Button bn=(Button) findViewById(R. id. button1);
        //为按钮绑定一个匿名内部类形式的事件监听器
        bn. setOnClickListener(new OnClickListener() {
            public void onClick(View arg0) {
                Toast. makeText(MainActivity. this,"匿名内部类作为监听器响应事件",
Toast. LENGTH_LONG). show();
            }
```

```
            });
        }
    }
```

程序运行结果如图 4-2 所示。

图 4-2　程序运行结果

4.1.3　外部类作为监听器

外部类是指事件监听器类定义在 Activity 类的外面。如果事件监听器需要被多个用户界面所共享，而且主要是完成某种业务逻辑的实现，则可以考虑使用外部类的形式来定义事件监听器类。事件监听器类可与 Activity 类定义在同一个 Java 文件中，也可以定义在两个不同的 Java 文件中。下面的例 4-3 就属于后一种情况。

[例 4-3]建立名为 ch4 _ 3 的 Android 工程，在 res\layout\ 目录下包含一个布局资源文件 activity_main. xml，在文件中定义一个按钮。

activity _ main. xml 代码如下：

```
<? xml version="1.0" encoding="utf-8"? >
<LinearLayout xmlns:android="http://schemas. android. com/apk/res/android"
    android:orientation="vertical"
    android:layout_width="fill_parent"
    android:layout_height="fill_parent" >
    <Button android:id="@+id/button1"
        android:layout_width="fill_parent"
        android:layout_height="wrap_content"
        android:text="外部类" />
</LinearLayout>
```

在 src 文件夹下的包 com. example. ch4 _ 3 中新建 MyClickListener 类，修改代码如下：

```
package com. example. ch4_3;
import android. app. Activity;
import android. view. View;
import android. view. View. OnClickListener;
import android. widget. Toast;
```

```
public class MyClickListener implements OnClickListener {
    private Activity act;
    public MyClickListener(Activity act){
        this. act=act;
    }
    public void onClick(View arg0){
        Toast. makeText(act,"外部类作为监听器响应事件",
Toast. LENGTH_LONG). show();
    }
}
```

打开 src 文件夹下的包 com. example. ch4 _ 3 中的 MainActivity 类，修改代码如下：

```
package com. example. ch4_3;
import android. os. Bundle;
import android. widget. Button;
import android. app. Activity;
public class MainActivity extends Activity {
    protected void onCreate(Bundle savedInstanceState) {
        super. onCreate(savedInstanceState);
        setContentView(R. layout. activity_main);
        Button bn=(Button) findViewById(R. id. button1);
        //为按钮绑定一个外部类形式的事件监听器
        bn. setOnClickListener(new MyClickListener(this));
    }
}
```

程序运行结果如图 4-3 所示。

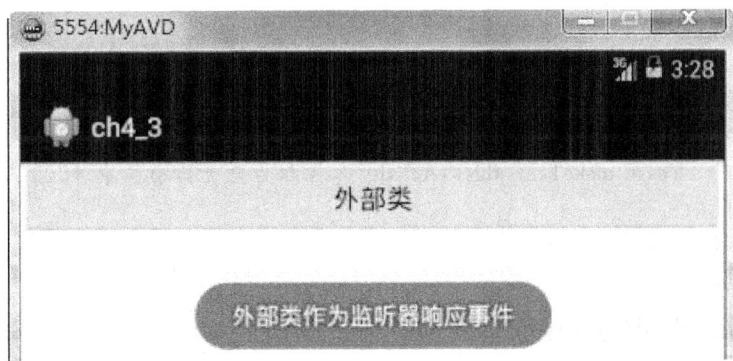

图 4-3 程序运行结果

4.1.4 Activity 本身作为监听器

Activity 类本身也可以作为事件监听器类，此时事件处理方法直接定义在 Activity 类中，形式非常简单。

[例 4-4]建立名为 ch4 _ 4 的 Android 工程，在 res \ layout \ 目录下包含一个布局

资源文件 activity_main. xml，在文件中定义一个按钮。

activity_main. xml 代码如下：

```
<? xml version="1.0" encoding="utf-8"? >
<LinearLayout xmlns:android="http://schemas.android.com/apk/res/android"
    android:orientation="vertical"
    android:layout_width="fill_parent"
    android:layout_height="fill_parent" >
    <Button android:id="@+id/button1"
        android:layout_width="fill_parent"
        android:layout_height="wrap_content"
        android:text="Activity 本身" />
</LinearLayout>
```

打开 src 文件夹下的包 com. example. ch4_4 中的 MainActivity 类，修改代码如下：

```
package com.example.ch4_4;
import android.os.Bundle;
import android.app.Activity;
import android.view.View;
import android.view.View.OnClickListener;
import android.widget.Button;
import android.widget.Toast;
public class MainActivity extends Activity implements OnClickListener {
    protected void onCreate(Bundle savedInstanceState) {
        super.onCreate(savedInstanceState);
        setContentView(R.layout.activity_main);
        Button bn=(Button) findViewById(R.id.button1);
        //为按钮绑定 Activity 本身作为事件监听器
        bn.setOnClickListener(this);
    }
    public void onClick(View arg0) {
        Toast.makeText(this,"Activity 本身作为监听器响应事件",Toast.LENGTH_
LONG).show();
    }
}
```

程序运行结果如图 4-4 所示。

4.1.5 直接绑定到标签

Android 还有一种更简单的绑定事件监听器的方式，即直接在界面布局文件中为指定标签绑定事件处理方法。很多 Android 界面组件标签都支持 onClick、onLongClick 等属性，这些属性的属性值就是一个形如 xxx(View source)的方法的方法名。从本质上讲，这种直接绑定到标签的形式还是由 Activity 作为事件监听器。

[例 4-5]建立名为 ch4_5 的 Android 工程，在 res\layout\目录下包含一个布局资

图 4-4   程序运行结果

源文件 activity_main. xml，在文件中定义一个按钮。

activity _ main. xml 代码如下：

```
<? xml version="1. 0" encoding="utf-8"? >
<LinearLayout xmlns:android="http://schemas. android. com/apk/res/android"
    android:orientation="vertical"
    android:layout_width="fill_parent"
    android:layout_height="fill_parent" >
    <Button
        android:layout_width="fill_parent"
        android:layout_height="wrap_content"
        android:text="直接绑定到标签"
        android:onClick="onClick" />
</LinearLayout>
```

打开 src 文件夹下的包 com. example. ch4 _ 5 中的 MainActivity 类，修改代码如下：

```
package com. example. ch4_5;
import android. os. Bundle;
import android. app. Activity;
import android. view. View;
import android. view. View. OnClickListener;
import android. widget. Toast;
public class MainActivity extends Activity implements OnClickListener {
    protected void onCreate(Bundle savedInstanceState) {
        super. onCreate(savedInstanceState);
        setContentView(R. layout. activity_main);
    }
    public void onClick(View arg0) {
        Toast. makeText(this,"使用标签绑定 Activity 响应事件",
Toast. LENGTH_LONG). show();
    }
}
```

程序运行结果如图 4-5 所示。

图 4-5 程序运行结果

4.2 基于回调的事件处理

除了基于监听的事件处理模型之外，Android 还提供了一种基于回调的事件处理模型。从代码实现的角度来看，基于回调的事件处理模型更加简单。如果说事件监听机制是一种委托式的事件处理（事件源将事件处理委托给监听器），那么回调机制则恰好与之相反。对于基于回调的事件处理模型来说，事件源与事件监听器是统一的，或者说事件监听器完全消失了。当用户在界面组件上激发某个事件时，组件自己特定的方法将会负责处理该事件。为了使用回调机制类处理组件上所发生的事件，需要为该组件提供对应的事件处理方法。而 Java 是一种静态语言，无法为某个对象动态添加方法，因此只能继承组件类，并重写该类的事件处理方法来实现。Android 为所有组件都提供了一些事件处理回调方法，如 onKeyDown()、onKeyLongPress()、onKeyUp()、onTouchEvent()等，它们都有一个 boolean 类型的返回值，用于标识该方法是否能够完全处理该事件。如果处理事件的回调方法返回 true，表明该方法已完成处理该事件，该事件不会传播出去；如果处理事件的回调方法返回 false，表明该方法并未完全处理该事件，该事件会传播出去。对于基于回调的事件传播而言，组件上所发生的事情不仅激发该组件上的回调方法，也会触发该组件所在 Activity 的回调方法，前提是事件能够传播到该 Activity 上。

当界面组件上产生某个事件后，Android 最先触发该组件所绑定的事件监听器，接着才触发该组件提供的事件回调方法，然后还会将事件传播到该组件所在的 Activity。在这个过程中，如果任何一个事件处理方法返回了 true，那么该事件将不会继续向外传播。

4.2.1 回调组件自己的方法

组件没有绑定事件监听器或监听器事件处理方法返回 true 时，Android 会回调组件自己的方法来处理事件。

［例 4-6］建立名为 ch4_6 的 Android 工程，在 res \ layout \ 目录下包含一个布局资源文件 activity_main. xml，在文件中定义一个自定义按钮。

activity _ main. xml 代码如下：

```xml
<? xml version="1.0" encoding="utf-8"? >
<LinearLayout xmlns:android="http://schemas. android. com/apk/res/android"
    android:orientation="vertical"
    android:layout_width="fill_parent"
    android:layout_height="fill_parent" >
    <com. example. ch4_6 . MyButton
        android:id="@+id/MyButton1"
        android:layout_width="fill_parent"
        android:layout_height="wrap_content"
        android:text="单击按钮,回调 按钮组件自身的方法" />
</LinearLayout>
```

在 src 文件夹下的包 com. example. ch4_6 中新建 MyButton 类，修改代码如下：

```java
package com. example. ch4_6;
import android. content. Context;
import android. util. AttributeSet;
import android. view. MotionEvent;
import android. widget. Button;
import android. widget. Toast;
public class MyButton extends Button {
    public MyButton(Context context,AttributeSet set){
        super(context,set);
    }
    public boolean onTouchEvent(MotionEvent event){
        super. onTouchEvent(event);
        Toast. makeText(getContext(),"回调组件自身的方法响应事件",
Toast. LENGTH_LONG). show();
        return true;
    }
}
```

打开 src 文件夹下的包 com. example. ch4_6 中的 MainActivity 类，修改代码如下：

```java
package com. example. ch4_6;
import android. os. Bundle;
import android. app. Activity;
public class MainActivity extends Activity {
    protected void onCreate(Bundle savedInstanceState) {
        super. onCreate(savedInstanceState);
        setContentView(R. layout. activity_main);
    }
}
```

程序运行结果如图 4-6 所示。

图 4-6 程序运行结果

4.2.2 回调组件所在 Activity 的方法

组件回调方法返回 true 时，Android 将调用所在 Activity 的方法处理事件。

[例 4-7]建立名为 ch4_7 的 Android 工程，在 res \ layout \ 目录下包含一个布局资源文件 activity_main. xml，在文件中定义一个按钮。

activity _ main. xml 代码如下：

```
<? xml version="1.0" encoding="utf-8"? >
<LinearLayout xmlns:android="http://schemas. android. com/apk/res/android"
    android:orientation="vertical"
    android:layout_width="fill_parent"
    android:layout_height="fill_parent" >
    <Button android:id="@+id/button1"
        android:layout_width="fill_parent"
        android:layout_height="wrap_content"
        android:text="单击键盘上的菜单按钮,回调按钮所在 Activity 的方法"/>
</LinearLayout>
```

打开 src 文件夹下的包 com. example. ch4 _ 7 中的 MainActivity 类，修改代码如下：

```
package com. example. ch4_7;
import android. os. Bundle;
import android. view. KeyEvent;
import android. widget. Toast;
import android. app. Activity;
public class MainActivity extends Activity {
    protected void onCreate(Bundle savedInstanceState) {
        super. onCreate(savedInstanceState);
        setContentView(R. layout. activity_main);
    }
    public boolean onKeyDown(int keyCode,KeyEvent event){
        super. onKeyDown(keyCode,event);
        Toast. makeText(this,"回调组件所在 Activity 的方法响应事件",
```

```
Toast. LENGTH_LONG). show();
        return true;
    }
}
```

程序运行结果如图 4-7 所示。

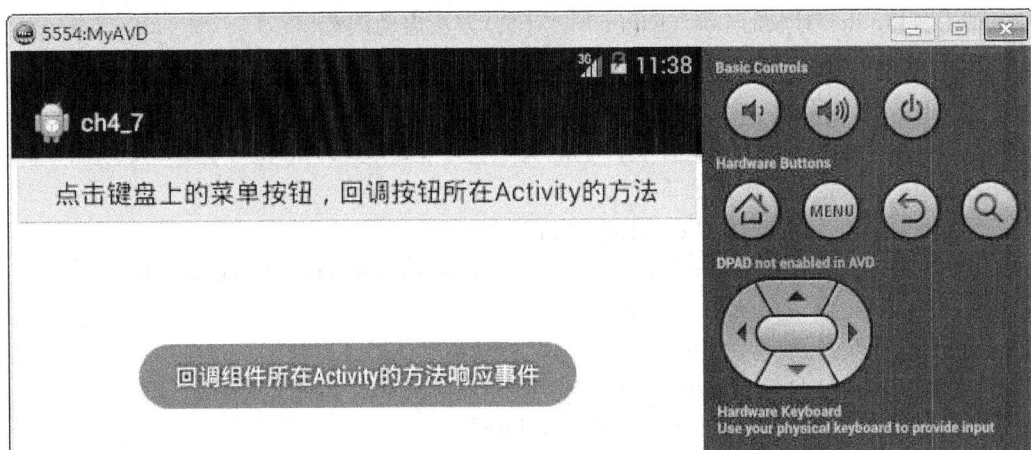

图 4-7　程序运行结果

▶ 4.3　多线程的创建与使用

当用户单击一个按钮时，如果执行的是一个耗时较长的操作，处理不好会导致系统假死，用户体验很差。而 Android 则更进一步，任意一个 Activity 响应超过 5 秒就会被强制关闭。因此，需要另外启动一个线程来处理长耗时操作，主线程则不受其影响。在耗时操作完成后，新启动的线程发送消息给主线程，主线程再做相应处理。线程之间的消息传递和处理使用的就是 Handler 的消息传递机制。另外，Android 平台不允许 Activity 新启动的线程访问该 Activity 的界面组件，这样就会导致新启动的线程无法动态改变界面组件的属性值。但在实际 Android 开发中，尤其是涉及动画的游戏开发中，需要让新启动的线程周期性地改变界面组件的属性值，这也需要借助 Handler 来实现。

4.3.1　消息的发送与处理

Handler 类的主要作用有两个，一是在新启动的线程中发送消息；二是在主线程中获取并处理消息。为了让主线程能适时处理新启动的线程发来的消息，显然只能通过回调的方式来实现。开发者可重写 Handler 类中处理消息的方法，当新启动的线程发送消息时，Handler 类中处理消息的方法被自动回调。在 Handler 类中，发送消息的主要方法是 sendMessage(Messang msg)；处理消息的主要方法是 handleMessage(Message msg)。

4.3.2　线程的创建与启动

在 Android 开发中 TimrTask、Thread 和 Runnable 均代表线程，可使用关键字 new 和这些类的构造方法创建线程实例。TimrTask、Thread 和 Runnable 的定义中均

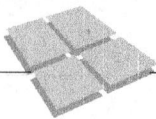

有 run()方法，可重写这个方法，将耗时较长的操作放在其中，并在操作结束后通过调用 Handler 对象的 sendMessage(Messang msg)方法向主线程发送消息。

创建线程的类不同，启动线程的方式也有所区别。若使用 TimrTask 类创建线程，则可调用 Timer 对象的 schedule(TimrTask 对象)方法启动线程；若使用 Thread 类创建线程，则可调用 Thread 对象的 start()方法启动线程；若使用 Runnable 类创建线程，则可调用 Handler 对象的 post(Runnable 对象)方法启动线程。

下面的计时器程序使用 Handler 来实时更新时间并反映在进度条中。

[例 4-8]建立名为 ch4_8 的 Android 工程，在 res \ layout \ 目录下包含一个布局资源文件 activity_main. xml，在文件中定义了一个 ProgressBar 和一个 Button 控件。

activity_main. xml 代码如下：

```
<? xml version="1.0" encoding="utf-8"? >
<LinearLayout xmlns:android="http://schemas. android. com/apk/res/android"
    android:orientation="vertical"
    android:layout_width="fill_parent"
    android:layout_height="fill_parent">
    <ProgressBar android:id="@+id/Lbar"
        style="@android:style/Widget. ProgressBar. Horizontal"
        android:layout_width="fill_parent"
        android:layout_height="30dp"
        android:visibility="gone"/>
    <Button android:id="@+id/myButton"
        android:layout_width="wrap_content"
        android:layout_height="wrap_content"
        android:text="开始计时" />
</LinearLayout>
```

打开 src 文件夹下的包 com. example. ch4_8 中的 MainActivity 类，修改代码如下：

```
package com. example. ch4_8;
import android. os. Bundle;
import android. os. Handler;
import android. os. Message;
import android. view. View;
import android. view. View. OnClickListener;
import android. widget. Button;
import android. widget. ProgressBar;
import android. app. Activity;
public class MainActivity extends Activity {
    private ProgressBar pb=null;
    private Button bt=null;
    private int i=0;
    protected void onCreate(Bundle savedInstanceState) {
```

```
        super. onCreate(savedInstanceState);
        setContentView(R. layout. activity_main);
        pb=(ProgressBar)findViewById(R. id. Lbar);
        bt=(Button)findViewById(R. id. myButton);
        bt. setOnClickListener(new OnClickListener() {
            public void onClick(View arg0) {
                pb. setVisibility(View. VISIBLE);
                pb. setMax(100);
                //启动线程
                updateHandler. post(handlerrunable);
            }
        });
    }
    Handler updateHandler=new Handler(){
        public void handleMessage(Message msg) {
            //更新进度条进度
            pb. setProgress(msg. arg1);
            bt. setText(msg. arg1+"秒");
            //启动线程
            updateHandler. post(handlerrunable);
        }
    };
    Runnable handlerrunable=new Runnable() {
        public void run() {
            //获取 Message 的实例
            Message msg=updateHandler. obtainMessage();
            //计时,模拟长耗时的操作
            try{
                Thread. sleep(100);
            }catch(InterruptedException e){
                e. printStackTrace();
            }
            i++;
            //若已到达计时值,则清理该线程,否则回传一个更新消息
            msg. arg1=i;
            if(i>100){
                pb. setVisibility(View. GONE);
                pb. setProgress(0);
                bt. setText("开始计时");
                i=0;
                updateHandler. removeCallbacks(handlerrunable);
            }
            else{
```

```
                              updateHandler. sendMessage(msg);
                    }
               }
          };
      }
```

程序运行后可以看到进度条在实时更新，直到达到 100 秒，结果如图 4-8 所示。

图 4-8　程序运行结果

思考与练习题

1. Android 系统有哪两种事件处理机制？
2. 简述事件监听处理模型和工作过程。
3. 根据事件监听器的不同，基于监听的事件处理机制分为哪五种情况？
4. 组件上产生某个事件后，事件传播的顺序是什么？
5. Android 应用程序为什么要采用多线程？
6. 简述 Android 系统中线程的创建与启动方法。

第 5 章 Android 应用程序组件

【学习目标】

- 了解 Activity 的启动和关闭方法。
- 掌握 Activity 之间数据的传递。
- 熟悉 Intent 的基本概念和主要属性。
- 了解 Service 的启动和关闭方法。
- 掌握 Activity 与 Service 之间的通信。
- 了解广播事件机制。
- 掌握广播发送和接收的实现方法。

5.1 Activity 和 Intent

5.1.1 Activity 的简介

Activity 是 Android 四大应用程序组件之一，中文翻译为"活动"。Android 系统的另三个应用程序组件是 Service、BroadcastReceiver 和 ContentProvider。一个 Activity 通常就是一个用户能看到的单独屏幕，理解为"窗口"比较贴切。每一个 Activity 都被实现为一个独立的类，并且继承于 Activity 这个基类。

前面看到的示例通常都只包含一个 Activity，但在实际应用中这是不太可能的，实际中一个 Android 应用往往包含多个 Activity，不同的 Activity 用来完成不同的功能。例如，监听系统事件(按键事件、触摸事件)，为用户显示指定的视图(View)，启动其他 Activity 类等。应用中的多个 Activity 组成 Activity 栈，当前活动的 Activity 位于栈顶。

Activity 用界面来表示自己，并不一定显示整个屏幕，有时只是占用屏幕最上面的一小部分。每个 Activity 都会用 setContentView()方法设置对应的视图来显示自身的数据。大部分显示都占用整个屏幕，但有时也只是显示屏幕的一部分，如一些应用在加载时的进度圈、在屏幕上方的字典查询等。

onCreate()方法是几乎所有的 Activity 子类都必须实现的。它可以初始化 Activity，如完成一些图形的绘制。但最重要的是，在这个方法里通常调用 setContentView()方法将布局资源(layout)定义为用户界面(UI)。同时，可调用 findViewById()方法在 UI 中检索需要代码编程的界面组件。

5.1.2 Activity 的创建和注册

1. Activity 的创建

创建自己的 Activity 需要继承 Activity 基类。当然，在不同应用场景下，有时也要求继承 Activity 的子类。例如，如果应用程序只包括列表，则可以继承 ListActivity；

如果应用程序界面需要实现标签页效果，则可以继承 TabActivity。

当一个 Activity 类定义出来之后，这个 Activity 类何时被实例化、它所包含的方法何时被调用，这些都不是由开发者决定的，都应该由 Android 系统来决定。为了能响应用户的操作，创建 Activity 时需要实现一个或多个方法。其中，最常见的就是 onCreate(Bundle status)方法，该方法将会在 Activity 创建时被回调，可在该方法中调用 Activity 的 setContentView(view)方法来显示要展示的 View。为了管理应用程序界面中的各组件，调用 Activity 的 findViewById(int id)方法来获取程序界面中的组件，接下来去修改各组件的属性和方法即可。Activity 的创建可参考前面的示例，此处不再赘述。

2. Activity 的注册

Android 应用要求所有应用程序组件都必须在工程的 AndroidManifest. xml 配置文件中进行注册，下面是一个配置文件的示例。

```
<? xml version="1.0" encoding="utf-8"? >
<manifest xmlns:android="http://schemas.android.com/apk/res/android"
    package="com.example.helloworld"
    android:versionCode="1"
    android:versionName="1.0">
    <uses-sdk android:minSdkVersion="8"
        android:targetSdkVersion="18"/>
    <application android:icon="@drawable/ic_launcher"
        android:label="@string/app_name">
        <activity android:name="com.example.helloworld.MainActivity"
            android:icon="@drawable/ic_launcher"
            android:label="@string/app_name">
            <intent-filter>
                <action android:name="android.intent.action.MAIN" />
                <category android:name="android.intent.category.LAUNCHER" />
            </intent-filter>
        </activity>
    </application>
</manifest>
```

从上面的配置文件可以看出，只要为<application... />元素添加<activity... />子元素即可配置 Activity。<activity.../>元素有 3 属性，分别是 name、icon 和 label。name 属性指定 Activity 对应的类名；icon 属性指定 Activity 显示的图标；label 属性指定 Activity 显示的名称。除此之外，配置 Activity 时通常还需要为<activity... />元素添加一个或多个<intent-filter... >子元素，用于系统匹配查找该 Activity。<intent-filter...>元素包含了<action.../>和<category.../>两个子元素，其中<action... />子元素表示 Activity 所要完成的动作；<category... />子元素用于为完成<action... />子元素指定动作增加额外的附加类别信息。在上面的配置示例中，<action android:name="android.intent.action.MAIN"/>定义 Activity 作为应用程序入口。Android 程序没有 main 函数，可指定一个或多个 Activity 作为启动入口；

＜category android：name＝"android. intent. category. LAUNCHER"/＞定义 Activity
显示在屏幕的启动栏里，也就是说此入口采用系统图标或快捷方式启动。

5.1.3　Activity 的启动和关闭

正如前面介绍的，一个 Android 应用通常都会包含多个 Activity，但只有一个 Activity 会作为程序的入口，Android 应用运行时将会自动启动并执行该 Activity。至于应用中的其他 Activity，通常都由入口 Activity 启动，或由入口 Activity 启动的 Activity 启动。

1. Activity 的启动

一个 Activity 启动其他 Activity 有两种方法，即 startActivity(Intent intent)和 startActivityForResult(Intent intent，int requestCode)。后者启动 Activity 时可指定一个请求码(requestCode)，请求码的值由开发者根据业务自行设置，用于标识请求来源。这两种启动 Activity 的方法都用到了 Intent 参数，Intent 是 Android 程序中各应用程序组件之间通信的重要方式。一个 Activity 通过 Intent 来表示自居的"意图"——想要启动哪个应用程序组件，被启动的应用程序组件既可以是 Activity，也可以是 Service。

2. Activity 的关闭

关闭 Activity 有两种方法，即 finish()和 finishActivity(int requestCode)。其中，finish()方法可结束当前的 Activity，而 finishActivity(int requestCode)方法可结束以 startActivityForResult(Intent intent,int requestCode)方法启动的 Activity。

下面的示例程序示范了如何启动 Activity，并允许程序在两个 Activity 之间切换。

[例 5-1]建立名为 ch5_1 的 Android 工程，包含了两个 Activity。在 res \ layout \ 目录下创建两个布局资源文件 activity_main. xml 和 activity_second. xml，分别对应这两个 Activity。在 activity_main. xml 文件中定义了一个 Button 控件，用于进入第二个 Activity；在 activity_second. xml 文件中定义了两个 Button 控件，一个用于简单返回上第一个 Activity(不关闭自己)，另一个用于结束自己并返回上第一个 Activity。两个 Activity 的 Java 代码分别存放在 MainActivity 类及 SecondActivity 类中。特别应注意，SecondActivity类必须在 AndroidManifest. xml 文件进行注册，即为＜application…/＞元素添加＜activity android：name＝"com. example. ch5_1. SecondActivity"/＞子元素。

activity_main. xml 代码如下：

```
<? xml version="1.0" encoding="utf-8"? >
<LinearLayout xmlns:android="http://schemas. android. com/apk/res/android"
    android:orientation="vertical"
    android:layout_width="fill_parent"
    android:layout_height="fill_parent"
    android:gravity="center_horizontal">
    <Button android:id="@+id/bn"
        android:layout_width="wrap_content"
        android:layout_height="wrap_content"
        android:text="切换到第二个 Activity" />
```

```
    </LinearLayout>
```

activity _ second. xml 代码如下：

```
<? xml version="1.0" encoding="utf-8"? >
<LinearLayout xmlns:android="http://schemas. android. com/apk/res/android"
    android:orientation="vertical"
    android:layout_width="match_parent"
    android:layout_height="match_parent"
    android:gravity="center_horizontal">
    <Button android:id="@+id/previous"
        android:layout_width="wrap_content"
        android:layout_height="wrap_content"
        android:text="切换回第一个 Activity(不关闭自己)" />
    <Button android:id="@+id/close"
        android:layout_width="wrap_content"
        android:layout_height="wrap_content"
        android:text="切换回第一个 Activity(关闭自己)" />
</LinearLayout>
```

打开 src 文件夹下的包 com. example. ch5_1 中的 MainActivity 类，修改代码如下：

```
package com. example. ch5_1;
import android. os. Bundle;
import android. view. View;
import android. view. View. OnClickListener;
import android. widget. Button;
import android. app. Activity;
import android. content. Intent;
public class MainActivity extends Activity {
    protected void onCreate(Bundle savedInstanceState) {
        super. onCreate(savedInstanceState);
        setContentView(R. layout. activity_main);
        //获取应用程序中的 bn 按钮
        Button bn=(Button) findViewById(R. id. bn);
        //为 bn 按钮绑定事件监听器
        bn. setOnClickListener(new OnClickListener() {
            public void onClick(View arg0) {
                //创建需要启动的 Activity 对应的 Intent
                Intent intent=new Intent(MainActivity. this,SecondActivity. class);
                //启动 Intent 对应的 Activity
                startActivity(intent);
            }
        });
    }
}
```

在 src 文件夹下的包 com. example. ch5＿1 中创建 SecondActivity 类，修改代码如下：

```
package com. example. ch5_1;
import android. app. Activity；
import android. content. Intent；
import android. os. Bundle；
import android. view. View；
import android. view. View. OnClickListener；
import android. widget. Button；
public class SecondActivity extends Activity {
    protected void onCreate(Bundle savedInstanceState) {
        super. onCreate(savedInstanceState)；
        setContentView(R. layout. activity_second)；
        //获取应用程序中的 previous 按钮
        Button previous＝(Button) findViewById(R. id. previous)；
        //获取应用程序中的 close 按钮
        Button close＝(Button) findViewById(R. id. close)；
        //为 previous 按钮绑定事件监听器
        previous. setOnClickListener(new OnClickListener() {
            public void onClick(View arg0) {
                //创建需要启动的 Activity 对应的 Intent
                Intent intent＝new Intent(SecondActivity. this,MainActivity. class)；
                //启动 Intent 对应的 Activity
                startActivity(intent)；
            }
    });
        //为 close 按钮绑定事件监听器
        close. setOnClickListener(new OnClickListener() {
            public void onClick(View arg0) {
                //创建需要启动的 Activity 对应的 Intent
                Intent intent＝new Intent(SecondActivity. this,MainActivity. class)；
                //启动 Intent 对应的 Activity
                startActivity(intent)；
                //结束当前 Activity
                finish()；
            }
        });
    }
}
```

程序运行结果如图 5-1 所示。

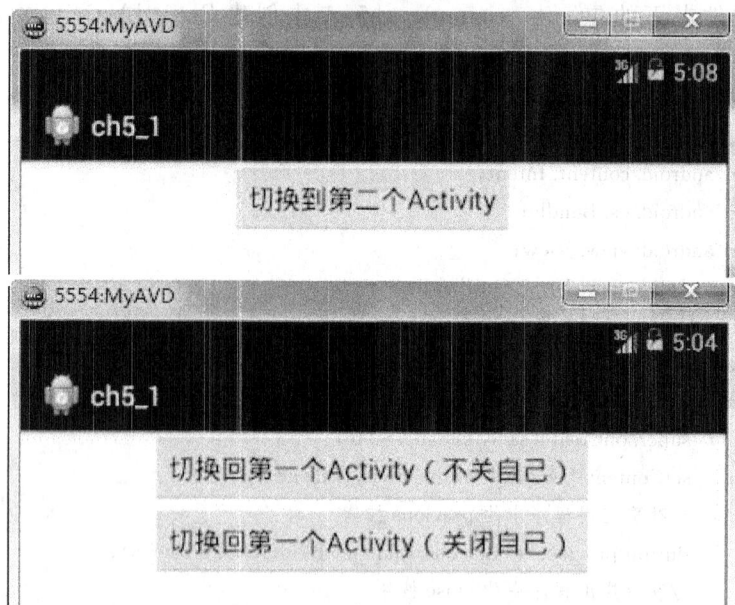

图 5-1 程序运行结果

5.1.4 Activity 之间的数据传递

当一个 Activity 启动另一个 Activity 时，常常会有一些数据需要传过去。在 Activity 之间进行数据交换比较简单，因为两个 Activity 之间本来就有一个"信使"——Intent，将需要交换的数据放入 Intent 即可。Intent 提供了多个方法来携带数据，最主要的两个是 putExtras(Bundle data) 和 getExtras()。其中，putExtras(Bundle data) 方法可向 Intent 中放入数据集合 Bundle，而 getExtras() 方法则可以从 Intent 取出数据集合。Bundle 提供了多个方法来存入或取出数据。存入数据的方法主要有 putXxx(String key，Xxx data) 和 putSerializable(String key，Serializable data)。其中，putXxx(String key，Xxx data) 方法可向 Bundle 中放入 Int、Long 等各种类型的简单数据，而 putSerializable(String key，Serializable data) 方法可向 Bundle 中放入一个可序列化的对象；取出数据的方法主要有 getXxx(String key) 和 getSerializable(String key)。其中，getXxx(String key) 方法可从 Bundle 中取出 Int、Long 等各种类型的简单数据，而 getSerializable(String key) 方法可从 Bundle 中取出一个可序列化的对象。

如果不使用 Bundle，也可调用 Intent 的 putXxxExtra(String key，Xxx data) 方法或 putSerializableExtra(String key，Serializable data) 方法直接将数据放入 Intent 中；调用 Intent 的 getXxxExtra(String key) 方法或 getSerializableExtra(String key) 方法可直接从 Intent 中取出数据。其实，这种形式与使用 Bundle 是一样的。

1. 传递简单数据

[例 5-2] 建立名为 ch5_2 的 Android 工程，包含了两个 Activity。在 res \ layout \ 目录下创建两个布局资源文件 activity_main. xml 和 activity_second. xml，分别对应这两个 Activity。在 activity_main. xml 文件中定义了两个文本框 TextView、两个编辑框 EditText 和一个按钮 Button；在 activity_second. xml 文件中定义了一个文本

框 TextView。两个 Activity 的 Java 代码分别存放在 MainActivity 类及 SecondActivity 类中。特别应注意，SecondActivity 类必须在 AndroidManifest. xml 文件进行注册，即为＜application …／＞元素添加＜activity android：name＝"com. example. ch5_2. SecondActivity"／＞子元素。

activity_main. xml 代码如下：

```
<? xml version="1.0" encoding="utf-8"? >
<LinearLayout xmlns:android="http://schemas. android. com/apk/res/android"
    android:orientation="vertical"
    android:layout_width="fill_parent"
    android:layout_height="fill_parent"
    android:gravity="center_horizontal">
    <LinearLayout android:orientation="horizontal"
        android:layout_width="fill_parent"
        android:layout_height="wrap_content"
        android:gravity="center_horizontal">
        <TextView android:id="@+id/textName"
            android:layout_width="wrap_content"
            android:layout_height="wrap_content"
            android:textSize="20sp"
            android:text="姓名:"/>
        <EditText android:id="@+id/editName"
            android:layout_width="wrap_content"
            android:layout_height="wrap_content"
            android:width="200sp"/>
    </LinearLayout>
    <LinearLayout android:orientation="horizontal"
        android:layout_width="wrap_content"
        android:layout_height="wrap_content"
        android:gravity="center_horizontal">
        <TextView android:id="@+id/textAge"
            android:layout_width="wrap_content"
            android:layout_height="wrap_content"
            android:textSize="20sp"
            android:text="年龄:"/>
        <EditText android:id="@+id/editAge"
            android:layout_width="fill_parent"
            android:layout_height="wrap_content"
            android:width="200sp"
            android:digits="1234567890"/>
    </LinearLayout>
    <Button android:id="@+id/bn"
        android:layout_width="wrap_content"
```

```
            android:layout_height="wrap_content"
            android:text="切换到第二个 Activity"/>
    </LinearLayout>
```

activity _ second. xml 代码如下：

```
    <? xml version="1.0" encoding="utf-8"? >
    <LinearLayout xmlns:android="http://schemas.android.com/apk/res/android"
        android:orientation="vertical"
        android:layout_width="fill_parent"
        android:layout_height="fill_parent"
        android:gravity="center_horizontal">
        <TextView android:id="@+id/textShow"
            android:layout_width="wrap_content"
            android:layout_height="wrap_content"
            android:textSize="30sp"/>
    </LinearLayout>
```

打开 src 文件夹下的包 com. example. ch5 _ 2 中的 MainActivity 类，修改代码如下：

```
    package com.example.ch5_2;
    import android.os.Bundle;
    import android.text.TextUtils;
    import android.view.View;
    import android.view.View.OnClickListener;
    import android.widget.Button;
    import android.widget.EditText;
    import android.app.Activity;
    import android.content.Intent;
    public class MainActivity extends Activity {
        protected void onCreate(Bundle savedInstanceState) {
            super.onCreate(savedInstanceState);
            setContentView(R.layout.activity_main);
            Button bn=(Button) findViewById(R.id.bn);
            bn.setOnClickListener(new OnClickListener() {
                public void onClick(View arg0) {
                EditText name=(EditText) findViewById(R.id.editName);
                EditText age=(EditText) findViewById(R.id.editAge);
                //创建 Intent 对象,用于启动第二个 Activity
                Intent intent=new Intent(MainActivity.this,SecondActivity.class);
                //创建 Bundle 对象,它是存放数据的一个集合
                Bundle bundle=new Bundle();
                //存放一个键一值对
                bundle.putString("name",name.getText().toString());
                //存放一个键一值对
                if(TextUtils.isEmpty(age.getText().toString()))
                    bundle.putInt("age",0);
```

```
        else
            bundle. putInt("age",Integer. parseInt(age. getText(). toString()));
        //将数据集合 Bundle 放入 Intent 对象中
        intent. putExtras(bundle);
        startActivity(intent);
        }
    });
    }
}
```

在 src 文件夹下的包 com. example. ch5_2 中创建 SecondActivity 类，修改代码如下：

```
package com. example. ch5_2;
import android. app. Activity;
import android. content. Intent;
import android. os. Bundle;
import android. widget. TextView;
public class SecondActivity extends Activity {
    protected void onCreate(Bundle savedInstanceState) {
        super. onCreate(savedInstanceState);
        setContentView(R. layout. activity_second);
        TextView tv=(TextView) findViewById(R. id. textShow);
        //获取启动第二个 Activity 的 Intent 对象
        Intent intent=getIntent();
        //从 Intent 对象中取出数据集合 Bundle 对象
        Bundle bundle=intent. getExtras();
        //根据键从 Bundle 对象中取出键—值对的值
        String name=bundle. getString("name");
        //根据键从 Bundle 对象中取出键—值对的值
        Integer age=bundle. getInt("age");
        tv. setText("姓名:"+name+"        年龄:"+age);
        }
    }
```

程序运行结果如图 5-2 所示。

2. 传递复杂数据

[例 5-3]建立名为 ch5_3 的 Android 工程，包含了两个 Activity。在 res \ layout \ 目录下创建两个布局资源文件 activity_main. xml 和 activity_second. xml，分别对应这两个 Activity。在 activity_main. xml 文件中定义了两个文本框 TextView、两个编辑框 EditText 和一个按钮 Button；在 activity_second. xml 文件中定义了一个文本框 TextView。两个 Activity 的 Java 代码分别存放在 MainActivity 类及 SecondActivity 类中。特别需要注意，SecondActivity 类必须在 AndroidManifest. xml 文件进行注册，即为＜ application …／＞元素添加＜ activity android：name ＝" com. example. ch5_3. SecondActivity"／＞子元素。

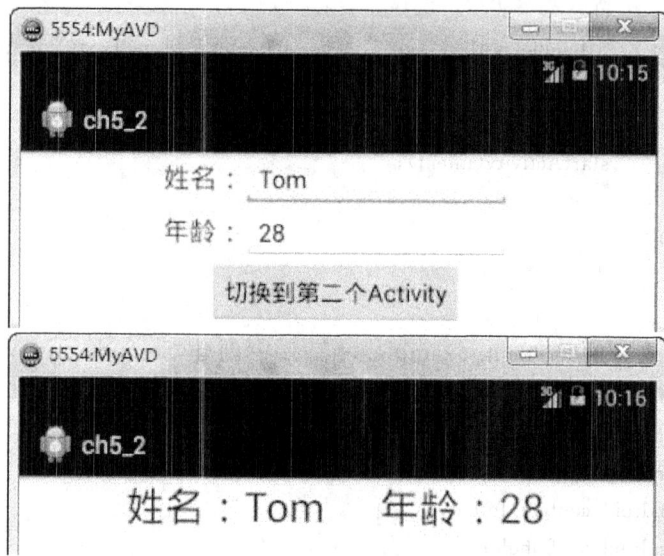

图 5-2　程序运行结果

activity _ main. xml 代码如下：

```
<? xml version="1.0" encoding="utf-8"? >
<LinearLayout xmlns:android="http://schemas. android. com/apk/res/android"
    android:orientation="vertical"
    android:layout_width="fill_parent"
    android:layout_height="fill_parent"
    android:gravity="center_horizontal">
    <LinearLayout android:orientation="horizontal"
        android:layout_width="fill_parent"
        android:layout_height="wrap_content"
        android:gravity="center_horizontal">
        <TextView android:id="@+id/textStr1"
            android:layout_width="wrap_content"
            android:layout_height="wrap_content"
            android:textSize="20sp"
            android:text="字符串 1:"/>
        <EditText android:id="@+id/editStr1"
            android:layout_width="wrap_content"
            android:layout_height="wrap_content"
            android:width="200sp"/>
    </LinearLayout>
    <LinearLayout android:orientation="horizontal"
        android:layout_width="wrap_content"
        android:layout_height="wrap_content"
        android:gravity="center_horizontal">
        <TextView android:id="@+id/textStr2"
```

```
                android:layout_width="wrap_content"
                android:layout_height="wrap_content"
                android:textSize="20sp"
                android:text="字符串 2:"/>
            <EditText android:id="@+id/editStr2"
                android:layout_width="fill_parent"
                android:layout_height="wrap_content"
                android:width="200sp"/>
        </LinearLayout>
        <Button android:id="@+id/bn"
            android:layout_width="wrap_content"
            android:layout_height="wrap_content"
            android:text="切换到第二个 Activity"/>
    </LinearLayout>
```

activity_second.xml 代码如下:

```
    <?xml version="1.0" encoding="utf-8"?>
    <LinearLayout xmlns:android="http://schemas.android.com/apk/res/android"
        android:orientation="vertical"
        android:layout_width="fill_parent"
        android:layout_height="fill_parent"
        android:gravity="center_horizontal">
        <TextView android:id="@+id/textShow"
            android:layout_width="wrap_content"
            android:layout_height="wrap_content"
            android:textSize="30sp"/>
    </LinearLayout>
```

打开 src 文件夹下的包 com.example.ch5_3 中的 MainActivity 类，修改代码如下:

```
    package com.example.ch5_3;
    import java.util.ArrayList;
    import android.os.Bundle;
    import android.view.View;
    import android.view.View.OnClickListener;
    import android.widget.Button;
    import android.widget.EditText;
    import android.app.Activity;
    import android.content.Intent;
    public class MainActivity extends Activity {
        protected void onCreate(Bundle savedInstanceState) {
            super.onCreate(savedInstanceState);
            setContentView(R.layout.activity_main);
            Button bn=(Button) findViewById(R.id.bn);
```

```
        bn. setOnClickListener(new OnClickListener() {
            public void onClick(View arg0) {
                EditText str1 = (EditText) findViewById(R. id. editStr1);
                EditText str2 = (EditText) findViewById(R. id. editStr2);
                //创建一个 ArrayList 对象，以数组形式存放字符串
                ArrayList<String>al = new ArrayList<String>();
                al. add(str1. getText(). toString());
                al. add(str2. getText(). toString());
                //创建 Intent 对象，用于启动第二个 Activity
                Intent intent = new Intent(MainActivity. this,SecondActivity. class);
                //创建 Bundle 对象，它是存放数据的一个集合
                Bundle bundle = new Bundle();
                //存放一个键—值对，键—值对的值为一序列化对象
                bundle. putSerializable("arraylist",al);
                //将数据集合 Bundle 放入 Intent 对象中
                intent. putExtras(bundle);
                startActivity(intent);
            }
        });
    }
}
```

在 src 文件夹下的包 com. example. ch5_3 中创建 SecondActivity 类，修改代码如下：

```
package com. example. ch5_3;
import java. util. ArrayList;
import android. app. Activity;
import android. content. Intent;
import android. os. Bundle;
import android. widget. TextView;
public class SecondActivity extends Activity {
    protected void onCreate(Bundle savedInstanceState) {
        super. onCreate(savedInstanceState);
        setContentView(R. layout. activity_second);
        TextView tv = (TextView) findViewById(R. id. textShow);
        //获取启动第二个 Activity 的 Intent 对象
        Intent intent = getIntent();
        //从 Intent 对象中取出数据集合 Bundle 对象
        Bundle bundle = intent. getExtras();
        //根据键从 Bundle 对象中取出键—值对的值
        ArrayList<String>al = (ArrayList<String>) bundle. getSerializable("arraylist");
        String str1 = al. get(0);
        String str2 = al. get(1);
        tv. setText(str1 + str2);
```

```
        }
    }
```

程序运行结果如图 5-3 所示。

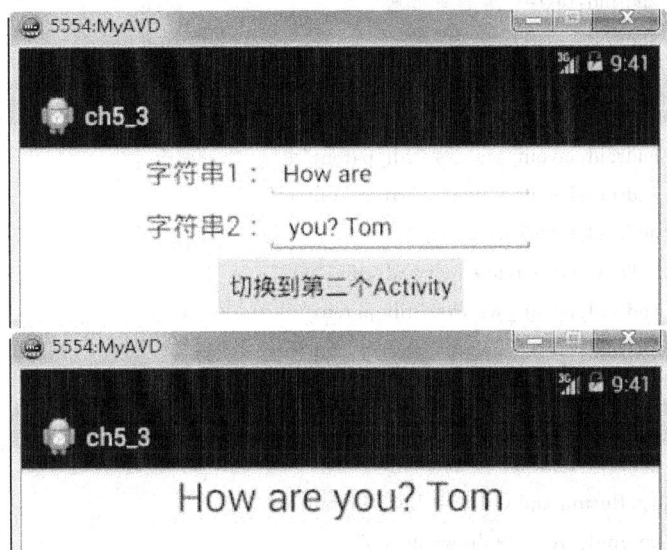

图 5-3 程序运行结果

3. 传递并返回数据

在实际应用中，经常需要返回某个 Activity 时，复原当初离开时的数据，即通过返回把结果带回来。例如，正在编辑短信时电话响了，必须去接电话，这时正在输入的短信应该暂时保存起来。电话处理完毕后，再返回发送短信的 Activity，并把离开时的内容复原。

［例 5-4］建立名为 ch5_4 的 Android 工程，包含了两个 Activity。在 res\layout\目录下创建两个布局资源文件 activity_message.xml 和 activity_dial.xml，分别对应这两个 Activity。在 activity_message.xml 文件中定义了一个文本框 TextView、两个编辑框 EditText 和一个用于接听电话的图片按钮 ImageButton；在 activity_dial.xml 文件中定义了一个文本框 TextView 和一个用于挂断电话的图片按钮 ImageButton。两个 Activity 的 Java 代码分别存放在 MessageActivity 类及 DialActivity 类中。特别需要注意，DialActivity 类必须在 AndroidManifest.xml 文件进行注册，即为＜application... /＞元素添加＜activity android:name="com.example.ch5_4.DialActivity"/＞子元素。同时，将子元素＜activity android:name="com.example.ch5_4.MainActivity"...＞...＜/activity＞里 name 属性值中的"MainActivity"修改为"MessageActivity"。

activity_message.xml 代码如下：

```
<? xml version="1.0" encoding="utf-8"? >
<LinearLayout xmlns:android="http://schemas.android.com/apk/res/android"
    android:orientation="vertical"
    android:layout_width="fill_parent"
    android:layout_height="fill_parent"
```

```
        android:gravity="center_horizontal">
            <TextView android:layout_width="fill_parent"
                android:layout_height="wrap_content"
                android:text="编辑短信息"
                android:textSize="30sp"
                android:gravity="center_horizontal"/>
            <EditText android:id="@+id/editText1"
                android:layout_width="fill_parent"
                android:layout_height="wrap_content"
                android:textSize="20sp"/>
            <EditText android:id="@+id/editText2"
                android:layout_width="fill_parent"
                android:layout_height="wrap_content"
                android:inputType="textMultiLine"
                android:lines="3"
                android:textSize="20sp"/>
            <ImageButton android:id="@+id/button1"
                android:src="@drawable/up"
                android:layout_width="wrap_content"
                android:layout_height="wrap_content"
                android:background="#00000000"/>
    </LinearLayout>
```

activity_dial.xml 代码如下：

```
    <?xml version="1.0" encoding="utf-8"?>
    <LinearLayout xmlns:android="http://schemas.android.com/apk/res/android"
        android:orientation="vertical"
        android:layout_width="fill_parent"
        android:layout_height="fill_parent"
        android:gravity="center_horizontal">
            <TextView android:layout_width="fill_parent"
                android:layout_height="wrap_content"
                android:text="正在通话中..."
                android:textSize="30sp"
                android:gravity="center_horizontal"/>
            <ImageButton android:id="@+id/button1"
                android:src="@drawable/down"
                android:layout_width="wrap_content"
                android:layout_height="wrap_content"
                android:background="#00000000"/>
    </LinearLayout>
```

打开 src 文件夹下的包 com.example.ch5_4 中的 MessageActivity 类，修改代码如下：

```
package com. example. ch5_4;
import android. os. Bundle;
import android. view. View;
import android. view. View. OnClickListener;
import android. widget. EditText;
import android. widget. ImageButton;
import android. app. Activity;
import android. content. Intent;
public class MessageActivity extends Activity {
    protected void onCreate(Bundle savedInstanceState) {
        super. onCreate(savedInstanceState);
        setContentView(R. layout. activity_message);
        ImageButton bn=(ImageButton) findViewById(R. id. button1);
        bn. setOnClickListener(new OnClickListener() {
            public void onClick(View arg0) {
                EditText et1=(EditText) findViewById(R. id. editText1);
                EditText et2=(EditText) findViewById(R. id. editText2);
                Intent intent=new Intent(MessageActivity. this,DialActivity. class);
                Bundle bundle=new Bundle();
                //把电话号码存入 bundle 中
                bundle. putString("telno",et1. getText(). toString());
                //把短信的内容存入 bundle 中
                bundle. putString("content",et2. getText(). toString());
                //将 bundle 放入中 intent
                intent. putExtras(bundle);
                //启动一个 Activity
                startActivityForResult(intent,0);
            }
        });
    }
    protected void onActivityResult(int requestCode,int resultCode,Intent data) {
        Bundle bundle=data. getExtras();
        EditText et1=(EditText) findViewById(R. id. editText1);
        EditText et2=(EditText) findViewById(R. id. editText2);
        et1. setText(bundle. getString("telno"));
        et2. setText(bundle. getString("content"));
    }
}
```

在 src 文件夹下的包 com. example. ch5_4 中创建 DialActivity 类，修改代码如下：

```
package com. example. ch5_4;
import android. app. Activity;
import android. content. Intent;
import android. os. Bundle;
```

```
import android. view. View;
import android. view. View. OnClickListener;
import android. widget. ImageButton;
public class DialActivity extends Activity {
    protected void onCreate(Bundle savedInstanceState) {
        super. onCreate(savedInstanceState);
        setContentView(R. layout. activity_dial);
        ImageButton bn=(ImageButton) findViewById(R. id. button1);
        //挂断电话按钮的监听器
        bn. setOnClickListener(new OnClickListener() {
            public void onClick(View arg0) {
                //获取 intent
                Intent intent=getIntent();
                //设置要返回的 Activity 的 intent
                setResult(0,intent);
                //关闭当前的 Activity
                finish();
            }
        });
    }
}
```

程序运行结果如图 5-4 所示，单击接听电话按钮，跳转到处理电话的界面。电话接听完毕后，单击挂断电话的按钮，返回到短信编辑界面，先前编辑的短信内容与离开时一样。

5.1.5　Intent 的概念和属性

1. Intent 的概念

Android 应用可由四种应用程序组件组成，这四种组件是独立的，它们之间可以互相调用，协调工作。这些组件之间的通信主要是由 Intent 协助完成的。Intent 就像 Activity 之间的双面胶，字面意思是"意图、意向、目的"，基本上可以诠释这个对象的作用。Intent 负责对一次操作的动作及与动作相关的数据和附加数据进行描述。Android 根据 Intent 的描述，找到对应的应用程序组件，将 Intent 传递给被调用的组件，并完成组件的调用。因此，Intent 在这里起着一外媒体中介的作用，专门提供组件互相调用的相关信息，实现调用与被调用者之间的解耦。也可以说，Intent 就像需求说明一样，说明当前的事件以及一些数据。接下来 Android 会依据这个说明，为其找到一个 Activity，并把这个 Intent 交给该 Activity。

2. Intent 的属性

Intent 是对执行某个操作的抽象描述，其描述的内容包括动作(Action)、数据(Data)、类别(Category)、附加信息(Extra)、组件(Component)、数据类型(Type)。

(1)Component 属性：Component 属性用于指定 Intent 目标组件的类名称。通常 Android 会根据 Intent 中包含的其他属性信息，如 Action、Data/Type、Category 进行

图 5-4　程序运行结果

查找，最终找到一个与之匹配的目标组件。但是，如果 Component 这个属性有指定的话，将直接使用它指定的组件，而不再执行上述查找过程。没有指定 Component 属性的间接 Intent 需要包含足够的信息，这样 Android 系统才能根据这些信息，在所有可用的组件中确定满足此 Intent 的组件。对于指定了 Component 属性的直接 Intent，Android 系统不需要去做解析，因为目标组件已经很明确。可通过 Intent 对象的 setComponent()方法、setClass()方法或 setClassName()方法设置 Component 属性，形式如下：（假设工程名为 ch2，包含了两个 Activity，代码分别存放在 MainActivity 类及 Second 类中。）

①使用 setComponent()方法。

```
//创建 ComponentName 对象
ComponentName cn＝new ComponentName(MainActivity. this,"com. ch2. Second");
Intent intent＝new Intent();
//设置 Intent 的 component 属性
```

```
Intent.setComponent(cn);
startActivity(intent);
```

②使用 setClass()方法。

```
Intent intent=new Intent();
//设置 Intent 的 class 属性
Intent.setClass(MainActivity.this,com.ch2.Second.class);
startActivity(intent);
```

③使用 setClassName()方法。

```
Intent intent=new Intent();
//设置 Intent 的 classname 属性
Intent.setClass(MainActivity.this,"com.ch2.Second");
startActivity(intent);
```

(2)Action 属性：Action 属性是描述执行动作的字符串，是对所将执行动作的描述。在 Intent 类中定义了一些字符串常量作为标准动作，例如：

```
public static final String ACTION_DIAL="android.intent.action.DIAL";
public static final String ACTION_SENDTO="android.intent.action.SENDTO";
```

此外，还可以自定义 Action，并定义相应的 Activity 来处理自定义的行为。自定义动作字符串应该以应用程序包名作为前缀，例如："com.example.project.SHOW_COLOR"。

Intent 意图对象里的动作可以通过 setAction()方法设置，通过 getAction()方法读取。在 AndroidManifest.xml 文件中，意图过滤器元素可列举动作元素，例如：

```
<intent-filter>
    <action android:name="com.example.project.SHOW_CURRENT"/>
    <action android:name="com.example.project.SHOW_RECENT"/>
    ...
</intent-filter>
```

(3)Data 属性：Data 属性是对执行动作所要操作的数据的描述，Android 中采用 URI 形式来表示数据。通过这个 URI，可以找到提供该 URI 的 ContentProvider 组件，并由 ContentProvider 提供数据，然后就可以操作这些数据了。不同的动作对应着不同种类的数据规格。例如，如果动作是 ACTION_EDIT，数据是可编辑文档的 URI；如果动作是 ACTION_CALL，数据是呼叫电话号码的 URI；如果动作是 ACTION_VIEW，数据是超文本传输协议(HTTP)的 URI。

setData()方法可指定数据的 URI，setType()方法可指定数据类型，而 setDataAndType()方法可同时指定数据的 URI 和类型。URI 通过 getData()方法读取，数据类型则通过 getType()方法读取。在 AndroidManifest.xml 文件中，意图过滤器元素可列举数据元素，例如：

```
<intent-filter>
    <data android:type="video/mpeg" android:scheme="http..."/>
    <data android:type="audio/mpeg" android:scheme="http..."/>
    ...
</intent-filter>
```

（4）Catagory 属性：Catagory 属性是被请求组件的额外描述信息，Intent 类中定义了一组字符串常量表示 Intent 的不同类别。例如：

  public static final String CATEGORY_LAUNCHER＝"android. intent. category. LAUNCHER"；

  public static final String CATEGORY_PREFERENCE＝"android. intent. category. PREFERENCE"；

其中，CATEGORY _ LAUNCHER 表示 Intent 接受者应该在 Launcher 中作为顶级应用出现；CATEGORY _ PREFERENCE 表示 Intent 接受者的目标活动是一个选择面板。

在 AndroidManifest. xml 文件中，意图过滤器元素可列举 catagory 元素，例如：

  <intent－filter>

    <category android:name＝"android. intent. category. LAUNCHER"/>

    <category android:name＝"android. intent. category. PREFERENCE "/>

        …

  </intent－filter>

（5）Type 属性：Type 属性显式指定 Intent 的数据类型。一般 Intent 的数据类型能够根据数据本身进行判定，但也可通过设置这个属性，强制采用指定的类型而不再推导。

（6）Extra 属性：Extra 属性是所有附加信息的集合，使用它可以为组件提供扩展信息。比如，执行"发送电子邮件"这个动作，可以将电子邮件的标题、正文等保存要 Extra 里，传给电子邮件的接收组件。Intent 中的附加信息为键－值对，就像一些动作伴随着特定的数据 URI 一样，一些动作则伴随着特定的附加信息。例如，ACTION _ TIMEZONE _ CHANGED 意图有一个"时区"键－值对用来区别新的时区；ACTION _ HEADSET _ PLUG 有一个"状态"键－值对表明有没有插着耳机，以及一个"名字"键－值对来表明耳机的类型。Intent 对象可通过一系列的 put…()方法来插入各种不同的附加数据，也可通过一系列的 get…()方法来读取数据，这些方法与 Bundle 对象的方法相似。事实上，Extra 属性的值就是 Bundle 对象，所有附加信息可以被当作一个 Bundle 通过 putExtras()方法和 getExtras()方法整体完成插入和读取。

▶ 5.2　Service 组件

5.2.1　Service 的简介

Service 是 Android 系统中的一个应用程序组件，中文翻译为"服务"，与 Activity 的级别差不多。它没有图形化界面，但可以在后台运行并与其他组件进行交互。例如，当用户进行其他操作时，可以利用服务在后台播放音乐。或者在来电话时，利用服务同时进行其他操作。服务类必须从 android. app. Service 继承。

举一个非常简单的使用 Service 的例子。手机中会经常使用播放音乐的软件，在这类软件中一般都有循环播放或随机播放的功能。虽然软件中会有相应的功能（通过按钮或菜单进行控制），但用户可能会一边放音乐，一边在手机上做其他事情，如与朋友聊

天、看小说等。在这种情况下，用户不可能在一首音乐放完后回到软件界面进行重放的操作。因此，可以在播放音乐的软件中启动一个服务，这个服务来控制音乐的循环播放，而且服务对用户是完全透明的，这样用户完全感觉不到后台服务的运行，甚至可以在音乐播放软件关闭的情况下，仍然播放后台背景音乐。

除此之外，其他程序还可以与 Service 进行通信。当与服务连接成功后，就可以利用服务中共享的接口与服务进行通信。例如，控制音乐播放的服务允许用户暂停、重放、停止音乐的播放。与其他应用程序组件一样，Service 运行在自己的主线程中，不能用来做耗时的请求或动作。可以在服务中开一个子线程，在子线程中做耗时动作，如从网络下载大文件等，否则会影响阻塞服务主线程响应其他事件。

Service 一般分为本地服务和远程服务两种。

1. 本地服务

本地服务(Local Service)用于应用程序内部。Service 可以通过调用 startService()启动，调用 stopService()结束。在 Service 内部可以调用 stopSelf()或 stopSelfResult()来自己停止。无论调用了多少次 startService()，都只需调用一次 stopService()停止。Local Service 可用于实现应用程序的一些耗时任务(如查询升级信息)，并不占用应用程序线程(Activity 如所属线程)，而是单开线程后台执行，这样用户体验比较好。

2. 远程服务

远程服务(Remote Service)用于应用程序之间。可以定义接口并把接口暴露出来，以便其他应用进行操作。客户端建立到服务对象的连接，并通过该连接来使用服务。调用 bindService()方法建立连接并启动，调用 unbindService()关闭连接。连接并启动时如果服务还没有加载，bindService()会先加载它。多个客户端可以绑定同一个服务，即 Remote Service 可以提供给其他应用复用，比如定义一个天气预报服务，提供给其他应用调用即可。

5.2.2 Service 的启动和关闭

1. 使用 startService 方法启动本地服务

通过扩展 Service 基类，可以创建一个 Service。需要重写 onBind 和 onCreate 方法，在多数情况下还需要重写 onStart 方法，这个方法在 Service 通过 startService 启动时会调用。因此，在 Service 的生命周期里，它能执行很多次。

(1)onBind(Intent intent)：必须要实现的方法。

(2)onCreate()：当 Service 第一次被创建时，由系统调用该方法。

(3)onStart(Intent intent，int startId)：通过 startService()方法启动服务时调用。

(4)onDestroy()：当服务不再使用，由系统回调。

本地服务编写比较简单。首先，要创建一个 Service 类，该类继承 Android 的 Service 类。这里编写一个播放音乐的类，程序运行后会发现音乐在后台播放。

[例 5-5]建立名为 ch5_5 的 Android 工程，在 res\layout\目录下包含一个布局资源文件 activity_main.xml，在 XML 文件中定义了一个 Button。Activity 和 Service 的 Java 代码分别存放在 MainActivity 类及 LocalService 类中。特别要注意的是，LocalService类必须在 AndroidManifest. xml 文件中进行注册，即为

元素添加＜service android：name＝"com. example. ch5_5. LocalService"/＞子元素。

activity _ main. xml 代码如下：

```
<? xml version="1. 0" encoding="utf-8"? >
<LinearLayout xmlns:android="http://schemas. android. com/apk/res/android"
    android:layout_width="fill_parent"
    android:layout_height="fill_parent"
    android:orientation="vertical"
    android:gravity="center_horizontal" >
    <Button
        android:id="@+id/button1"
        android:layout_width="wrap_content"
        android:layout_height="wrap_content"
        android:textSize="30sp"
        android:text="退出当前程序" />
</LinearLayout>
```

打开 src 文件夹下的包 com. example. ch5 _ 5 中的 MainActivity 类，修改代码如下：

```
package com. example. ch5_5；
import android. os. Bundle；
import android. view. View；
import android. view. View. OnClickListener；
import android. widget. Button；
import android. app. Activity；
import android. content. Intent；
public class MainActivity extends Activity {
    protected void onCreate(Bundle savedInstanceState) {
        super. onCreate(savedInstanceState)；
        setContentView(R. layout. activity_main)；
        //启动一个名为 LocalService 的服务
        startService(new Intent(MainActivity. this,LocalService. class))；
        Button bn1=(Button) findViewById(R. id. button1)；
        bn1. setOnClickListener(new OnClickListener() {
            public void onClick(View arg0) {
                MainActivity. this. finish()；
            }
        })；
    }
}
```

在 src 文件夹下的包 com. example. ch5 _ 5 中创建 LocalService 类，修改代码如下：

```
package com. example. ch5_5；
import android. app. Service；
```

```
import android. content. Intent；
import android. media. MediaPlayer；
import android. os. IBinder；
public class LocalService extends Service{
    private MediaPlayer player；
    //必须实现的方法
    public IBinder onBind(Intent arg0){
        return null；
    }
    //Service 被启动时回调该方法
    public int onStartCommand(Intent intent,int flags,int startId){
        player＝ MediaPlayer. create(this,R. raw. song1)；
        player. start()；
        return START_STICKY；
    }
    //Service 被关闭之前回调。
    public void onDestroy(){
        player. stop()；
    }
}
```

程序运行后开始播放背景音乐，界面如图 5-5 所示。单击"退出当前程序"按钮后程序关闭，但背景音乐继续播放至结束。

图 5-5　程序运行结果

2. 使用 bindService 方法启动本地服务

上面的例子是通过 startService 调用服务，Service 会经历 onCreate→onStart 的过程。应用程序可以通过调用 startService 方法来启动 Service。如果当前没有指定的 Service 实例被创建，则该方法会调用 Service 的 onCreate 方法来创建一个实例；否则调用 Service 的 onStart 方法。

如果是调用者（MainActivity）自己直接退出的话，Service 会一直在后台运行，直到调用 stopService() 或 stopSelf() 方法。或者下次 MainActivity 再启动停止服务。

如果通过 bindService 启动一个服务，则 Service 只会运行 onCreate，它是不会调用 onStart 方法的。这个时候调用者 MainActivity 和 Service 绑定在一起，调用者退出后 Service 就会停止服务，所谓绑定在一起就共存亡了。

[例 5-6]建立名为 ch5＿6 的 Android 工程，在 res＼layout＼目录下包含一个布局资源文件 activity＿main．xml，在 XML 文件中定义了一个 Button。Activity 和 Service 的 Java 代码分别存放在 MainActivity 类及 LocalService 类中。特别要注意的是，LocalService 类必须在 AndroidManifest.xml 文件中进行注册，即为元素添加<service android:name="com.example.ch5_6.LocalService"/>子元素。

activity＿main．xml 代码如下：

```
<? xml version="1.0" encoding="utf-8"? >
<LinearLayout xmlns:android="http://schemas.android.com/apk/res/android"
    android:layout_width="fill_parent"
    android:layout_height="fill_parent"
    android:orientation="vertical"
    android:gravity="center_horizontal" >
    <Button
        android:id="@+id/button1"
        android:layout_width="wrap_content"
        android:layout_height="wrap_content"
        android:textSize="30sp"
        android:text="退出当前程序" />
</LinearLayout>
```

打开 src 文件夹下的包 com.example.ch5＿6 中的 MainActivity 类，修改代码如下：

```
package com.example.ch5_6；
import android.os.Bundle；
import android.os.IBinder；
import android.view.View；
import android.view.View.OnClickListener；
import android.widget.Button；
import android.app.Activity；
import android.content.ComponentName；
import android.content.Intent；
import android.content.ServiceConnection；
public class MainActivity extends Activity {
    private ServiceConnection sc；
    protected void onCreate(Bundle savedInstanceState) {
        super.onCreate(savedInstanceState)；
        setContentView(R.layout.activity_main)；
        //实例化 ServiceConnection 对象
        sc=new ServiceConnection() {
            //实现 onServiceConnected 方法
            public void onServiceConnected(ComponentName arg0,IBinder arg1){
                //TODO Auto-generated method stub
            }
```

```
            //实现 onServiceDisconnected 方法
            public void onServiceDisconnected(ComponentName arg0) {
                //TODO Auto-generated method stub
            }
        };
        //绑定服务
        bindService(new Intent(MainActivity. this,LocalService. class),sc,BIND_AUTO_
CREATE);
        Button bn=(Button) findViewById(R. id. button1);
        bn. setOnClickListener(new OnClickListener() {
            public void onClick(View arg0) {
                MainActivity. this. finish();
            }
        });
    }
}
```

在 src 文件夹下的包 com. example. ch5 _ 6 中创建 LocalService 类，修改代码如下：

```
package com. example. ch5_6;
import android. app. Service;
import android. content. Intent;
import android. media. MediaPlayer;
import android. os. IBinder;
public class LocalService extends Service{
    private MediaPlayer player;
    //必须实现的方法
    public IBinder onBind(Intent arg0){
    return null;
    }
    //Service 被创建时回调该方法。
    public void onCreate(){
        player=MediaPlayer. create(this,R. raw. song1);
        player. start();
    }
    //Service 被关闭之前回调。
    public void onDestroy(){
        player. stop();
    }
}
```

程序运行后开始播放背景音乐，界面如图 5-6 所示。单击"退出当前程序"按钮后程序关闭，同时背景音乐也停止播放。

图 5-6　程序运行结果

3. 停止 Service 的两种方法

针对启动 Service 的不同方式，停止 Service 的方法也是不同的。用 startService 启动服务，应使用 stopService 停止服务；用 bindService 启动服务，应使用 unbindService 停止服务。下面我们通过一个例子加以说明。

［例 5-7］建立名为 ch5 _ 7 的 Android 工程，在 res \ layout \ 目录下包含一个布局资源文件 activity _ main. xml，在 XML 文件中定义了四个 Button。Activity 和 Service 的 Java 代码分别存放在 MainActivity 类及 LocalService 类中。特别要注意的是，LocalService 类必须在 AndroidManifest. xml 文件中进行注册，即为＜application... ／＞元素添加＜service android:name＝"com. example. ch5_7. LocalService"/＞子元素。

activity _ main. xml 代码如下：

```
<? xml version="1.0" encoding="utf-8"? >
<LinearLayout xmlns:android="http://schemas. android. com/apk/res/android"
    android:layout_width="fill_parent"
    android:layout_height="fill_parent"
    android:orientation="vertical"
    android:gravity="center_horizontal" >
    <Button
        android:id="@+id/start1"
        android:layout_width="fill_parent"
        android:layout_height="wrap_content"
        android:textSize="20sp"
        android:text="由 startService 启动服务" />
    <Button
        android:id="@+id/stop1"
        android:layout_width="fill_parent"
        android:layout_height="wrap_content"
        android:textSize="20sp"
        android:text="停止 startService 引起的服务" />
    <Button
        android:id="@+id/start2"
        android:layout_width="fill_parent"
        android:layout_height="wrap_content"
```

127

```
                android:textSize="20sp"
                android:text="由 bindService 启动服务" />
            <Button
                android:id="@+id/stop2"
                android:layout_width="fill_parent"
                android:layout_height="wrap_content"
                android:textSize="20sp"
                android:text="停止 bindService 引起的服务" />
        </LinearLayout>
```

打开 src 文件夹下的包 com. example. ch5 _ 7 中的 MainActivity 类，修改代码如下：

```
package com. example. ch5_7;
import android. os. Bundle;
import android. os. IBinder;
import android. view. View;
import android. view. View. OnClickListener;
import android. widget. Button;
import android. app. Activity;
import android. content. ComponentName;
import android. content. Intent;
import android. content. ServiceConnection;
public class MainActivity extends Activity {
    private boolean isBind=false;
    private Button bn_start1,bn_stop1,bn_start2,bn_stop2;
    private ServiceConnection sc;
    protected void onCreate(Bundle savedInstanceState) {
        super. onCreate(savedInstanceState);
        setContentView(R. layout. activity_main);
        bn_start1=(Button) findViewById(R. id. start1);
        bn_stop1=(Button) findViewById(R. id. stop1);
        bn_start2=(Button) findViewById(R. id. start2);
        bn_stop2=(Button) findViewById(R. id. stop2);
        bn_start1. setOnClickListener(new OnClickListener() {
            public void onClick(View arg0) {
                //用 startService 启动服务
                startService(new Intent(MainActivity. this,LocalService. class));
            }
        });
        bn_stop1. setOnClickListener(new OnClickListener() {
            public void onClick(View arg0) {
                //用 stopService 停止服务
                stopService(new Intent(MainActivity. this,LocalService. class));
            }
```

```
        });
        //实例化 ServiceConnection 对象
        sc=new ServiceConnection() {
            //实现 onServiceConnected 方法
            public void onServiceConnected(ComponentName arg0,IBinder arg1){
                //TODO Auto-generated method stub
            }
            //实现 onServiceDisconnected 方法
            public void onServiceDisconnected(ComponentName arg0){
                //TODO Auto-generated method stub
            }
        };
        bn_start2.setOnClickListener(new OnClickListener() {
            public void onClick(View arg0) {
                //用 bindService 启动服务
                bindService(new Intent(MainActivity.this,LocalService.
class),sc,BIND_AUTO_CREATE);
                isBind=true;
            }
        });
        bn_stop2.setOnClickListener(new OnClickListener() {
            public void onClick(View arg0) {
                //服务器绑定之后才能解绑
                if(isBind){
                    //用 unbindService 停止服务
                    unbindService(sc);
                    isBind=false;
                }
            }
        });
    }
}
```

在 src 文件夹下的包 com.example.ch5_7 中创建 LocalService 类，修改代码如下：

```
package com.example.ch5_7;
import android.app.Service;
import android.content.Intent;
import android.media.MediaPlayer;
import android.os.IBinder;
public class LocalService extends Service{
    private MediaPlayer player;
    //必须实现的方法
    public IBinder onBind(Intent arg0){
        return null;
```

```
        }
        //Service 被创建时回调该方法。
        public void onCreate(){
            player=MediaPlayer.create(this,R.raw.song1);
            player.start();
        }
        //Service 被关闭之前回调。
        public void onDestroy(){
            player.stop();
        }
    }
```

程序运行结果如图 5-7 所示。

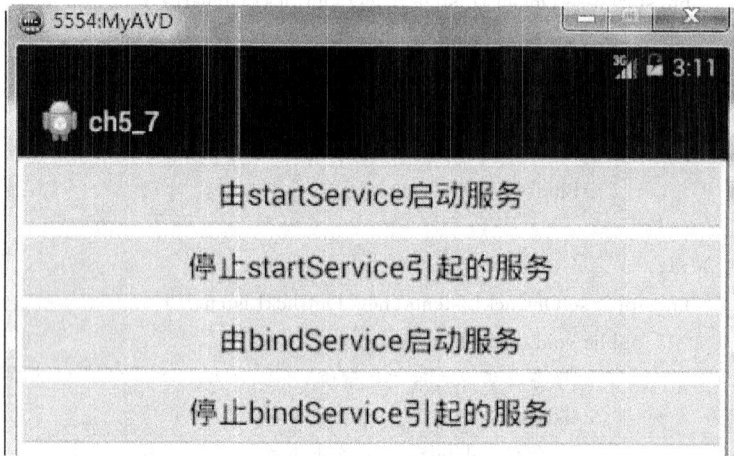

图 5-7　程序运行结果

5.2.3　与 Service 通信

1. 与本地服务通信

当程序分别通过 startService()和 stopService()启动、关闭 Service 时，Service 与访问者之间基本上不存在太多的关联，因此 Service 和访问者之间也无法进行通信、数据交换。如果 Service 和访问者之间需要进行方法调用或数据交换，则应该分别使用 bindService()方法和 unbindService()方法启动、关闭服务。Context 的 bindService()方法的完整方法签名为 bindService(Intent service, ServiceConnection conn, int flags)，该方法的三个参数的解释如下：

（1）service：该参数通过 Intent 指定要启动的 Service。

（2）conn：该参数是一个 ServiceConnection 对象，该对象用于监听访问者与 Service 之间的连接情况。当访问者与 Service 之间连接成功将回调该 ServiceConnection 对象的 onServiceConnected(ComponetName name, IBinder service)方法；当访问者与 Service 之间断开连接时将回调该 ServiceConnection 对象 onServiceDisconnected(ComponetName name)的方法。

(3)flags：指定绑定时是否自动创建 Service(如果 Service 还未创建)。该参数可指定为 0(不自动创建)或 BIND_AUTO_CREATE(自动创建)。

注意到 ServiceConnection 对象的 onServiceConnected 方法中有一个 IBinder 对象，该对象即可实现与被绑定 Service 之间的通信。当开发 Service 类时，必须提供一个 IBinder onBind(Intent intent)方法。在绑定本地 Service 的情况下，它返回的 IBinder 对象将会传给 ServiceConnection 对象里 onServiceConnected(ComponetName name，IBinder service)方法的 service 参数，这样访问者就可以通过该 IBinder 对象与 Service 进行通信。

实际上开发时通常会采用继承 Binder(IBinder 的实现类)的方式实现自己的 IBinder 对象。下面的程序示范了如何在 Activity 中绑定本地 Service，并从 Service 获取信息。程序中的 Service 类需要"真正"实现 onBind()方法，并让该方法返回一个有效的 IBinder。

[例 5-8]建立名为 ch5_8 的 Android 工程，在 res \ layout \ 目录下包含一个布局资源文件 activity_main. xml，在 XML 文件中定义了三个 Button 和一个 TextViwe。Activity 和 Service 的 Java 代码分别存放在 MainActivity 类及 LocalService 类中。特别要注意的是，LocalService 类必须在 AndroidManifest. xml 文件中进行注册，即为 <application.../>元素添加<service android:name="com. example. ch5_8. LocalService"/> 子元素。

activity_main. xml 代码如下：

```xml
<? xml version="1.0" encoding="utf-8"? >
<LinearLayout xmlns:android="http://schemas. android. com/apk/res/android"
    android:orientation="vertical"
    android:layout_width="fill_parent"
    android:layout_height="fill_parent"
    android:gravity="center_horizontal">
    <Buttonandroid:id="@+id/bind"
        android:layout_width="wrap_content"
        android:layout_height="wrap_content"
        android:textSize="25sp"
        android:text="用绑定方式启动服务"/>
    <Buttonandroid:id="@+id/unbind"
        android:layout_width="wrap_content"
        android:layout_height="wrap_content"
        android:textSize="25sp"
        android:text="用绑定方式停止服务"/>
    <Buttonandroid:id="@+id/getCount"
        android:layout_width="wrap_content"
        android:layout_height="wrap_content"
        android:textSize="25sp"
        android:text="从服务中获取计数值"/>
    <TextView
        android:id="@+id/textView1"
```

```
                android:layout_width="wrap_content"
                android:layout_height="wrap_content"
                android:textSize="30sp"
                android:text="信息显示区域" />
    </LinearLayout>
```

打开 src 文件夹下的包 com. example. ch5 _ 8 中的 MainActivity 类，修改代码如下：

```
    package com. example. ch5_8；
    import android. app. Activity；
    import android. content. ComponentName；
    import android. content. Intent；
    import android. content. ServiceConnection；
    import android. os. Bundle；
    import android. os. IBinder；
    import android. view. View；
    import android. view. View. OnClickListener；
    import android. widget. Button；
    import android. widget. TextView；
    public class MainActivity extends Activity{
        private boolean isBind=false；
        Button bind,unbind,getCount；
        TextView tv；
        //保持所启动的 Service 的 IBinder 对象
        LocalService. MyBinder binder；
        //定义一个 ServiceConnection 对象
        private ServiceConnection sc=new ServiceConnection(){
            //当该 Activity 与 Service 连接成功时回调该方法
            public void onServiceConnected(ComponentName name,IBinder service){
                //获取 Service 的 onBind 方法所返回的 MyBinder 对象
                binder=(LocalService. MyBinder) service；
            }
            //当该 Activity 与 Service 断开连接时回调该方法
            @Override
            public void onServiceDisconnected(ComponentName name){
            }
        }；
        public void onCreate(Bundle savedInstanceState){
            super. onCreate(savedInstanceState)；
            setContentView(R. layout. activity_main)；
            //获取程序界面中的按钮
            bind=(Button) findViewById(R. id. bind)；
            unbind=(Button) findViewById(R. id. unbind)；
            getCount=(Button) findViewById(R. id. getCount)；
```

```
            tv=(TextView) findViewById(R. id. textView1);
            bind. setOnClickListener(new OnClickListener(){
                public void onClick(View source){
                    //绑定服务
                    bindService(new Intent(MainActivity. this,LocalService.
class),sc,BIND_AUTO_CREATE);
                    isBind=true;
                    tv. setText("已绑定 Service");
                }
            });
            unbind. setOnClickListener(new OnClickListener(){
                public void onClick(View source){
                    if(isBind){
                        //解除绑定
                        unbindService(sc);
                        isBind=false;
                        tv. setText("未绑定 Service");
                    }
                }
            });
            getCount. setOnClickListener(new OnClickListener(){
                public void onClick(View source){
                    if(isBind){
                        //获取、并显示服务的计数值
                        tv. setText("Serivce 的 count 值为:" + binder. getCount());
                    }
                }
            });
        }
    }
```

在 src 文件夹下的包 com. example. ch5 _ 8 中创建 LocalService 类,修改代码如下:

```
package com. example. ch5_8;
import android. app. Service;
import android. content. Intent;
import android. os. Binder;
import android. os. IBinder;
public class LocalService extends Service{
    private int count;
    //定义 onBinder 方法所返回的对象
    private MyBinder binder=new MyBinder();
    //通过继承 Binder 来实现 IBinder 类
    public class MyBinder extends Binder{
```

```
        public int getCount(){
            //获取 Service 的运行状态:count
            return count;
        }
    }
    //必须实现的方法
    public IBinder onBind(Intent intent){
        //返回 IBinder 对象
        return binder;
    }
    //Service 被创建时回调该方法。
    public void onCreate(){
        //启动一条线程、动态地修改 count 状态值
        new Thread(){
            public void run(){
                while(count<100){
                    try{
                        Thread. sleep(1000);
                    }
                    catch(InterruptedException e){
                    }
                    count++;
                }
            }
        }. start();
    }
}
```

程序运行结果如图 5-8 所示。单击"用绑定方式启动服务"按钮,客户端连接并启动本地服务,本地服务创建线程并开始计数;单击"从服务中获取计数值"按钮,客户端从本地服务中读取计数值并显示在自己的信息显示区域中;单击"用绑定方式停止服务"按钮,客户端断开并关闭本地服务。

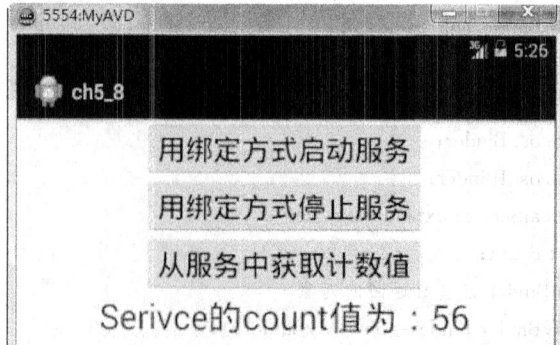

图 5-8　程序运行结果

2. 与远程服务通信

在 Android 平台中，每个应用程序 APP 都运行在自己的进程空间。通常一个进程不能访问另一个进程的内部空间(一个应用不能访问另一个应用)。如果想沟通，则需要将对象分解成操作系统可以理解的基本单元，Android 提供了接口定义语言(Android Interface Definition Language，AIDL)来处理。

本地服务无法供在设备上运行的其他应用程序访问，也就是说只能在该应用程序内部调用，如某些应用程序中的下载类服务，这些服务只能由内部调用。而对于远程服务，除了可以由本应用程序调用，还可以允许其他应用程序访问。远程服务一般通过 AIIDL 来实现，可以进行进程间通信。

本地服务与远程服务有一些重要的区别。具体来讲，如果服务完全只供同一进程中的组件使用(运行后台任务)，客户端通过调用 startService()来启动该服务。这种类型的服务为本地服务，它的一般用途是后台执行长耗时操作。而远程服务一般通过 bindService()方法启动，主要为不同进程间通信。我们也将远程服务称为 AIDL 支持服务，因为客户端使用 AIDL 和服务通信。

AIDL 用于生成可以在 Android 设备上两个进程之间进行进程间通信(Inter Process Communication，IPC)的代码。如果在一个进程中(如 Activity)要调用另一个进程中(如 Service)对象的操作，就可以使用 AIDL 生成可序列化的参数。换句话说，就是这个 APP 应用的 Activity 需要调用其他应用的 Service。

Android 实现 IPC 其实是在原来的 C/S 框架上加入了代理/存根结构。比如，到自动取款机上取款，那么你就是客户(Client)，取款机就是你的代理(Proxy)。你不会在乎钱具体放在哪里，只想将钱从取款机中取出来，你与银行之间的操作完全由取款机代理实现。你的取款请求通过取款机传到银行的服务器(Server)，服务器没有必要知道你在哪儿取钱，它所关心的是你的身份和取款金额。当它确认你的权限后，就进行相应的操作，取款机根据服务器返回的结果，从保险柜里取出相应数量的钱给你。你取出卡后，操作完成。取款机不是直接与服务器连接的，它们之间还有一个"存根(Stub)"，取款机与存根通信，服务与存根通信。从某种意义上说，存根就是服务器的代理。

下面通过一个从远程服务中获取食品信息的案例子对 AIDL 的使用方法进行说明。这个例子由两个 Android 工程组成，分别是 ch5_9_Server 和 ch5_9_Client。

[例 5-9]建立名为 ch5_9_Server 的 Android 工程，在 src 目录下的包名中下创建文件 ICat.aidl 和 RemoteService.java。创建 ICat.aidl 文件后，Eclipse 会在 gen 目录下的包名中自动生成 ICat.java 文件。其中，包含一个 Stub 内部类，该类实现了 IBinder、ICat 两个接口。这个 Stub 类将会作为远程 Service 的回调类——它实现了 IBinder 接口，因此可作为 Service 的 onBind()方法的返回值。

在 src 文件夹下的包 com.example.ch5_9_service 中创建 ICat.aidl，代码如下：

```
package com.example.ch5_9_service;
interface ICat
{
    String getFood();
    double getWeight();
}
```

在 src 文件夹下的包 com. example. ch5_9_service 中创建 RemoteService 类，代码如下：

```
package com. example. ch5_9_service；
import java. util. Timer；
import java. util. TimerTask；
import com. example. ch5_9_service. ICat. Stub；
import android. app. Service；
import android. content. Intent；
import android. os. IBinder；
import android. os. RemoteException；
public class RemoteService extends Service{
    private CatBinder catBinder；
    Timer timer＝new Timer()；
    String[]foods＝{"米饭","水果","蔬菜"}；
    double[]weights＝{2.3,3.1,1.58}；
    private String food；
    private double weight；
    //继承 Stub,也就是实现额 ICat 接口,并实现了 IBinder 接口
    public class CatBinder extends Stub{
        public String getFood() throws RemoteException{
            return food；
        }
        public double getWeight() throws RemoteException{
            return weight；
        }
    }
    public void onCreate(){
        super. onCreate()；
        catBinder＝new CatBinder()；
        timer. schedule(new TimerTask(){
            public void run(){
                //随机地改变 Service 组件内 color、weight 属性的值。
                    int rand＝(int)(Math. random() * 3)；
                food＝foods[rand]；
                weight＝weights[rand]；
            }
        },0,800)；
    }
    public IBinder onBind(Intent arg0){
        return catBinder；
    }
```

```
public void onDestroy(){
    timer.cancel();
}
}
```

特别要注意的是，RemoteService 开发完成后，需要在 AndroidManifest. xml 文件中注册，也就是在 AndroidManifest. xml 文件中的＜application ... /＞元素里增加如下片段：

```
<service android:name="RemoteService">
    <intent-filter>
        <action android:name="com.example.ch5_9_service.RemoteService" />
    </intent-filter>
</service>
```

将该应用部署到模拟器上，在程序列表中看不到这个应用，这是因为该应并未提供 Activity 的缘故。但是没有关系，该应用所提供的 Service 可以供其他应用程序来调用。

[例 5-10]建立名为 ch5 _ 9 _ Client 的 Android 工程，在 src 目录下有两个包，分别是 com. example. ch5_9_client 和 com. example. ch5_9_service。把服务端的 ICat. aidl 文件复制到 com. example. ch5_9_service 包中。客户端代码放在 com. example. ch5_9_client 包中的 MainActivity. java 文件里。在 res \ layout \ 目录下包含一个布局资源文件 activity _ main. xml，在 XML 文件中定义了一个 Button、两个 TextView 和两 EditText。

activity _ main. xml 代码如下：

```
<? xml version="1.0" encoding="utf-8"? >
<LinearLayout xmlns:android="http://schemas.android.com/apk/res/android"
    android:orientation="vertical"
    android:layout_width="fill_parent"
    android:layout_height="fill_parent">
<Buttonandroid:id="@+id/get"
    android:layout_width="wrap_content"
    android:layout_height="wrap_content"
    android:text="获取远程服务中的食品信息"
    android:layout_gravity="center_horizontal"/>
<TextView android:layout_width="wrap_content"
    android:layout_height="wrap_content"
    android:text="食品的名称:"/>
<EditText android:id="@+id/food"
    android:layout_width="fill_parent"
    android:layout_height="wrap_content"
    android:editable="false"
    android:focusable="false"/>
<TextView android:layout_width="wrap_content"
    android:layout_height="wrap_content"
```

```
                android:text="食品的重量:"/>
        <EditText android:id="@+id/weight"
                android:layout_width="fill_parent"
                android:layout_height="wrap_content"
                android:editable="false"
                android:focusable="false"/>
    </LinearLayout>
```

打开 src 文件夹下的包 com. example. ch5_9_client 中的 MainActivity 类，代码如下：

```java
package com. example. ch5_9_client;
import com. example. ch5_9_service. ICat;
import android. app. Activity;
import android. content. ComponentName;
import android. content. Intent;
import android. content. ServiceConnection;
import android. os. Bundle;
import android. os. IBinder;
import android. os. RemoteException;
import android. view. View;
import android. view. View. OnClickListener;
import android. widget. Button;
import android. widget. EditText;
public class MainActivity extends Activity{
    private ICat catService;
    private Button get;
    EditText food,weight;
    private ServiceConnection sc=new ServiceConnection(){
        public void onServiceConnected(ComponentName name,IBinder service){
            //获取远程 Service 的 onBind 方法返回的对象的代理
            catService=ICat. Stub. asInterface(service);
        }
        public void onServiceDisconnected(ComponentName name){
            catService=null;
        }
    };
    public void onCreate(Bundle savedInstanceState){
        super. onCreate(savedInstanceState);
        setContentView(R. layout. activity_main);
        get=(Button) findViewById(R. id. get);
        food=(EditText) findViewById(R. id. food);
        weight=(EditText) findViewById(R. id. weight);
        //创建所需绑定服务的 Intent
        Intent intent=new Intent();
        intent. setAction("com. example. ch5_9_service. RemoteService");
```

```
//绑定远程服务
bindService(intent,sc,BIND_AUTO_CREATE);
get. setOnClickListener(new OnClickListener(){
    public void onClick(View arg0){
        try
        {
            //获取、并显示远程 Service 的状态
            food. setText(catService. getFood());
            weight. setText(catService. getWeight() + "斤");
        }
        catch(RemoteException e)
        {
            e. printStackTrace();
        }
    }
});
public void onDestroy(){
    super. onDestroy();
    //解除绑定
    this. unbindService(sc);
}
}
```

将这个程序与前面绑定本地 Service 的代码进行对比，不难发现两个程序的差别很小，只是获取 Service 回调对象（IBinder 实例）的方式有所区别而已。绑定本地 Service 时，可以直接获取 onBind()方法的返回值；绑定远程 Service 时，获取的是 onBind()方法所返回对象的代理。运行程序，单击"获取远程服务中的食品信息"按钮，显示从远程服务中获取的食品名称和重量，如图 5-9 所示。

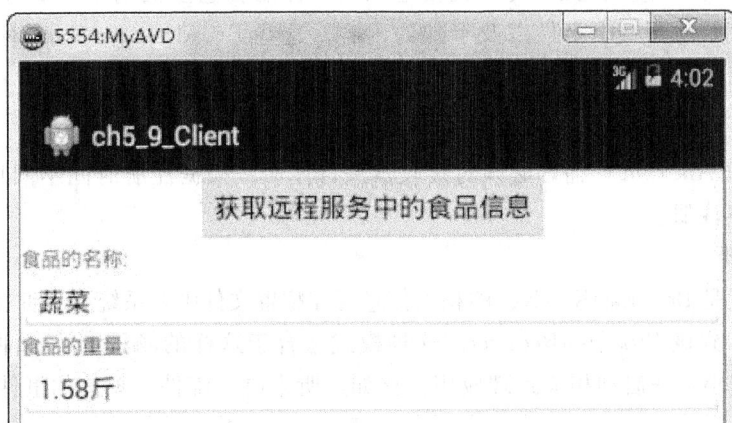

图 5-9　程序运行结果

5.3　BroadcastReceiver 组件

5.3.1　广播事件机制

听到广播我们第一感觉就会联想收听广播，在收音机中有很多个广播电台，每个电台广播的内容都不相同。接收广播时广播（发送方）并不在意我们（接收方）接收到广播时如何处理。好比我们收听交通电台的广播，电台中告诉我们现在的交通状况如何，但它并不关心我们接收到广播时如何做出处理，这不是广播应该关心的问题。在 Android 中也是一样的，广播只管发送数据，至于如何接收和处理数据就是接收方的事情了。

Android 广播事件处理类似于普通的事件处理。不同之处在于，后者是靠单击按钮这样的组件行为来触发，而前者是通过构建 Intent 对象，使用 sentBroadcast() 方法发起一个系统级别的事件广播来传递信息。广播事件的接收是通过定义一个继承 BroadcastReceiver 类实现的，继承该类后覆盖 onReceive() 方法，在该方法中响应事件。

Android 系统中定义了很多标准的 Broadcast Action 来响应系统广播事件。在 Android 中有各种各样的广播，比如电池的使用状态，电话的接收和短信的接收等都会产生一个广播，应用程序开发者也可以监听这些广播并作出程序逻辑的处理，如 ACTION_TIME_CHANGED（时间改变时触发）。当然，开发者也可以自己定义 BroadcastReceiver 接收广播事件。

各式各样的广播在 Android 系统中运行，当系统/应用程序运行时会向 Android 注册各种广播，Android 接收到广播就会判断哪种广播需要哪种事件，然后向不同事件的应用程序注册事件，不同的广播可能处理不同的事件，也可能处理相同的事件，这时就需要 Android 系统做出筛选。

对于开发者来说，首先需要把广播接收器的类注册到 Android 系统操作系统中，它知道现在有一个广播接收器正在等待接收 Android 系统的广播。当 Android 操作系统产生一个事件（如接到电话）时，就会通知所有注册在它上面的 BroadcastReceiver 对象，告诉它们产生了一个事件以及事件的内容。这些 BroadcastReceiver 对象首先判断事件是不是自己所感兴趣的，如果是感兴趣的事件，再进行处理。

5.3.2　广播接收的实现

要想接收 Android 广播，必须对接收器进行注册。根据注册时间不同可分为两类，即冷注册和热注册。

1. 冷注册

冷注册就是 BroadcastReceiver 的相关信息写在配置文件中，系统会负责在相关事件发生时及时通知到该 BroadcastReceiver。这种模式适合于这样的场景：某事件发生→通知 BroadcastReceiver→启动相关处理应用。比如监听来电、邮件、短信的事件都属于这种模式。

（1）创建一个类继承自 BroadcastReceiver 类，并覆写 onReceive() 方法，在该方法中处理接收到广播后需要处理的事情。

```
public class TestReceiver extends BroadcastReceiver{    //构造函数
    public TestReceiver(){
    }
    //接收广播后调用 onReceive()进行操作
    @Override
    Publicvoid onReceive(Context context,Intent intent){
    }
}
```

（2）在 AndroidManifest. xml 文件中注册，代码如下：

```
<recriver android:name=". TestReceiver">
    <intent-filter>
        <action android:name="android. intent. action. EDIT"/>
    </intent-filter>
</recriver>
```

配置的<recriver>标签必须有 android：name 属性，值为继承自 BroadcastReceiver 类的接收器类。这个标签还有一个子标签为<intent-filter>，它决定了这个接收器要接收的事件，其中 name 会与 Intent 进行匹配，用于指定接收器需要接收哪种广播。

2. 热注册

热注册是指注册由应用自己来完成，通常是在 OnResume 事件中通过 registerReceiver 进行注册，在 OnPause 等事件中通过 unregisterReceiver 反注册，通过这种方式使其能够在运行期间保持对相关事件的关注。比如，一款优秀的词典软件，可能会在运行期间关注网络状态变化的需求，使其可以在廉价网络的时候优先使用网络查询词汇，在其他情况下，首先通过本地词库来查词。而这样的监听，只要在其工作状态下保持就好，其模式可归结为：启动应用→监听事件→发生时进行处理。

（1）在 onCreate()方法中，声明一个 BroadcastReceiver。

```
BroadcastReceiver mReceiver=new BroadcastReceiver(){
    public void onReceive(Context context,Intent intent){
    }
}
```

（2）在 onResume()方法中，通过 registerReceiver 注册。

```
IntentFilter mfilter=new IntentFilter();
mfilter. addAction(Intent. ACTION_SCREEN_OFF);
registerReceiver(mReceiver,mfilter);
```

（3）在 onPause()方法中，通过 unregisterReceiver 反注册。

```
unregisterReceiver(mReceiver);
```

5.3.3 广播发送的实现

Android 系统本身定义了一组标准广播动作（Standard Broadcast Actions），称为系统广播消息。应用程序也可以通过 sendBroadcast()或 sendOrderedBroadcast()自定义发送 Broadcast。前者发出的称为普通广播（Normal Broadcast），所有关注该消息的接收器都有机会获得并进行处理；后者发出的称为有序广播（Ordered Broadcast），顾名

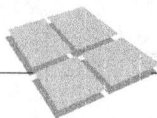

思义，接收者需要按资排辈，排在后面的能否收到广播，需要看前面的处理方式。

为了更好理解广播事件的处理过程，我们列举一个自定义的广播进行发送和接收，下面分两种形式注册广播。

1. 冷注册方式

[例 5-11]建立名为 ch5 _ 10 的 Android 工程，在 res \ layout \ 目录下包含一个布局资源文件 activity _ main. xml，在 XML 文件中定义了一个 TextView 和 Button。Java 代码分别存放在 MainActivity 类及 MyReceiver 类中。

activity _ main. xml 代码如下：

```
<? xml version="1.0" encoding="utf-8"? >
<LinearLayout xmlns:android="http://schemas. android. com/apk/res/android"
    android:layout_width="fill_parent"
    android:layout_height="fill_parent"
    android:orientation="vertical"
    android:gravity="center_horizontal" >
    <TextView android:id="@+id/textView1"
        android:layout_width="wrap_content"
        android:layout_height="wrap_content"
        android:textSize="20sp"
        android:text="冷注册方式的自定义广播" />
    <Button android:id="@+id/button1"
        android:layout_width="wrap_content"
        android:layout_height="wrap_content"
        android:textSize="25sp"
        android:text="开始广播" />
</LinearLayout>
```

打开 src 文件夹下的包 com. example. ch5 _ 10 中的 MainActivity 类，修改代码如下：

```
package com. example. ch5_10;
import android. os. Bundle；
import android. view. View；
import android. view. View. OnClickListener；
import android. widget. Button；
import android. app. Activity；
import android. content. Intent；
public class MainActivity extends Activity {
    protected void onCreate(Bundle savedInstanceState) {
        super. onCreate(savedInstanceState)；
        setContentView(R. layout. activity_main)；
        Button bn=(Button) findViewById(R. id. button1)；
        bn. setOnClickListener(new OnClickListener() {
            public void onClick(View arg0) {
                Intent it = new Intent()；
```

```
                    it. putExtra("send_msg","接收到了广播的信息");
                    it. setAction("com. example. ch5_10. myaction");
                    sendBroadcast(it);
                }
            });
        }
    }
```

在 src 文件夹下的包 com. example. ch5 _ 10 中创建 MyReceiver 类，修改代码如下：

```
    package com. example. ch5_10;
    import android. content. BroadcastReceiver;
    import android. content. Context;
    import android. content. Intent;
    import android. widget. Toast;
    public class MyReceiver extends BroadcastReceiver {
        public void onReceive(Context arg0,Intent arg1) {
            String msg=arg1. getStringExtra("send_msg");
            Toast. makeText(arg0,msg,Toast. LENGTH_LONG). show();
        }
    }
```

特别要注意的是，MyReceiver 开发完成后，需要在 AndroidManifest. xml 文件中注册，也就是在 AndroidManifest. xml 文件中的＜application … /＞元素里增加如下片段：

```
    ＜receiver android:name=". MyReceiver"＞
        ＜intent－filter ＞
            ＜action android:name="com. example. ch5_10. myaction"/＞
        ＜/intent－filter＞
    ＜/receiver＞
```

运行程序，单击"开始广播"按钮，显示接收到的广播消息，如图 5-10 所示。

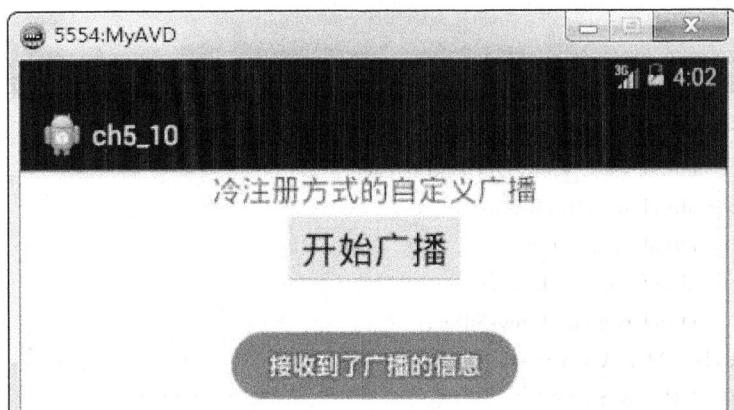

图 5-10　程序运行结果

2. 热注册方式

[例 5-12]建立名为 ch5_11 的 Android 工程，在 res\layout\目录下包含一个布局资源文件 activity_main.xml，在 XML 文件中定义了一个 TextView 和两个 Button。Java 代码分别存放在 MainActivity 类及 MyReceiver 类中。

activity_main.xml 代码如下：

```
<? xml version="1.0" encoding="utf-8"? >
<LinearLayout xmlns:android="http://schemas.android.com/apk/res/android"
    android:layout_width="fill_parent"
    android:layout_height="fill_parent"
    android:orientation="vertical"
    android:gravity="center_horizontal" >
    <TextView android:id="@+id/textView1"
        android:layout_width="wrap_content"
        android:layout_height="wrap_content"
        android:textSize="20sp"
        android:text="热注册方式的自定义广播" />
    <Button android:id="@+id/button1"
        android:layout_width="wrap_content"
        android:layout_height="wrap_content"
        android:textSize="25sp"
        android:text="开始广播" />
    <Button android:id="@+id/button2"
        android:layout_width="wrap_content"
        android:layout_height="wrap_content"
        android:textSize="25sp"
        android:text="取消广播" />
</LinearLayout>
```

打开 src 文件夹下的包 com.example.ch5_11 中的 MainActivity 类，修改代码如下：

```
package com.example.ch5_11;
import android.os.Bundle;
import android.view.View;
import android.view.View.OnClickListener;
import android.widget.Button;
import android.app.Activity;
import android.content.Intent;
import android.content.IntentFilter;
public class MainActivity extends Activity {
private MyReceiver mr;
    protected void onCreate(Bundle savedInstanceState) {
        super.onCreate(savedInstanceState);
        setContentView(R.layout.activity_main);
```

```
                Button bn1＝(Button) findViewById(R. id. button1);
                Button bn2＝(Button) findViewById(R. id. button2);
                bn1. setOnClickListener(new OnClickListener() {
                    public void onClick(View arg0) {
                        //对象实例化
                        mr＝new MyReceiver();
                        //过滤器对象实例化
                        IntentFilter ft＝new IntentFilter();
                        //设置过滤器只有持有相同的 action 的接收者才能接收此广播
                        ft. addAction("com. example. ch5_11. dynamic. action");
                        //注册广播以及过滤器
                        registerReceiver(mr,ft);
                        Intent it＝new Intent();
                        it. putExtra("send_msg","接收到了广播的信息");
                        it. setAction("com. example. ch5_11. dynamic. action");
                        sendBroadcast(it);
                    }
                });
                bn2. setOnClickListener(new OnClickListener() {
                    public void onClick(View arg0) {
                        //注销广播
                        unregisterReceiver(mr);
                    }
                });
            }
        }
```

在 src 文件夹下的包 com. example. ch5_11 中创建 MyReceiver 类，修改代码如下：

```
        package com. example. ch5_11;
        import android. content. BroadcastReceiver;
        import android. content. Context;
        import android. content. Intent;
        import android. widget. Toast;
        public class MyReceiver extends BroadcastReceiver {
            public void onReceive(Context arg0,Intent arg1) {
                String msg＝arg1. getStringExtra("send_msg");
                Toast. makeText(arg0,msg,Toast. LENGTH_LONG). show();
            }
        }
```

因为采用了热注册方式，所以 MyReceiver 开发完成后，不需要在 AndroidManifest. xml 文件进行注册。运行程序，单击"开始广播"按钮，显示接收到的广播消息；单击"取消广播"按钮，注销广播接收器，如图 5-11 所示。

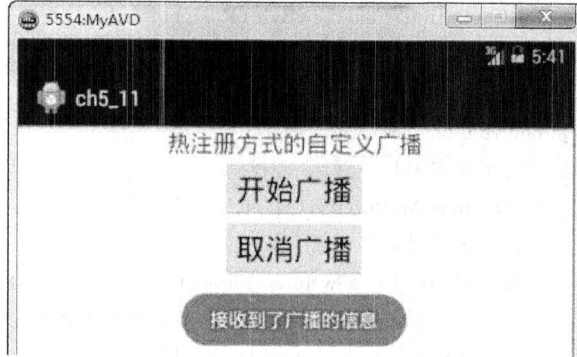

图 5-11　程序运行结果

思考与练习题

1. 什么是 Activity？如何启动和关闭 Activity？

2. 如何在 Activity 之间传递数据？

3. 什么是 Intent？它有哪些主要属性？

4. 什么是 Service？它有哪两种类型？如何启动和关闭 Service？

5. 简述 Activity 与本地 Service 之间的通信方法。

6. 简述 Activity 与远程 Service 服务的通信方法。

7. 什么是广播事件机制？BroadcastReceiver 有哪两种注册方式？

8. 编写 Android 应用程序并在模拟器上运行，如图 5-12 所示。在第一个界面中输入"姓名"和"密码(123456)"，单击"登录"按钮切换到第二个界面显示出欢迎语。若"姓名"或"密码"错误，弹出提示对话框。

图 5-12　程序运行结果

第 6 章   数据存储与共享

【学习目标】

- 了解 SharedPreferences 数据存储形式。
- 熟悉 Android 系统 Files 存储数据的读写方法。
- 了解 SQLite 数据库。
- 掌握 SQLite 数据库的使用方法。
- 了解 ContentProvider 数据共享的概念与使用方法。

6.1 SharedPreferences 数据存储

很多时候软件需要向用户提供参数设置功能，如 QQ，用户可以设置是否允许陌生人添加自己为好友。对于软件配置参数的保存，Android 平台给我们提供了一个 SharedPreferences 类，它是一个轻量级的存储类，特别适合用于保存应用程序的一些属性设置。使用 SharedPreferences 保存数据，其背后是用 XML 文件存放数据的，文件存放在设备的/data/data/<package_name>/shared_prefs 目录下，数据以"键-值（key-value）"对的形式保存在这个 XML 文件中。Android 平台常用 SharedPreferences 存储比较简单的参数设置。例如，可以通过它保存上一次用户所做的修改或者自定义参数设置，再次启动程序依然保持原有的设置。需要着重强调的是，我们无法直接在多个程序间共享数据。

6.1.1 SharedPreferences 应用程序接口

1. SharedPreferences 的方法

（1）public abstract Boolean contain（String key）：检查是否已存在该文件，其中 key 是的 XML 文件名。

（2）edit（）：为 SharedPreferences 创建一个编辑器 Editor，通过创建的 Editor 可以修改 SharedPreferences 中的数据，但必须执行 commit（）方法。

（3）getAll（）：返回 SharedPreferences 中的所有数据。

（4）getBoolean（String key，boolean defValue）：获取 boolean 型数据。

（5）getFloat（String key，float defValue）：获取 float 型数据。

（6）getInt（String key，int defValue）：获取 int 型数据。

（7）getLong（String key，long defValue）：获取 long 型数据。

（8）getString（String key，String defValue）：获取 string 型数据。

（9）registeronSharedPreferenceChangeListener（SharedPreference. OnSharedPreferenceChangeListener listener）：注册一个当数据发生改变时被调用的回调函数。

（10）unregisterOnSharedPreferenceChangeListener（SharedPreference. OnShared-Prefer

enceChangeListener listener）：删除当前回调函数。

2. SharedPreferences. Editor 的方法

（1）clear（）：清除所有值。

（2）commit（）：提交修改。

（3）getAll（）：返回所有配置信息。

（4）putBoolean（String key，boolean value）：保存一个 boolean 值。

（5）putFloat（String key，float value）：保存一个 float 值。

（6）putInt（String key，int value）：保存一个 int 值。

（7）putLong（String key，long value）：保存一个 long 值。

（8）putString（String key，String value）：保存一个 string 值。

（9）remove（String key）：删除该键对应的"键—值"对。

6.1.2 SharedPreferences 存取数据步骤

（1）调用 Context. getSharedPreferences（Stringname，int mode）方法得到实例，该方法的第一个参数是文件名称，第二个参数是操作模式。操作模式有三种，分别为 MODE _ PRIVATE（私有）、MODE _ WORLD _ READABLE（可读）、MODE _ WORLD _ WRITEABLE（可写）。

（2）利用 SharedPreferences 的 getXXX（String key，defValue）方法获得数据。

（3）利用 SharedPreferences 的 edit（）方法返回 SharedPreferences. Editor。

（4）修改数据并利用 SharedPreferences. Editor 的 putXXX（String key，value）方法保存数据，最后调用 SharedPreferences. Editor 的 commit（）方法提交修改。

［例 6-1］建立名为 ch6 _ 1 的 Android 工程，在 res \ layout \ 目录下包含一个布局资源文件 activity _ main. xml，在 XML 文件中定义了两个 TextView 和两个 EditText 用于显示和输入账号与密码；定义了一个 CheckBox 用于决定是否记住账号与密码；定义了一个 Button 触发登录动作。

activity _ main. xml 代码如下：

```
<? xml version="1.0" encoding="utf-8"? >
<LinearLayout xmlns:android="http://schemas. android. com/apk/res/android"
    android:layout_width="fill_parent"
    android:layout_height="fill_parent"
    android:orientation="vertical"
    android:gravity="center_horizontal" >
    <LinearLayout
        android:layout_width="match_parent"
        android:layout_height="wrap_content" >
        <TextView android:id="@+id/textView1"
            android:layout_width="wrap_content"
            android:layout_height="wrap_content"
            android:textSize="30sp"
```

```
                android:text="账号:" />
        <EditText android:id="@+id/editText1"
            android:layout_width="fill_parent"
            android:layout_height="wrap_content"
            android:textSize="30sp"/>
    </LinearLayout>
    <LinearLayout
        android:layout_width="match_parent"
        android:layout_height="wrap_content" >
        <TextView android:id="@+id/textView2"
            android:layout_width="wrap_content"
            android:layout_height="wrap_content"
            android:textSize="30sp"
            android:text="密码:" />
        <EditText android:id="@+id/editText2"
            android:layout_width="fill_parent"
            android:layout_height="wrap_content"
            android:inputType="textPassword"
            android:textSize="30sp"/>
    </LinearLayout>
    <Button android:id="@+id/button1"
        android:layout_width="wrap_content"
        android:layout_height="wrap_content"
        android:textSize="30sp"
        android:text="登录" />
    <CheckBox android:id="@+id/checkBox1"
        android:layout_width="wrap_content"
        android:layout_height="wrap_content"
        android:textSize="30sp"
        android:layout_gravity="left"
        android:text="记住账号和密码" />
</LinearLayout>
```

打开 src 文件夹下的包 com. example. ch6_1 中的 MainActivity 类，修改代码如下：

```
package com. example. ch6_1;
import android. os. Bundle;
import android. view. View;
import android. view. View. OnClickListener;
import android. widget. Button;
import android. widget. CheckBox;
import android. widget. EditText;
import android. app. Activity;
import android. content. Context;
```

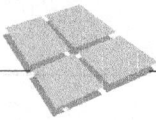

```
import android. content. SharedPreferences;
public class MainActivity extends Activity {
    private EditText etAt,etPw;
    private Button bn;
    private CheckBox cb;
    private SharedPreferences sp;
    protected void onCreate(Bundle savedInstanceState) {
        super. onCreate(savedInstanceState);
        setContentView(R. layout. activity_main);
        etAt=(EditText) findViewById(R. id. editText1);
        etPw=(EditText) findViewById(R. id. editText2);
        cb=(CheckBox) findViewById(R. id. checkBox1);
        //调用 getSharedPreferences()方法获得 SharedPreferences 实例
        sp=getSharedPreferences("UserInfo",Context. MODE_PRIVATE);
        //利用 SharedPreferences 的 getXXX()方法获得数据
        etAt. setText(sp. getString("account",""));
        etPw. setText(sp. getString("password",""));
        cb. setChecked(sp. getBoolean("cb",false));
        //修改并保存数据,调用 Editor 的 commit()方法提交修改
        bn=(Button) findViewById(R. id. button1);
        bn. setOnClickListener(new OnClickListener() {
            public void onClick(View arg0) {
                if(cb. isChecked()){
                    sp. edit(). putString("account",etAt. getText(). toString()). commit();
                    sp. edit(). putString("password",etPw. getText(). toString()). commit();
                    sp. edit(). putBoolean("cb",true). commit();                        }
                else{
                    sp. edit(). putString("account",""). commit();
                    sp. edit(). putString("password",""). commit();
                    sp. edit(). putBoolean("cb",false). commit();
                }
                MainActivity. this. finish();
            }
        });
    }
}
```

程序运行结果如图 6-1 所示。如果选择了"记录账户和密码",单击登录后退出程序,下次登录时会发现账号和密码自动填写在了相应的文本框中;若不选择"记住账号和密码",则下次登录时相应的文本框中将为空白。

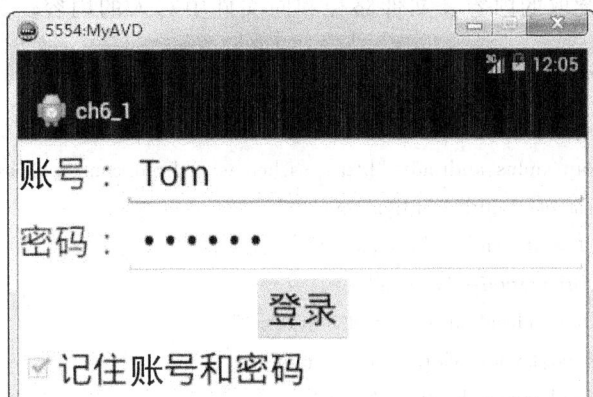

图 6-1　程序运行结果

▶ 6.2　Files 数据存储

前面介绍的 SharedPreferences 只能存储键－值对，而有时我们却要存储数据内容，这时可以采用文件存储。在 Android 系统中，可以很方便地利用文件存储我们想要的内容。可以直接在移动设备或可移动存储媒介中存放文件。默认情况下，其他应用程序不能访问这些文件。为了向文件中写入数据，可调用 Context. openFileInput()方法返回 FileInputStream 对象；为了读取文件，可调用 Context. openFileOnput()方法返回 FileOnputStream 对象。使用 Files 方式存储数据时，相关文件会放在设备的/data/data/<package _ name>/files 目录下。Context 提供的文件操作方法如下：

（1）openFileInput(String name)：读取文件，打开应用程序数据文件夹下 name 文件所对应输入流，参数 name 为本地文件名和文件路径，该方法返回一个 FileInput-Stream 对象。

（2）openFileOutput(String name，int mode)：写入文件，打开应用程序数据文件夹下 name 文件所对应输出流，并且指定以某种方式打开，该方法返回一个 FileOnput-Stream 对象。参数 name 为本地文件名和文件路径；参数 mode 有四种取值，分别为 MODE _ PRIVATE(该文件只能被当前的应用程序读写)、MODE _ APPEND(以追加方式打开该文件，应用程序可以向该文件中追加内容)、MODE _ WORLD _ READA-BLE(该文件的内容可以被其他应用程序读取)、MODE _ WORLD _ WRITEABLE(该文件的内容可以被其他应用程序读写)。

（3）getDir(String name，int mode)：在应用程序的数据文件夹下获取或创建与 name 对应的子目录。

（4）File getFileDir()：获取该应用程序数据文件夹的绝对路径。

（5）String[]fileList()：得到该应用程序数据文件夹下的全部文件。

（6）deleteFile(String name)：删除该应用程序数据文件夹下的指定文件。

［例 6-2］建立名为 ch6 _ 2 的 Android 工程，在 res \ layout \ 目录下包含一个布局资源文件 activity _ main. xml，在 XML 文件中定义了两个 TextView 和一个 EditText

用于显示从文件中读取的内容、文件路径和向文件中写入的内容；定义了三个 Button 触发文件读写动作。

activity_main. xml 代码如下：

```
<? xml version="1.0" encoding="utf-8"? >
<LinearLayout xmlns:android="http://schemas.android.com/apk/res/android"
    android:layout_width="fill_parent"
    android:layout_height="fill_parent"
    android:orientation="vertical" >
    <EditText android:id="@+id/editText1"
        android:layout_width="fill_parent"
        android:layout_height="50px"
        android:textSize="20sp"/>
    <Button android:id="@+id/button1"
        android:layout_width="wrap_content"
        android:layout_height="wrap_content"
        android:textSize="20sp"
        android:text="写入数据到文件中" />
    <Button android:id="@+id/button2"
        android:layout_width="wrap_content"
        android:layout_height="wrap_content"
        android:textSize="20sp"
        android:text="从文件中读出数据" />
    <TextView android:id="@+id/textView1"
        android:layout_width="fill_parent"
        android:textSize="20sp"
        android:layout_height="50px" />
    <Button android:id="@+id/button3"
        android:layout_width="wrap_content"
        android:layout_height="wrap_content"
        android:textSize="20sp"
        android:text="获取文件绝对路径" />
    <TextView android:id="@+id/textView2"
        android:layout_width="fill_parent"
        android:layout_height="wrap_content"
        android:textSize="20sp" />
</LinearLayout>
```

打开 src 文件夹下的包 com. example. ch6_2 中的 MainActivity 类，修改代码如下：

```
package com.example.ch6_2;
import java.io.FileInputStream;
import java.io.FileOutputStream;
import android.os.Bundle;
```

```java
import android.view.View;
import android.view.View.OnClickListener;
import android.widget.Button;
import android.widget.EditText;
import android.widget.TextView;
import android.app.Activity;
public class MainActivity extends Activity {
    private Button bnwrite,bnread,bngetdir;
    private EditText etcontent;
    private TextView tvcontent,tvfiledir;
    protected void onCreate(Bundle savedInstanceState) {
        super.onCreate(savedInstanceState);
        setContentView(R.layout.activity_main);
        bnwrite=(Button) findViewById(R.id.button1);
        bnread=(Button) findViewById(R.id.button2);
        bngetdir=(Button) findViewById(R.id.button3);
        etcontent=(EditText) findViewById(R.id.editText1);
        tvcontent=(TextView) findViewById(R.id.textView1);
        tvfiledir=(TextView) findViewById(R.id.textView2);
        //写入数据
        bnwrite.setOnClickListener(new OnClickListener() {
            public void onClick(View arg0) {
                String content=etcontent.getText().toString();
                //以追加方式写入数据
                FileOutputStream outputStream;
                try{
                    outputStream=MainActivity.this.openFileOutput("test.txt",MODE_APPEND);

                    if(content!=null){
                        outputStream.write(content.getBytes(),0,content.getBytes().length);

                    }
                    outputStream.close();
                }
                catch(Exception e){
                    e.printStackTrace();
                }
            }
        });
        //读取数据
        bnread.setOnClickListener(new OnClickListener() {
            public void onClick(View arg0) {
                try{
```

```
                        StringBuilder sb=new StringBuilder();
                        FileInputStream inputStream = MainActivity. this. openFileInput("
test. txt");

                        byte[]buffer=new byte[1024];
                        int len=0;
                        while((len=inputStream. read(buffer))! =-1){
                            sb. append(new String(buffer,0,len));
                        }
                        tvcontent. setText("读取结果为:"+sb. toString());
                    }
                    catch(Exception e){
                        e. printStackTrace();
                    }
                }
            });
            //获取路径
            bngetdir. setOnClickListener(new OnClickListener() {
                public void onClick(View arg0) {
                    String absolutePath= MainActivity. this. getFileStreamPath("test. txt").
getAbsolutePath();
                    tvfiledir. setText(absolutePath);
                }
            });
        }
    }
```

程序运行结果如图 6-2 所示。在输入框中输入文本并单击"写入数据到文件中"按钮,可将数据写入 test. txt 文件中;单击"从文件中读出数据"按钮可从 test. txt 文件中读出数据并显示在按钮下方的文本框中;单击"获取文件绝对路径"按钮可在按钮下方的文本框中显示出 test. txt 文件的存储路径。

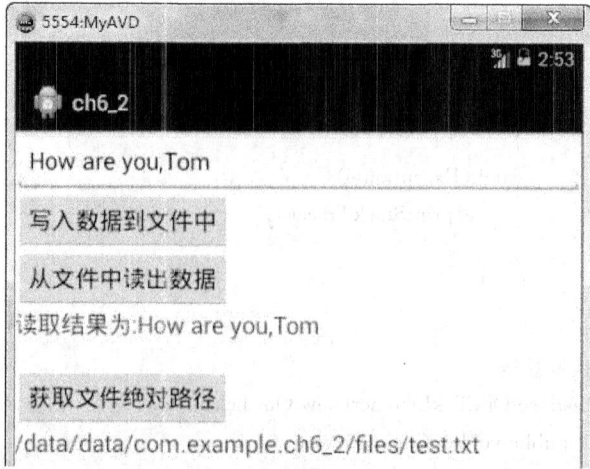

图 6-2　程序运行结果

6.3　数据库 SQLite 存储

SQLite 是一款轻型数据库，它的设计目标是嵌入式的，而且目前已经在很多嵌入式产品中使用，它占用的资源非常少，在嵌入式设备中可能只需要几百 KB 内存就够了。这也正是 Android 系统采用 SQLite 数据库的原因之一。SQLite 数据库由创建它的应用程序所私有，其对应的文件存放在设备的/data/data/＜package_name＞/databases 目录下。

SQLite 数据库功能非常强大，使用起来也非常方便。SQLite 数据库的一般操作包括：创建数据库、打开数据库、创建表、向表中添加数据、从表中删除数据、修改表中的数据、关闭数据库、删除指定表、删除数据库、查询表中的某条数据。

6.3.1　用 SQLiteDatabase 操作数据库

1. 创建和打开数据库

在 Android 中创建和打开一个数据库，都可以使用 openOrCreateDatabase()方法来实现，因为它会自动检测是否存在这个数据库。如果存在则打开，不存在则创建一个数据库。创建或打开成功则返回一个 SQLiteDatabase 对象，否则抛出异常 FileNotFoundException。下面创建一个名为"ch6.db"的数据库，并返回一个 SQLiteDatabase 对象，具体代码如下：

```
mSQLiteDatabase=this.openOrCreateDatabase("ch6.db",MODE_PRIVATE,null);
```

2. 创建表

一个数据库中可以包含多个表，每一条数据都保存在一个指定的表中。要创建表可以通过 execSQL()方法来执行一条 SQL 语句。下面我们来创建一个名为 stuinfo 且包含 3 个字段的表，_id 为主键且自动增加，name 为姓名，password 为密码。具体代码如下：

```
Stringsql="CREATE TABLE stuinfo(_id INTEGER PRIMARY KEY,name TEXT,password TEXT)";
mSQLiteDatabase.execSQL(sql);
```

3. 向表中添加一条数据

可以使用 insert()方法来添加数据，但 insert()方法要求把数据打包到 ContentValues 中，ContentValues 其实就是一个 Map，key 是字段名称，Value 是字段值。通过 ContentValues 的 put()方法就可以把数据打包到 ContentValues 中，然后插入到表中。具体代码如下：

（1）方法一：利用 SQL 语句。

```
String sql="INSERT INTO stuinfo(name,password) values("张国",123)";
mSQLiteDatabase.execSQL(sql);
```

（2）方法二：利用 insert()方法。

```
ContentValues cv=new ContentValues();
cv.put("name","张国");
cv.put("password","123");
```

```
mSQLiteDatabase.insert("stuinfo",null,cv);
```

4. 从表中删除数据

要删除数据可以使用 SQLiteDatabase 中提供的 delete()方法，也可以使用 SQL 语句中的 delete 语句。下面删除字段"_id"等于 1 的数据，具体代码如下：

（1）方法一：利用 SQL 语句。

```
String sql="DELETE FROM stuinfo WHERE _id=1";
mSQLiteDatabase.execSQL(sql);
```

（2）方法二：利用 delete()方法。

```
mSQLiteDatabase.delete("stuinfo","where _id=1");
```

5. 查询表中某条记录

在 Android 中查询数据是通过 Cursor 类来实现的，当我们使用 SQLiteDatabase.query()方法时，会得到一个 Cursor 对象，指向的就是每一条数据。

（1）方法一：利用 SQL 语句。

```
String sql="SELECT * FROM stuinfo WHERE _id=1";
mSQLiteDatabase.rawQuery(sql,null);
```

（2）方法二：利用 query()方法。

```
mSQLiteDatabase.query(String table,String[]columns,String selection,String[]selectionArgs,String groupBy,String having,String orderBy);
```

各参数含义如下：

table：表名称。

columns：列名称数组。

selection：条件字句，相当于 where。

selectionArgs：条件字句，参数数组。

groupBy：分组列。

having：分组条件。

orderBy：排序列。

以上两种查询表中记录的方法均会返回一个游标（Cursor），它提供了遍历查询结果集合的方法，如移动指针的 move()方法，获得列值的 getString()方法等。Cursor 的常用方法如表 6-1 所示。

表 6-1　Cursor 的常用方法

方法名称	方法描述
getCount()	获得总的数据项数
isFirst()	判断是否第一条记录
isLast()	判断是否最后一条记录
moveToFirst	移动到第一条记录
moveToLast()	移动到最后一条记录
move(int offset)	移动到指定记录
moveToNext()	移动到下一条记录

续表

方法名称	方法描述
moveToPrevious()	移动到上一条记录
getColumnIndexOrThrow(String columnName)	根据列名称获得列索引
getInt(int columnIndex)	获得指定列索引的 int 类型值
getString(int columnIndex)	获得指定列索引 string 类型值

下面是利用游标查询的代码：

```
//查询获得游标
Cursor cursor＝mSQLiteDatabase. query("stuinfo",null,null,null,null,null,
null);
//判断游标是否为空
if(cursor. moveToFirst()){
    //遍历游标，
    for(int i＝0;i<cursor. getCount();i++){
        cursor. move(i);
        //获得 ID
        int id＝cursor. getInt(0);
        //获得用户名
        String username＝cursor. getString(1);
        //获得密码
        String password＝cursor. getString(2);
        //输出用户信息
        System. out. println(id+":"+username+":"+password);
    }
}
```

6. 修改表中的数据

如果添加数据后发现有错误，就需要修改数据，修改数据有两种方法。

(1)方法一：利用 SQL 语句。

```
String sql＝"update stuinfo set password=456 where _id=1";
mSQLiteDatabase. execSQL(sql);
```

(2)方法二：利用 update()方法。

```
ContentValues cv＝new ContentValues();
cv. put("password","456");
String whereClause＝"_id=?";
String[]whereArgs＝{String. valueOf(1)};
mSQLiteDatabase. update("stuinfo",cv,whereClause,whereArgs);
```

7. 删除指定表

编写 SQL 语句，直接调用 SQLiteDatabase 的 execSQL()方法来执行，具体代码如下：

```
String sql＝"DROP TABLE stuinfo";
mSQLiteDatabase. execSQL(sql);
```

8. 删除数据库

要删除一个数据库，直接使用 deleteDatabase() 方法即可，具体代码如下：

```
this. deleteDatabase("ch6. db");
```

9. 关闭数据库

关闭数据库很重要，也是容易忘记的。关闭的方法很简单，直接使用 SQLiteData-base 的 close() 方法即可，具体代码如下：

```
mSQLiteDatabase. close();
```

[例 6-3]建立名为 ch6 _ 3 的 Android 工程，在 res \ layout \ 目录下包含一个布局资源文件 activity _ main. xml，在 XML 文件中定义两个 EditText、一个 Button 和一个 ListView 用于输入数据和显示数据库中的信息。在 res \ layout \ 目录下新建一个 li-stview_item. xml 文件，用来显示 ListView 每个条目的 Layout。

activity _ main. xml 代码如下：

```
<? xml version="1. 0" encoding="utf-8"? >
<LinearLayout xmlns:android="http://schemas. android. com/apk/res/android"
    android:orientation="vertical"
    android:layout_width="fill_parent"
    android:layout_height="fill_parent"
    android:gravity="center_horizontal">
    <EditText android:id="@+id/title"
        android:layout_width="fill_parent"
        android:layout_height="wrap_content"/>
    <EditText android:id="@+id/content"
        android:layout_width="fill_parent"
        android:layout_height="wrap_content"
        android:lines="2"/>
    <Button android:id="@+id/insert"
        android:layout_width="wrap_content"
        android:layout_height="wrap_content"
        android:text="插入数据"/>
    <ListView android:id="@+id/show"
        android:layout_width="fill_parent"
        android:layout_height="fill_parent"/>
</LinearLayout>
```

listview _ item. xml 代码如下：

```
<? xml version="1. 0" encoding="utf-8"? >
<LinearLayout xmlns:android="http://schemas. android. com/apk/res/android"
    android:orientation="horizontal"
    android:layout_width="fill_parent"
    android:layout_height="fill_parent">
    <TextView android:id="@+id/title"
        android:layout_height="30dip"
        android:layout_width="180dip"
```

```
                    android:textSize="20sp"/>
                <TextView android:id="@+id/content"
                    android:layout_height="fill_parent"
                    android:layout_width="fill_parent"
                    android:gravity="right"
                    android:textSize="20sp"/>
            </LinearLayout>
```

打开 src 文件夹下的包 com. example. ch6 _ 3 中的 MainActivity 类，修改代码如下：

```
package com. example. ch6_3;
import android. app. Activity;
import android. database. Cursor;
import android. database. sqlite. SQLiteDatabase;
import android. database. sqlite. SQLiteException;
import android. os. Bundle;
import android. view. View;
import android. view. View. OnClickListener;
import android. widget. Button;
import android. widget. EditText;
import android. widget. ListView;
import android. widget. SimpleCursorAdapter;
public class MainActivity extends Activity{
    SQLiteDatabase db;
    Button bn=null;
    ListView listView;
    public void onCreate(Bundle savedInstanceState){
        super. onCreate(savedInstanceState);
        setContentView(R. layout. activity_main);
        //创建或打开数据库(此处需要使用绝对路径)
        db=SQLiteDatabase. openOrCreateDatabase(this. getFilesDir(). toString() + "/ch6
_3. db",null);
        listView=(ListView)findViewById(R. id. show);
        bn=(Button)findViewById(R. id. insert);
        bn. setOnClickListener(new OnClickListener(){
            public void onClick(View source){
                //获取用户输入
                String title=((EditText)findViewById(R. id. title)). getText(). toString();
                String content=((EditText)findViewById(R. id. content)). getText(). to-
String();
                try {
                    insertData(db,title,content);
                    Cursor cursor=db. rawQuery("select * from news_inf",null);
                    inflateList(cursor);
```

```
            }
        catch(SQLiteException se){
            //执行 DDL 创建数据表
            db. execSQL("create table news_inf(_id integer primary key autoincre-
ment,"+ " news_title varchar(50),"+ " news_content varchar(255))");
            //执行 insert 语句插入数据
            insertData(db,title,content);
            //执行查询
            Cursor cursor=db. rawQuery("select * from news_inf",null);
            inflateList(cursor);
        }
    }
});
    }
    private void insertData(SQLiteDatabase db,String title,String content){
        //执行插入语句
        db. execSQL("insert into news_inf values(null,?,?)",
    new String[]{title,content});
    }
    private void inflateList(Cursor cursor){
        //填充 SimpleCursorAdapter
        SimpleCursorAdapter adapter = new SimpleCursorAdapter (MainActivity. this,
R. layout. listview_item,cursor,new String[]{"news_title",
    "news_content"},new int[]{R. id. title,R. id. content});
        //显示数据
        listView. setAdapter(adapter);
    }
    public void onDestroy(){
        super. onDestroy();
        //退出程序时关闭 SQLiteDatabase
        if (db! = null && db. isOpen()){
            db. close();
        }
    }
}
```

程序运行结果如图 6-3 所示。在输入框中输入文本并单击"插入数据"按钮，可将数据写入数据库文件 ch6_3. db 中，同时在屏幕下方以列表方式显示出数据库的内容。

上面程序中使用了 SimpleCursorAdapter，它的构造器参数与 SimpleAdapter 的构造器参数大致相同，区别是 SimpleAdapter 负责封装元素为 Map 的 List，而 Simple-CursorAdapter 负责封装 Cursor。如果我们把 Cursor 里的结果集当成 List 集合，Cursor 里的每一行看成 Map 处理(以数据列的列名为 key，数据列的值为 value)，那么 SimpleCursorAdapter 与 SimpleAdapter 统一起来了。需要指出的是，使用 SimpleCursorAdapter 封装 Cursor 时要求底层数据表的主键列的列名为 _ id，因为 SimpleCursor-Adapter 只能识别列名为 _ id 的主键。因此上面的程序创建数据表时，指定了主键列的列名为 _ id，否则就会出现错误。

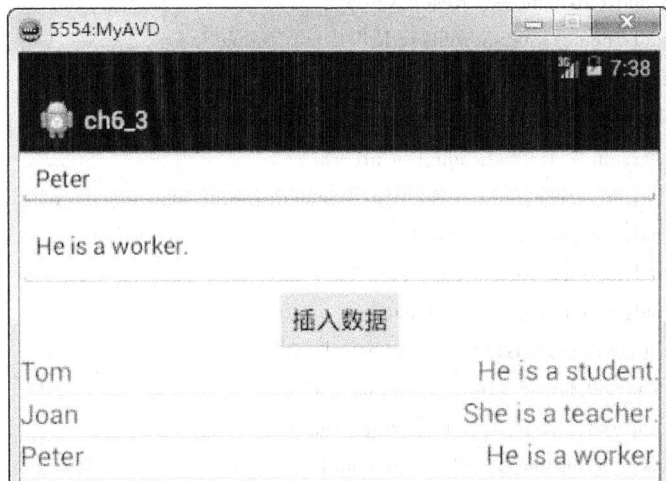

图 6-3 程序运行结果

6.3.2 用 SQLiteOpenhelper 操作数据库

SQLiteOpenhelper 是 Android 提供的一个管理数据库的工具类，可用于管理数据库的创建和版本更新。当调用这个类的 getReadableDatabase( )方法或 getWritableDatabase( )方法时，如果没有数据库，则 Android 系统就会自动生成一个数据库。SQLiteOpenhelper 包含如下一些常用的方法。

（1）onCreate(SQLiteDatabase)：在数据库第一次生成时会调用这个方法，也就是说只有在创建数据库时才会调用，一般我们在这个方法中生成数据库表。

（2）onUpgrade(SQLiteDatabase，int，int)：当数据库需要升级时，Android 系统会自动的调用这个方法，一般在这个方法中删除数据表，并建立新的数据表。

（3）getReadableDatabase()：创建或打开一个数据库，可通过返回的 SQLiteDatabase 对象对数据库进行一系列操作，新建一个表、插入一条数据等。

（4）getWritableDatabase()：创建或打开一个可以读写的数据库。

（5）close()：关闭所有打开的数据库。

下面，我们通过一个"英文生词本"实例来演示 SQLiteOpenhelper 的用法。该示例允许用户将自己不熟悉的单词添加到系统数据库中，当用户需要查询某个单词或解释时，只要在程序中输入相应的关键词，程序中相应的条目就会显示出来。

［例 6-4］建立名为 ch6 _ 4 的 Android 工程，在 res\src\<package_name>目录下创建了 MainActivity 和 ResultActivity 两个类，在 res \ layout \ 目录下创建两个布局资源文件 activity_main. xml 和 activity_result. xml，分别对应这两个类。在 activity _ main. xml 文件中定义了三个 EditText 和两个 Button，用于添加新单词并实现单词的查询。在 activity_result. xml 文件中定义了一个 ListView 显示查询结果，在 res \ lay-out \ 目录下新建一个 listview _ item. xml 文件，设置 ListView 条目的格式。在 res\

161

src\<package_name>目录下创建 MyDatabaseHelper 类，实现对数据库的管理。注意，ResultActivity 必须在 AndroidManifest.xml 文件中注册，并设置为对话框风格的 Activity，注册代码如下所示：

```
<activity android:name=".ResultActivity"
    android:theme="@android:style/Theme.Dialog"
    android:label="找到的单词"/>
```

activity_main.xml 代码如下：

```
<? xml version="1.0" encoding="utf-8"? >
<LinearLayout xmlns:android="http://schemas.android.com/apk/res/android"
    android:orientation="vertical"
    android:layout_width="fill_parent"
    android:layout_height="fill_parent">
    <EditText android:id="@+id/word"
        android:layout_width="fill_parent"
        android:layout_height="wrap_content"/>
    <EditText android:id="@+id/detail"
        android:layout_width="fill_parent"
        android:layout_height="wrap_content"
        android:lines="3"/>
    <Button android:id="@+id/insert"
        android:layout_width="wrap_content"
        android:layout_height="wrap_content"
        android:text="添加生词"/>
    <EditText android:id="@+id/key"
        android:layout_width="fill_parent"
        android:layout_height="wrap_content"/>
    <Button android:id="@+id/search"
        android:layout_width="wrap_content"
        android:layout_height="wrap_content"
        android:text="查询"/>
</LinearLayout>
```

activity_result.xml 代码如下：

```
<? xml version="1.0" encoding="utf-8"? >
<LinearLayout xmlns:android="http://schemas.android.com/apk/res/android"
    android:orientation="vertical"
    android:layout_width="fill_parent"
    android:layout_height="fill_parent"
    android:gravity="center">
    <ImageView
        android:layout_width="fill_parent"
        android:layout_height="wrap_content"
        android:src="@drawable/line"/>
```

```xml
        <ListView
            android:id="@+id/show"
            android:layout_width="fill_parent"
            android:layout_height="fill_parent"/>
    </LinearLayout>
```

listview _ item. xml 代码如下：

```xml
    <? xml version="1.0" encoding="utf-8"? >
    <LinearLayout xmlns:android="http://schemas. android. com/apk/res/android"
        android:orientation="vertical"
        android:layout_width="fill_parent"
        android:layout_height="fill_parent">
        <EditText
            android:id="@+id/word"
            android:layout_width="wrap_content"
            android:layout_height="wrap_content"
            android:width="120px"
            android:editable="false"/>
        <TextView
            android:layout_width="fill_parent"
            android:layout_height="wrap_content"
            android:text="解释"/>
        <EditText
            android:id="@+id/detail"
            android:layout_width="fill_parent"
            android:layout_height="wrap_content"
            android:editable="false"
            android:lines="3"/>
    </LinearLayout>
```

打开 src 文件夹下的包 com. example. ch6_4 中的 MainActivity 类，修改代码如下：

```java
    package com. example. ch6_4;
    import java. util. ArrayList;
    import java. util. HashMap;
    import java. util. Map;
    import android. app. Activity;
    import android. content. Intent;
    import android. database. Cursor;
    import android. database. sqlite. SQLiteDatabase;
    import android. os. Bundle;
    import android. view. View;
    import android. view. View. OnClickListener;
    import android. widget. Button;
    import android. widget. EditText;
    import android. widget. Toast;
```

```
public class MainActivity extends Activity{
    MyDatabaseHelper dbHelper;
    Button insert=null;
    Button search=null;
    public void onCreate(Bundle savedInstanceState){
    super. onCreate(savedInstanceState);
    setContentView(R. layout. activity_main);
    //创建 MyDatabaseHelper 对象,指定数据库版本为 1,此处使用相对路径
    //数据库文件自动会保存在程序的数据文件夹的 databases 目录下
    dbHelper=new MyDatabaseHelper(this,"words. db",1);
    insert=(Button)findViewById(R. id. insert);
    search=(Button)findViewById(R. id. search);
    insert. setOnClickListener(new OnClickListener(){
        public void onClick(View source){
            //获取用户输入
            String word=((EditText)findViewById(R. id. word)). getText(). toString();
            String detail=((EditText)findViewById(R. id. detail)). getText(). toString();
            //插入生词记录
            insertData(dbHelper. getReadableDatabase(),word,detail);
            //显示提示信息
            Toast. makeText(MainActivity. this,"添加生词成功!",8000). show();
        }
    });
    search. setOnClickListener(new OnClickListener(){
        public void onClick(View source){
            //获取用户输入
            String key=((EditText) findViewById(R. id. key)). getText(). toString();
            //执行查询
            Cursor cursor=dbHelper. getReadableDatabase(). rawQuery(
                "select * from dict where word like? or detail like?",
                new String[]{"%" + key + "%","%" + key + "%"});
            //创建一个 Bundle 对象
            Bundle data=new Bundle();
            data. putSerializable("data",converCursorToList(cursor));
            //创建一个 Intent
            Intent intent=new Intent(MainActivity. this,ResultActivity. class);
            intent. putExtras(data);
            //启动 Activity
            startActivity(intent);
        }
    });
    }
    protected ArrayList<Map<String,String>>converCursorToList(Cursor cursor){
```

```
ArrayList<Map<String,String>>result=new ArrayList<Map<String,String>>();
        //遍历 Cursor 结果集
        while(cursor.moveToNext()){
            //将结果集中的数据存入 ArrayList 中
            Map<String,String>map=new HashMap<String,String>();
            //取出查询记录中第 2 列、第 3 列的值
            map.put("word",cursor.getString(1));
            map.put("detail",cursor.getString(2));
            result.add(map);
        }
        return result;
    }
    private void insertData(SQLiteDatabase db,String word,String detail){
        //执行插入语句
        db.execSQL("insert into dict values(null,?,?)",new String[]{word,detail});
    }
    public void onDestroy(){
        super.onDestroy();
        //退出程序时关闭 MyDatabaseHelper 里的 SQLiteDatabase
        if(dbHelper! =null){
            dbHelper.close();
        }
    }
}
```

在 src 文件夹下的包 com. example. ch6_4 中创建 ResultActivity 类，修改代码如下：

```
package com.example.ch6_4;
import java.util.List;
import java.util.Map;
import android.app.Activity;
import android.content.Intent;
import android.os.Bundle;
import android.widget.ListView;
import android.widget.SimpleAdapter;
public class ResultActivity extends Activity{
    public void onCreate(Bundle savedInstanceState){
        super.onCreate(savedInstanceState);
        setContentView(R.layout.activity_result);
        ListView listView=(ListView)findViewById(R.id.show);
        Intent intent=getIntent();
        //获取该 intent 所携带的数据
        Bundle data=intent.getExtras();
        //从 Bundle 数据包中取出数据
        @SuppressWarnings("unchecked")
```

```
        List<Map<String,String>>list=(List<Map<String,String>>)data.
getSerializable("data");
        //将 List 封装成 SimpleAdapter
        SimpleAdapter adapter=new SimpleAdapter(ResultActivity. this,list,R. layout. list-
view_item,new String[]{"word","detail"},new int[]{R. id. word,R. id. detail});
        //填充 ListView
        listView.  setAdapter(adapter);
    }
}
```

在 src 文件夹下的包 com. example. ch6 _ 4 中创建 MyDatabaseHelper 类，修改
代码如下：

```
package com. example. ch6_4;
import android. content. Context;
import android. database. sqlite. SQLiteDatabase;
import android. database. sqlite. SQLiteOpenHelper;
public class MyDatabaseHelper extends SQLiteOpenHelper{
    final String CREATE_TABLE_SQL="create table dict(_id integer primary key autoin-
crement,word,detail)";
    public MyDatabaseHelper(Context context, String name, int version){
        super(context, name, null, version);
    }
    public void onCreate(SQLiteDatabase db){
        //第一个使用数据库时自动建表
        db. execSQL(CREATE _ TABLE _ SQL);
    }
    public void onUpgrade(SQLiteDatabase db, int oldVersion, int newVersion){
        System. out. println("————————onUpdate Called————————"
            + oldVersion + "———>" + newVersion);
    }
}
```

程序运行后会显示"英文生词本"界面，如图 6-4 所示，用户可将新单词添加到生词
本中。在查询框中输入单词并单击"查询"按钮，单词的解释就会显示出来，如图 6-5
所示。

6.4 ContentProvider 数据共享

当在系统中部署一个又一个 Android 应用之后，系统里将会包含多个 Android 应
用，有时候就需要在不同的应用之间共享数据。比如现在有一个短信接收应用，用户
想把接收到的陌生短信的发信人添加到联系人管理应用中，就需要在不同应用之间共
享数据。对于这种需要在不同应用之间共享数据的需求，当然可以让一个应用程序直
接去操作另一个应用程序所记录的数据，比如操作它所记录的 SharedPreferences、文

图 6-4　生词本界面

图 6-5　查询生词

件或数据库等。不同的应用程序记录数据的方式差别很大，这种方式不利于应用程序之间进行数据交换。

为了在应用程序之间交换数据，Android 提供了 ContentProvider，它是不同应用程序之间进行数据交换的标准 API。当一个应用程序需要把自己的数据暴露给其他应用程序时，该应用程序就可通过提供 ContentProvider 来实现，其他应用程序可通过

ContentResolver 操作暴露的数据。ContentProvider 也是 Android 四大应用组件之一，与 Activity、Service、BroadcastReceiver 相似，需要在 AndroidManifest. xml 文件中进行配置。

一旦某个应用程序通过 ContentProvider 暴露了自己的数据操作接口，那么不管该应用程序是否启动，其他应用程序都可通过该接口来操作该应用程序的内部数据，包括增加数据、删除数据、修改数据、查询数据等。

6.4.1 ContentProvider 简介

1. ContentProvider 的开发步骤

ContentProvider 是不同应用程序之间进行数据交换的标准 API，它以某种 Uri 的形式对外提供数据，允许其他应用程序访问或修改数据；其他应用程序使用 ContentResolver 根据 Uri 去访问操作指定数据。开发一个 ContentProvider 的步骤其实很简单：

（1）定义自己的 ContentProvider 类，该类继承 Android 提供的 ContentProvider 基类。

（2）向 Android 系统注册自己的 ContentProvider 类，也就是在 AndroidManifest. xml 文件中＜application. . . /＞元素下添加＜provider. . . /＞子元素，代码如下：

```
<provider android:name=". DictProvider"
    android:authorities=" com. example. ch6. DictProvider"/>
```

2. ContentProvider 提供的方法

当我们向 Android 系统注册了 ContentProvider 后，其他应用程序就可以通过 Uri 来访问所暴露的数据了。用户创建的类除要继承 ContentProvider 之外，还要提供如下方法：

（1）public Boolean onCreate（）：该方法在 ContentProvider 创建后会被调用，当其他应用程序第一次访问 ContentProvider 时，该 ContentProvider 会被创建出来，并立即回调 onCreate 方法。

（2）public Uri insert（Uri uri，ContentValues values）：根据 Uri 插入 values 对应的数据。

（3）public int delete（Uri uri，String selection，String［］selectionArgs）：根据 Uri 删除 select 条件所匹配的全部记录。

（4）public int update（Uri uri，ContentValues values，String selection，String［］selectionArgs）：根据 Uri 修改 select 条件所匹配的全部记录。

（5）public Cursor query（Uri uri，String［］projection，String selection，String［］selectionArgs，String sortOrder）：根据 Uri 查询出 select 条件所匹配的全部记录，其中 projection 就是一个列名列表，表明只选择出指定的数据列。

（6）public String getType（Uri uri）：该方法用于返回当前 Uri 所代表的数据的 MIME 类型。若 Uri 对应数据包括多条记录，则 MIME 类型字符串应以 vnd. android. cursor. dir/开头；若 Uri 对应数据只有一条记录，则 MIME 类型字符串应以 vnd. android. cursor. item/开头。

6.4.2 Uri 简介

1. Uri 的组成结构

通用资源标志符(Uniform resource identifier，Uri)可用来唯一标志某个资源在网络中的位置，其结构与 HTTP 形式 URL 相似，由三部分组成，如下所示：

content://com. example. ch6. DictProvider /words

(1)content://:这个部分是 Android 所规定的，是固定的。

(2)com. example. ch6. DictProvider：这个部分就是 ContentProvider 的 authorities。系统就是由这个部分来找到操作哪个 ContentProvider。只要访问指定的 ContentProvider，这个部分总是固定的

(3)words：资源部分(或者说数据部分)，当访问者需要访问不同资源时，这个部分是动态改变的。

2. Uri 的多种形式

(1)content://com. example. ch6. DictProvider /word/2

此时它要访问的资源为 word 数据中 ID 为 2 的记录。

(2)content://com. example. ch6. DictProvider /word/2/word

此时它要访问的资源为 word 数据中 ID 为 2 的记录的 word 字段。

(3)content://com. example. ch6. DictProvider /words

此时它要访问的资源为全部数据。

(4)content://com. example. ch6. DictProvider /word/detail/

上面的 Uri 表示操作 word 节点下的 detail 节点。虽然大部分使用 ContentProvider 所操作的数据都来自数据库，但有时也可来自文件、XML 或网络等其他存储方式。

为了将一个字符串转换成，Android 的 Uri 工具类提供了 parse()静态方法。例如，下面的代码即可将字符串转换为 Uri：

Uri uri＝Uri. parse("content://com. example. ch6. DictProvider /word/2")；

6.4.3 使用 ContentResolver 操作数据

1. ContentResolver 的概念

ContentProvider 相当于一个"网站"，它的作用是暴露可供操作的数据，其他应用程序则通过 ContentResolver 来操作 ContentProvider 所暴露的数据，ContentResolver 相当于一个"网络客户端"。可通过 Context 的 getContentResolver()方法获取 ContentResolver 对象。

2. ContentResolver 的方法

获得 ContentResolver 对象后，就可调用 ContentResolver 的如下方法来操作数据。

(1)insert(Uri uri，ContentValues values)：向 Uri 对应的 ContentProvider 中插入 values 对应的数据。

(2)delete(Uri uri，String where，String[]selectionArgs)：删除 Uri 对应的 ContentProvider 中 where 提交匹配的数据。

(3) update (Uri uri，ContentValues values，String where，String[] selectionArgs)：更新 Uri 对应的 ContentProvider 中 where 提交匹配的数据。

（4）query（Uri uri，String[]projection，String selection，String[]selectionArgs，String sortOrder）：查询 Uri 对应的 ContentProvider 中 where 提交匹配的数据。

［例 6-5］建立名为 ch6_5 的 Android 工程，在 res\src\<package_name>目录下创建了 MainActivity 和 MyContentProvider 两个类，其中 MyContentProvider 类中包含有内部类 StuDBHelper。在 res \ layout \ 目录下包含有一个布局资源文件 activity_main.xml，对应于 MainActivity 类。在 activity_main.xml 文件中定义了一个 Button，用于触发向数据库中插入记录并显示所有数据。MainActivity 对数据库的操作并不是直接通过 StuDBHelper 实现的，而是通过 MyContentProvider 以共享方式完成的，虽然 MainActivity 与 StuDBHelper 在同一个应用程序中。需要注意，MyContentProvider 必须在 AndroidManifest.xml 文件中注册，代码如下所示：

```
<provider android:name="MyContentProvider"
    android:authorities="com.example.ch6_5.MyContentProvider"/>
```

activity_main.xml 代码如下：

```
<LinearLayout xmlns:android="http://schemas.android.com/apk/res/android"
    android:layout_width="fill_parent"
    android:layout_height="fill_parent"
    android:orientation="vertical"
    android:gravity="center_horizontal" >
    <Button android:id="@+id/button1"
        android:layout_width="wrap_content"
        android:layout_height="wrap_content"
        android:textSize="20sp"
        android:text="使用 Uri 插入并显示数据" />
</LinearLayout>
```

打开 src 文件夹下的包 com.example.ch6_5 中的 MainActivity 类，修改代码如下：

```
package com.example.ch6_5;
import android.net.Uri;
import android.os.Bundle;
import android.view.View;
import android.view.View.OnClickListener;
import android.widget.Button;
import android.widget.Toast;
import android.app.Activity;
import android.content.ContentValues;
import android.database.Cursor;
public class MainActivity extends Activity {
    public static final Uri CONTENT_URI = Uri.parse("content://com.example.ch6_5.MyContentProvider");
    protected void onCreate(Bundle savedInstanceState) {
        super.onCreate(savedInstanceState);
        setContentView(R.layout.activity_main);
```

```
        Button bn＝(Button) findViewById(R. id. button1);
    bn. setOnClickListener(new OnClickListener() {
        public void onClick(View arg0) {
            ContentValues values＝new ContentValues();
            values. put("name","张国");
            getContentResolver(). insert(CONTENT _ URI, values);
            String columns[]＝new String[]{"name"};
            Uri myUri＝CONTENT _ URI;
            Cursor cur＝getContentResolver(). query(myUri, columns, null, null, null);
            if(cur. moveToFirst()){
                String userName＝null;
                do{
                    userName＝cur. getString(cur. getColumnIndex("name"));
                    Toast. makeText(MainActivity. this, userName, Toast. LENGTH
_ LONG). show();
                }while(cur. moveToNext());
            }
        }
    });
}
```

在 src 文件夹下的包 com. example. ch6_5 中创建 MyContentProvider 类，修改代码
如下：

```
package com. example. ch6_5;
import android. content. ContentProvider;
import android. content. ContentUris;
import android. content. ContentValues;
import android. content. Context;
import android. database. Cursor;
import android. database. SQLException;
import android. database. sqlite. SQLiteDatabase;
import android. database. sqlite. SQLiteDatabase. CursorFactory;
import android. database. sqlite. SQLiteOpenHelper;
import android. net. Uri;
public class MyContentProvider extends ContentProvider {
    private SQLiteDatabase sqlDB;
    private StuDBHelper dbHelper;
    public static final Uri CONTENT _ URI＝Uri. parse ("content://com. example. ch6_
5. MyContentProvider");
    public class StuDBHelper extends SQLiteOpenHelper{
        //必须有构造函数
        public StuDBHelper(Context context,String name,CursorFactory
factory,int version) {
```

```
                super(context,"ch6_5.db",null,1);
            }
            //当第一次创建数据库的时候调用该方法
            public void onCreate(SQLiteDatabase db) {
                String CREATE_TABLE="CREATE TABLE stuinfo(_id INTEGER PRIMA-
RY KEY,name TEXT,sex TEXT)";
                db.execSQL(CREATE_TABLE);
            }
            public void onUpgrade(SQLiteDatabase arg0,int arg1,int arg2) {
            }
            public synchronized void close(){
                super.close();
            }
        }
        public int delete(Uri arg0,String arg1,String[]arg2) {
            return 0;
        }
        public String getType(Uri arg0) {
            return null;
        }
        public Uri insert(Uri arg0,ContentValues arg1) {
            sqlDB=dbHelper.getWritableDatabase();
            long rowId=sqlDB.insert("stuinfo","",arg1);
            if(rowId>0){
                Uri rowUri=ContentUris.appendId(CONTENT_URI.buildUpon(),rowId).
build();
                getContext().getContentResolver().notifyChange(rowUri,null);
                return rowUri;
            }
            throw new SQLException("Failed to insert row into"+arg0);
        }
        public boolean onCreate() {
            dbHelper=new StuDBHelper(getContext(),"ch6_5.db",null,1);
            return(dbHelper==null)? false:true;
        }
        public Cursor query(Uri arg0,String[]arg1,String arg2,String[]arg3,String arg4) {
            SQLiteDatabase db=dbHelper.getReadableDatabase();
            Cursor cursor=db.query("stuinfo",null,arg2,null,null,null,arg4);
            cursor.setNotificationUri(getContext().getContentResolver(),arg0);
            return cursor;
        }
        public int update(Uri arg0,ContentValues arg1,String arg2,String[]arg3){
```

```
        return 0；
    }
}
```

程序运行结果如图 6-6 所示，单击"使用 Uri 插入并显示数据"按钮后，应用程序通过 ContentProvider 向数据库中插入默认数据，并以提示信息的方式显示出所有记录。

图 6-6　程序运行结果

思考与练习题

1. Android 系统有哪几种数据存储方式？
2. 什么是 SharedPreferences 数据存储？
3. 简述 SharedPreferences 的数据存取步骤。
4. Android 系统如何读写文件中的数据？
5. SQLite 数据库有什么特点？
6. Android 系统提供了哪两种操作 SQLite 数据库的方法？
7. 什么是 ContentProvider？ Android 系统为什么要使用 ContentProvider？
8. 简述 ContentProvider 的开发步骤。
9. 什么是 Uri？它有怎样的组成结构？
10. 什么是 ContentResolver？

第7章 TCP 协议网络通信

【学习目标】

- 了解 TCP/IP 协议和 TCP 协议通信过程。
- 熟悉 Socket 的概念和 Socket 通信系统。
- 掌握使用 Socket 实现通信的方法和超时时长的设置。
- 熟悉多线程在 Socket 通信程序中的应用方法。

7.1 TCP 协议介绍

7.1.1 TCP 协议通信过程

IP(Internet Protocol)协议是 Internet 上使用的一个关键协议。通过使用 IP 协议，使 Internet 成为一个允许连接不同类型的计算机和不同操作系统的网络。要使两台计算机彼此之间进行通信，必须使两台计算机使用同一种"语言"。IP 协议只保证计算机能发送和接收分组数据。IP 协议负责将消息从一个主机传送到另一个主机，消息在传送的过程中被分割成一个个数据分组。尽管计算机通过安装 IP 软件，保证了计算机之间可以发送和接收数据，但 IP 协议还不能解决数据包在传输过程中可能出现的问题。因此，若要解决可能出现的问题，连接上 Internet 的计算机还需要安装 TCP(Transmission Control Protocol)协议来提供可靠并且无差错的通信服务。

TCP 协议被称作一种端到端协议。这是因为它为两台计算机之间的连接起了重要作用。当一台计算机需要与另一台远程计算机连接时，TCP 协议会让它们建立一个连接，即用于发送和接收数据的虚拟链路。TCP 协议负责收集这些数据分组，并将其按适当的顺序传送，在接收端收到后再将其正确还原。为了保证数据分组在传送中准确无误，TCP 协议使用重发机制，即当一个通信实体发送一个消息给另一个通信实体后，需要收到另一个通信实体的确认信息，如果没有收到另一个通信实体的确认信息，则会再次重发刚才发送的信息。通过这种重发机制，TCP 协议向应用程序提供可靠的通信连接，使它能够自动适应网上的各种变化，即使在 Internet 暂时出现堵塞的情况下，TCP 也能够保证通信的可靠。TCP 协议控制两个通信实体相互通信的过程如图 7-1 所示。

综上所述，虽然 IP 和 TCP 这两个协议的功能不尽相同，也可以分开单独使用，但它们是在同一时期作为一个协议来设计的，并且在功能上也是互补的。只有两者结合，才能保证 Internet 在复杂的环境下正常运行。凡是要连接到 Internet 的计算机，都必须同时安装和使用这两个协议，因此在实际中常把这两个协议统称为 TCP/IP 协议。

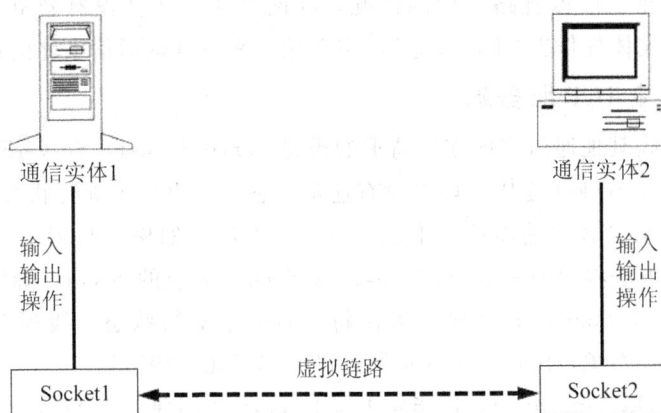

图 7-1　TCP 协议通信过程

7.1.2　Socket 通信系统

Socket 的英文原义是"插座"，通常也称作"套接字"，用于描述 IP 地址和端口，是一个通信链的句柄，可以用来实现不同虚拟机或不同计算机之间的通信。在 Internet 上的主机一般运行了多个服务软件，同时提供几种服务。每种服务都打开一个 Socket，并绑定到一个端口上，不同的端口对应于不同的服务。Socket 正如其英文原义那样，像一个多孔插座。一台主机犹如布满各种插座的房间，每个插座有一个编号，有的插座提供 220V 交流电，有的提供 110V 交流电，有的则提供有线电视节目。客户软件将插头插到不同编号的插座，就可以得到不同的服务。

网络上的两个程序通过一个双向的通信连接实现数据交换，这个连接的一端即为一个 Socket，如图 7-2 所示。建立网络通信连接至少要有一对端口号（Socket）。Socket 的本质是应用程序接口（API）对 TCP/IP 协议的封装。TCP/IP 协议要提供可供网络开发所用的接口，这就是 Socket 编程接口。如果 HTTP 协议是"轿车"，提供了封装或者显示数据的具体形式，那么 Socket 就是"发动机"，提供了网络通信的能力。

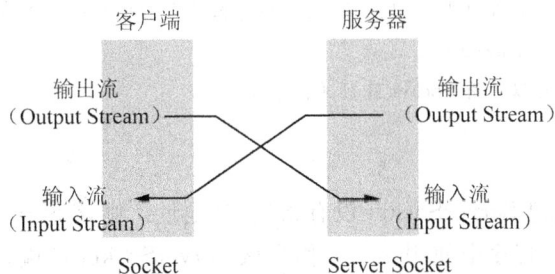

图 7-2　Socket 通信系统

▶ 7.2　使用 Socket 通信

在图 7-1 中 TCP 通信的两个通信实体之间并没有服务器、客户端之分，但那是两

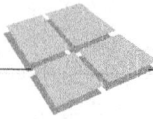

个通信实体已经建立虚拟链路之后的情况，在两个通信实体没有建立虚拟电路之前，必须有一个通信实体先作出"主动姿态"，主动接收来自其他通信实体的连接请求。

7.2.1　创建 TCP 服务端

Java 中能接收其他通信实体连接请求的类是 ServerSocket，ServerSocket 对象用于监听来自客户端的 Socket 连接。如果没有连接，它将一直处于等待状态。ServerSocket 包含了一个监听来自客户端连接请求的 accept()方法。如果接收到一个客户端 Socket 的连接请求，该方法将返回一个与连接客户端 Socket 对应的 Socket(如图 7-1 所示，每个 TCP 连接有两个 Socket)；否则该方法将一直处于等待状态，线程也被阻塞。为了创建 ServerSocket 对象，ServerSocket 类提供了如下几个构造器。

(1)ServerSocket(int port)：用指定的端口 port 来创建一个 ServerSocket。该端口应该是一个有效的端口整数值(0～65535)。

(2)ServerSocket(int port，int backlog)：增加一个用来改变连接队列长度的参数 backlog。

(3)ServerSocket(int port，int backlog，InetAddress localAddr)：在机器存在多个 IP 地址的情况下，允许通过 localAddr 这个参数来指定将 ServerSocket 绑定到指定的 IP 地址。

当 ServerSocket 使用完毕后，应使用其 close()方法关闭该 ServerSocket。通常情况下，服务器不应该只接收一个客户端请求，而应该不断地接收来自客户端的所有请求，所以 Java 程序通常会通过循环不断地调用 ServerSocket 的 accept()方法，如以下代码所示。

```
//创建一个 ServerSocket,用于监听客户端 Socket 的连接请求
ServerSocket ss＝new ServerSocket(30000);
//采用循环不断接收来自客户端的请求
While(true)
{
    //每当接收到客户端 Socket 的请求,服务器端也对应产生一个 Socket
    Socket s＝ss. accept();
    //下面就可以使用 Socket 进行通信了
    …

}
```

上面的程序中创建 ServerSocket 没有指定 IP 地址，则该 ServerSocket 将会绑定到本机默认的 IP 地址，程序中使用 30000 作为该 ServerSocket 的端口号，通常推荐使用 1024 以上的端口，主要是为了避免与其他应用程序的通用端口冲突。由于手机无线上网的 IP 地址通常都是由移动运营公司动态分配的，一般不会有自己固定的 IP 地址，因此很少在手机上运行服务器端，服务器端通常运行在有固定 IP 地址的服务器上。

7.2.2　创建 TCP 客户端

客户端通常可以使用 Socket 的构造器来连接到指定服务器，Socket 通常可使用如下两个构造器。

（1）Socket(InetAddress/String remoteAddress，int port)：创建连接到指定远程主机、远程端口的 Socket，该构造器没有指定本地地址、本地端口，默认使用本地主机的默认 IP 地址，默认使用系统动态指定的 IP 地址。

（2）Socket(InetAddress/String remoteAddress，int port，InetAddress localAddr，int localPort)：创建连接到指定远程主机、远程端口的 Socket，并指定本地 IP 地址和本地端口号，适用于本地主机有多个 IP 地址的情形。

上面两个构造器中指定远程主机时即可使用 InetAddress 来指定，也可直接使用 String 对象来指定，但程序通常使用 String 对象（如 10.0.2.2）来指定远程 IP。当本地主机只有一个 IP 地址时，使用第一个方法更为简单，如以下代码所示。

```
//创建连接到本机 30000 端口的 Socket
Socket s＝new Socket("10.0.2.2",30000);
//下面就可以使用 Socket 进行通信了
...
```

当程序执行上面代码时，将会连接到指定服务器，让服务器端 ServerSocket 的 accept()方法向下执行，于是服务器端与客户端就产生了一对相互连接的 Socket。Android 模拟器提供了一个特殊的 IP 地址"10.0.2.2"，此 IP 地址等同于 PC 本机的 IP 地址"127.0.0.1"。如同浏览器可通过 127.0.0.1 连接到本机一样，Android 模拟器可通过 10.0.2.2 连接到其所在的计算机。

7.2.3　获取输入输出流

当客户端、服务器端产生了对应的 Socket 之后，就到了如图 7-1 所示的情况，程序无须再区分服务器、客户端，而是通过各自的 Socket 进行通信。Socket 提供如下两个方法来获取输入流和输出流。

（1）InputStream getInputStream()：返回该 Socket 对象对应的输入流，让程序通过该输入流从 Socket 中取出数据。

（2）OutputStream getOutputStream()：返回该 Socket 对象对应的输出流，让程序通过该输出流向 Socket 中输出数据。

从以上这两个方法返回 InputStream 和 OutputStream 可以看出 Java 在设计 IO 体系上的思路。不管底层的 IO 流是怎样的节点流（文件流也好，网络 Socket 产生的流也好），程序都可以将其包装成处理流，从而提供更多方便的处理。

下面以一个简单的网络通信程序为例来介绍基于 TCP 协议的网络通信。这个应用由服务器和客户端两部分组成，服务器是一个 Java 工程 ch7_1_Server，客户端是一个 Android 工程 ch7_1_Client。

[例 7-1]建立名为 ch7_1_Server 的 Java 工程，在 src 目录下的默认包名下创建文件 SimpleServer.java。此文件定义了一个类 SimpleServer，它建立 Socket 监听，并使用 Socket 获取输入输出流。

在 src 文件夹下的包（default package）中创建 SimpleServer 类，代码如下：

```
import java.net. * ;
import java.io. * ;
```

```
public class SimpleServer
{
    public static void main(String[]args)
        throws IOException{
        //创建一个 ServerSocket,用于监听客户端 Socket 的连接请求
        ServerSocket ss=new ServerSocket(30000);
        //采用循环不断接受来自客户端的请求
        while(true){
            //每当接受到客户端 Socket 的请求,服务器端也对应产生一个 Socket
            Socket s=ss.accept();
            OutputStream os=s.getOutputStream();
            os.write("您好,您收到了服务器的新年祝福! \n".getBytes("utf-8"));
            //关闭输出流,关闭 Socket
            os.close();
            s.close();
        }
    }
}
```

上面程序中并未把 OutputStream 流包装成 PrintStream,然后使用 PrintStream 直接输出整个字符串。这是因为该服务器端程序运行于 Windows 主机上,当直接使用 PrintStream 输出字符串时,默认使用系统平台的字符串(即 GBK)进行编码;但该程序的客户端是 Android 应用,运行于 Linux 平台(Android 为 Linux 内核),当客户端读取网络数据时默认使用 UTF-8 字符集进行解码,这样势必引起乱码。为了保证客户端能正常解析到数据,必须强行指定使用 UTF-8 字符集进行编码,以避免出现乱码。

[例 7-2]建立名为 ch7_1_Client 的 Android 工程,在 src 目录下的包名中下创建文件 SimpleClient.java。此文件定义了一个类 SimpleClient,它使用 Socket 建立与指定 IP、指定端口的连接,并使用获取输入流读取数据。在 res\layout\目录下包含一个布局资源文件 activity_main.xml,在 XML 文件中定义了一个 TextView 用于显示从服务器读取的字符串数据。特别要注意的是,由于需要访问互联网,所以必须为该应用赋予访问互联网的权限,也就是为 AndroidManifest.xml 文件中的<manifest... />元素添加<uses-permission android:name="android.permission.INTERNET"/>子元素。

activity_main.xml 代码如下:

```
<? xml version="1.0" encoding="utf-8"? >
<LinearLayout xmlns:android="http://schemas.android.com/apk/res/android"
    android:orientation="vertical"
    android:layout_width="fill_parent"
    android:layout_height="fill_parent">
    <EditText android:id="@+id/show"
        android:layout_width="fill_parent"
```

```
            android:layout_height="wrap_content"
            android:editable="false"
            android:cursorVisible="false"/>
    </LinearLayout>
```

在 src 文件夹下的包 com. example. ch7_1_client 中创建 SimpleClient 类，代码如下：

```
    package com. example. ch7_1_client;
    import java. io. BufferedReader;
    import java. io. IOException;
    import java. io. InputStreamReader;
    import java. net. Socket;
    import android. app. Activity;
    import android. os. Bundle;
    import android. widget. EditText;
    public class SimpleClient extends Activity{
        EditText show;
        public void onCreate(Bundle savedInstanceState){
            super. onCreate(savedInstanceState);
            setContentView(R. layout. activity_client);
            show=(EditText) findViewById(R. id. show);
            //关闭输入流、socket
            try{
                Socket socket=new Socket("10. 0. 2. 2",30000);
                //将 Socket 对应的输入流包装成 BufferedReader
                BufferedReader br=new BufferedReader(new InputStreamReader(socket. getIn-
putStream()));
                //进行普通 IO 操作
                String line=br. readLine();
                show. setText("来自服务器的数据:" + line);
                br. close();
                socket. close();
            }
            catch(IOException e){
                e. printStackTrace();
            }
        }
    }
```

先运行服务器的 Java 工程，将看到服务器一直处于等待状态，因为服务器使用了死循环来接收来自客户端的请求。再运行客户端 Android 工程，将看到程序输出来自服务器的字符串，如图 7-3 所示。这表明客户端和服务器通信成功。

图 7-3　程序运行结果

7.2.4　设置超时时长

上面的示例中为了突出通过 ServerSocket 和 Socket 建立连接并通过底层 IO 流进行通信的主题，程序没有进行异常处理，也没有使用 finally 块来关闭资源。实际应用中，程序可能不想让执行网络连接、读取服务器数据的进程一直阻塞，而是希望当网络连接、读取操作超过合理时间之后，系统自动认为该操作失败，这个合理时间就是超时时长。

1. 设置读写超时时长

Socket 对象提供了一个 setSoTimeout(int timeout)方法来设置超时时长，如下面的代码所示：

```
Socket s＝new Socket("10.0.2.2",30000);
//设置 10 秒后为超时
s.setSoTimeout(10000);
```

为 Socket 对象指定超时时长之后，如果使用 Socket 进行读、写操作完成之前已经超出了该时间限制，那么这些方法就会抛出 SocketTimeoutException 异常，程序可以对该异常进行捕捉，并进行适当处理，如以下代码所示：

```
try
{
    //使用 Scanner 来读取网络输入流中的数据
    Scanner scan＝new Scanner(s.getInputStream())
    //读取一行字符
    String line＝scan.nextLine();
    …
}
//捕捉 SocketTimeoutException 异常
Catch(SocketTimeoutException ex)
{
    //对异常进行处理
    …
}
```

2. 设置连接超时时长

为 Socket 连接服务器指定超时时长后，如果经过指定的时间还未连接到远程服务器，则系统认为该 Socket 连接超时。然而，Socket 的所有构造器都没有提供指定超时时长的参数，因此不能直接使用 Socket 的构造器完成连接，而应该先创建一个无连接的 Socket，再调用 Socket 的 connect()方法来连接远程服务器，connect()方法可以接受一个超时时长参数，如以下代码所示：

```
//创建一个无连接的 Socket
Socket s=new Socket();
//让该 Socket 连接到远程服务器,如果经过 10 秒还没有连接成功,则认为连接超时
s. connect(new InetAddress(host,port),10000);
```

▶ 7.3　多线程通信

前面服务器和客户端只是进行了简单的通信操作，即服务器接收到客户端连接之后，向客户端输出一个字符串；而客户端也只是读取服务器的字符串后就退出了。实际应用中的客户端则可能需要和服务器保持长时间通信，也就是服务器需要不断地读取客户端数据，并向客户端写入数据；客户端也需要不断地读取服务器数据，并向服务器写入数据。

当使用传统 BufferedReader 的 readLine()方法读取数据时，该方法成功返回之前线程被阻塞，程序无法继续执行。因此服务器应该为每个 Socket 单独启动一条线程，每条线程负责与一个客户端进行通信。同样，客户端读取服务器数据的线程同样会被阻塞，所以系统应该单独启动一条线程，该线程专门负责读取服务器数据。

下面实现一个简单的 C/S 聊天室应用，服务器应该包含多条线程，每个 Socket 对应一条线程，该线程负责读取 Socket 对应输入流的数据（从客户端发过来的数据），并将读到的数据向每个 Socket 输出流发送一遍（将一个客户端发送的数据"广播"给其他客户端），因此需要在服务器中使用 List 来保存所有的 Socket。

［例 7-3］建立名为 ch7 _ 2 _ Server 的 Java 工程，在 src 目录下的默认包名下创建文件 MultiThreadServer. java 和 ServerThread. java，分别定义了 MultiThreadServer 类和 ServerThread 类。其中，MultiThreadServer 是创建 ServerSocket 的主类，ServerThread 是负责处理每个通信的线程类。

在 src 文件夹下的包（default package）中创建 MultiThreadServer 类，代码如下：

```
import java. net. * ;
import java. io. * ;
import java. util. * ;
public class MultiThreadServer{
    //定义保存所有 Socket 的 ArrayList
    public static ArrayList<Socket>socketList=new ArrayList<Socket>();
    public static void main(String[]args)
    throws IOException{
        ServerSocket ss=new ServerSocket(30000);
        while(true){
            //此行代码会阻塞,将一直等待别人的连接
```

```
        Socket s=ss.accept();
        socketList.add(s);
        //每当客户端连接后启动一条 ServerThread 线程为该客户端服务
        new Thread(new ServerThread(s)).start();
    }
  }
}
```

上面的服务器类只负责接收客户端 Socket 连接请求，客户端连接到 ServerSocket 之后，程序将对应 Socket 加入 socketList 集合中保存，并启动一条线程，此线程负责处理该 Socket 所有的通信任务。

在 src 文件夹下的包(default package)中创建 ServerThread 类，代码如下：

```java
import java.io.*;
import java.net.*;
//负责处理每个线程通信的线程类
public class ServerThread implements Runnable{
    //定义当前线程所处理的 Socket
    Socket s=null;
    //该线程所处理的 Socket 所对应的输入流
    BufferedReader br=null;
    public ServerThread(Socket s)
        throws IOException{
        this.s=s;
        //初始化该 Socket 对应的输入流
        br=new BufferedReader(new InputStreamReader(s.getInputStream(),"utf-8"));
    }
    public void run(){
        try{
            String content=null;
            //采用循环不断从 Socket 中读取客户端发送过来的数据
            while((content=readFromClient())!=null){
                //遍历 socketList 中的每个 Socket,
                //将读到的内容向每个 Socket 发送一次
                for(Socket s ;MultiThreadServer.socketList){
                    OutputStream os=s.getOutputStream();
                    os.write((content + "\n").getBytes("utf-8"));
                }
            }
        }
        catch(IOException e){
            e.printStackTrace();
        }
```

```
        }
    //定义读取客户端数据的方法
    private String readFromClient(){
        try{
            return br. readLine();
        }
        //如果捕捉到异常,表明该 Socket 对应的客户端已经关闭
        catch(IOException e){
            //删除该 Socket。
            MultiThreadServer. socketList. remove(s);
        }
        return null;
        }
    }
```

上面的服务器线程类不断使用 readFromClient() 方法来读取客户端数据, 如果读取数据过程中捕获到 IOException 异常, 则表明该 Socket 对应的客户端 Socket 出现了问题, 程序就将该 Socket 从 socketList 集合中删除。 当服务器线程读到客户端数据之后, 程序遍历 socketList 集合, 并将该数据向集合中的每个 Socket 发送一次, 如 run() 方法中代码所示。

每个客户端应该包含两条线程：一条负责生成主界面, 并响应用户动作, 同时将用户输入的数据写入 Socket 对应的输出流中; 另一条负责读取 Socket 对应输入流中的数据(从服务器发送过来的数据), 并负责将这些数据在程序界面上显示出来。

[例 7-4]建立名为 ch7 _ 2 _ Client 的 Android 工程, 在 src 目录下的包名中下创建文件 MultiThreadClient. java 和 ClientThread. java, 分别定义了 MultiThreadClient 类和 ClientThread 类。 其中, MultiThreadClient 是连接服务器的主类, ClientThread 是负责处理每个通信的线程类。 在 res \ layout \ 目录下包含布局资源文件 activity _ main. xml, 在 XML 文件中定义了两个编辑框 EditText, 一个用于接收用户输入, 另一个用于显示聊天信息; 界面中还有一个按钮 Button, 触发客户端向服务器发送信息。 特别要注意的是, 必须为该应用赋予访问互联网的权限, 也就是为 AndroidManifest. xml 文件中的＜manifest...／＞元素添加＜uses－permission android; name＝"android. permission. INTERNET"/＞子元素。

activity _ main. xml 代码如下：

```
<? xml version="1. 0" encoding="utf-8"? >
<LinearLayout xmlns:android="http://schemas. android. com/apk/res/android"
    android;orientation="vertical"
    android;layout_width="fill_parent"
    android;layout_height="fill_parent">
    <LinearLayout
        android;orientation="horizontal"
        android;layout_width="fill_parent"
```

```
                  android:layout_height="wrap_content">
                    <EditText android:id="@+id/input"
                        android:layout_width="240px"
                        android:layout_height="wrap_content"/>
                    <Button android:id="@+id/send"
                        android:layout_width="fill_parent"
                        android:layout_height="wrap_content"
                        android:paddingLeft="8px"
                        android:text="发送"/>
                </LinearLayout>
                <EditText android:id="@+id/show"
                    android:layout_width="fill_parent"
                    android:layout_height="fill_parent"
                    android:gravity="top"
                    android:editable="false"
                    android:cursorVisible="false"/>
    </LinearLayout>
```

在 src 文件夹下的包 com. example. ch7_2_client 中创建 MultiThreadClient 类，代码如下：

```java
package com.example.ch7_2_client;
import java.io.OutputStream;
import java.net.Socket;
import android.app.Activity;
import android.os.Bundle;
import android.os.Handler;
import android.os.Message;
import android.view.View;
import android.view.View.OnClickListener;
import android.widget.Button;
import android.widget.EditText;
public class MultiThreadClient extends Activity{
    //定义界面上的两个文本框
    EditText input,show;
    //定义界面上的一个按钮
    Button send;
    OutputStream os;
    Handler handler;
    public void onCreate(Bundle savedInstanceState){
        super.onCreate(savedInstanceState);
        setContentView(R.layout.activity_client);
        input=(EditText) findViewById(R.id.input);
```

```
        send=(Button) findViewById(R. id. send);
        show=(EditText) findViewById(R. id. show);
        Socket s;
        handler=new Handler(){
            public void handleMessage(Message msg){
                //如果消息来自子线程
                if(msg. what==0x123){
                    //将读取的内容追加显示在文本框中
                    show. append("\n" + msg. obj. toString());
                }
            }
        };
        try{
            s=new Socket("10. 0. 2. 2",30000);
            //客户端启动 ClientThread 线程不断读取来自服务器的数据
            new Thread(new ClientThread(s,handler)). start();
            os=s. getOutputStream();
        }
        catch(Exception e){
            e. printStackTrace();
        }
        send. setOnClickListener(new OnClickListener(){
            public void onClick(View v){
                try{
                    //将用户在文本框内输入的内容写入网络
                    os. write((input. getText(). toString() + "\r\n").
getBytes("utf-8"));
                    //清空 input 文本框
                    input. setText("");
                }
                catch(Exception e){
                    e. printStackTrace();
                }
            }
        });
    }
}
```

当用户单击界面中的"发送"按钮之后,程序将会把输入框中的内容写入 Socket 对应的输出流。此外,主线程 Socket 使用连接到服务器之后,启动了 ClientThread 线程来处理 Socket 通信。ClientThread 线程负责读取 Socket 输入流中的内容,并将读到的这些内容在界面的文本框中显示出来。由于 Android 不允许子线程访问界面组件,因

此上面的程序定义了一个 Handler 处理来自子线程的消息。

在 src 文件夹下的包 com. example. ch7_2_client 中创建 ClientThread 类，代码如下：

```
package com. example. ch7_2_client;
import java. io. BufferedReader;
import java. io. IOException;
import java. io. InputStreamReader;
import java. net. Socket;
import android. os. Handler;
import android. os. Message;
public class ClientThread implements Runnable{
    //该线程负责处理的 Socket
    private Socket s;
    private Handler handler;
    //该线程所处理的 Socket 所对应的输入流
    BufferedReader br=null;
    public ClientThread(Socket s,Handler handler)
        throws IOException{
        this. s=s;
        this. handler=handler;
        br=new BufferedReader(new InputStreamReader(s. getInputStream()));
    }
    public void run(){
        try{
            String content=null;
            //不断读取 Socket 输入流中的内容。
            while((content=br. readLine())! =null){
                //每当读到服务器的数据之后,发送消息通知程序界面显示该数据
                Message msg=new Message();
                msg. what=0x123;
                msg. obj=content;
                handler. sendMessage(msg);
            }
        }
        catch(Exception e){
            e. printStackTrace();
        }
    }
}
```

先运行服务器的 Java 工程，此时看不到任何输出。接着运行客户端 Android 工程，任何一个客户端输入内容并单击"发送"按钮后，将会看到包括自己在内的所有客户端

发送的内容，如图 7-4 所示。图中使用了两个 Android 模拟器"Client-1"和"Client-2"分别作为客户端，实现了聊天室功能。

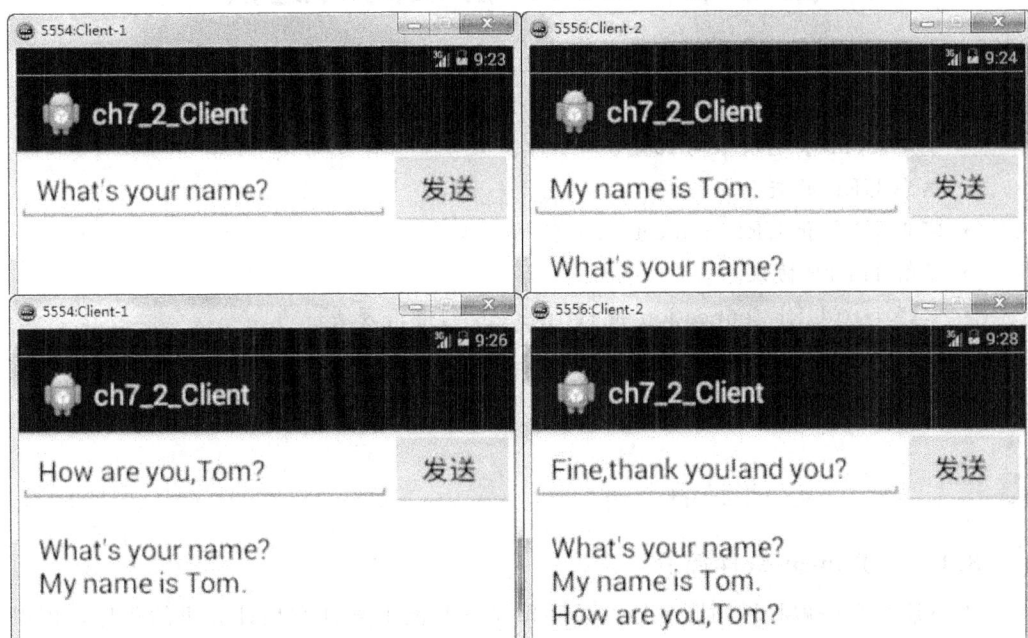

图 7-4　程序运行结果

思考与练习题

1. 什么是 IP 协议？它有什么作用？
2. 什么是 TCP 协议？它有什么作用？
3. TCP 协议与 IP 协议有什么关系？
4. 什么是 Socket？画图描述 Socket 通信系统的结构。
5. 在 Socket 通信程序中服务器和客户端代码是否相同？
6. Android 模拟器提供了一个指向它所在 PC 的 IP 地址，这个地址是什么？
7. 如何通过 Socket 设置超时时长？
8. 为什么在 Socket 通信应用程序中使用加入多线程？

第 8 章　HTTP 协议网络通信

【学习目标】

- 了解 Tomcat 的安装与配置步骤。
- 熟悉 URL 的概念和格式。
- 掌握 URL 和 URLConnection 的使用方法。
- 了解 HTTP 协议。
- 掌握 HttpURLConnection 和 HttpClient 的使用方法。
- 掌握使用 WebView 组件显示网页的方法。

8.1　Tomcat 的安装与配置

8.1.1　Tomcat 软件简介

Web 服务器一般指网站服务器，是驻留于互联网上某种类型计算机的程序，可以向浏览器等 Web 客户端提供文档，也可以放置网站文件，供用户浏览或下载。一个网站上面所有的文字、图片等统称为数据，这些数据并不是凭空出现在网络中的，而是在后台有一个服务器支撑。当用户访问网站时，其实是通过网络向服务器发送了一个请求，服务器再将用户请求的页面反馈文件到用户这里，这个时候用户才可以看到网站精美的界面。Web 服务器就是这个在后台提供数据服务的程序。

Tomcat 是一个免费的开放源代码的 Web 服务器，由 Apache、Sun 和其他一些公司及个人共同开发而成。Tomcat 属于轻量级应用服务器，在中小型系统和并发访问用户不是很多的场合下被普遍使用。

8.1.2　安装 Tomcat 软件

(1)从网上下载 Tomcat 并解压，双击安装程序，启动安装向导，如图 8-1 所示。本书使用的安装程序为 apache－tomcat－7.0.82.exe 文件。

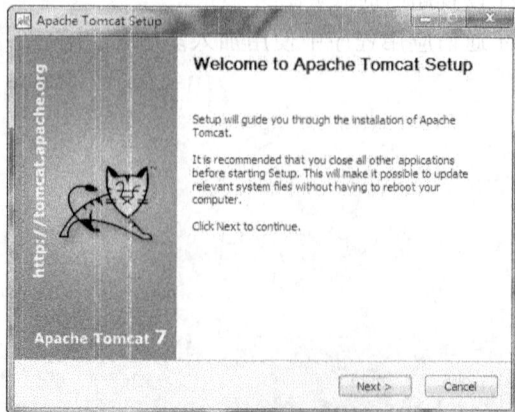

图 8-1　欢迎使用界面

（2）单击"Next"按钮，进入安装协议界面，如图 8-2 所示。

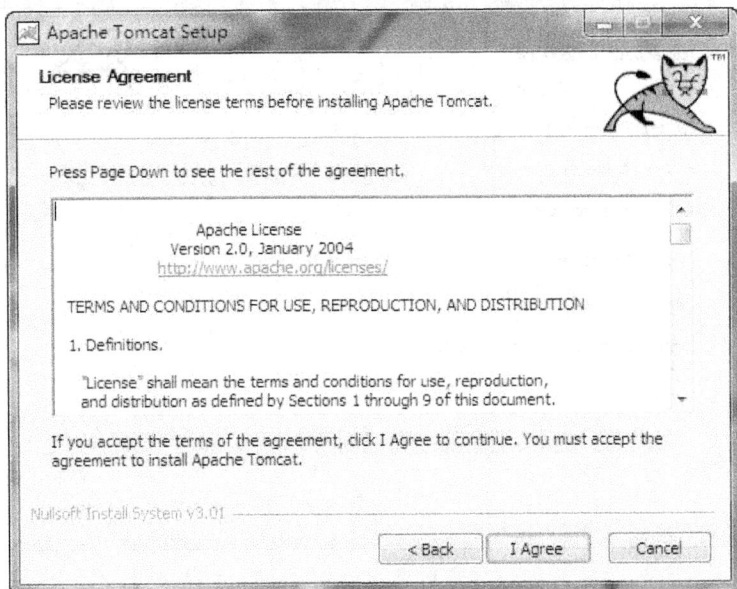

图 8-2　安装协议界面

（3）单击"I Agree"按钮，进入组件选择界面，保持默认选项即可，如图 8-3 所示。

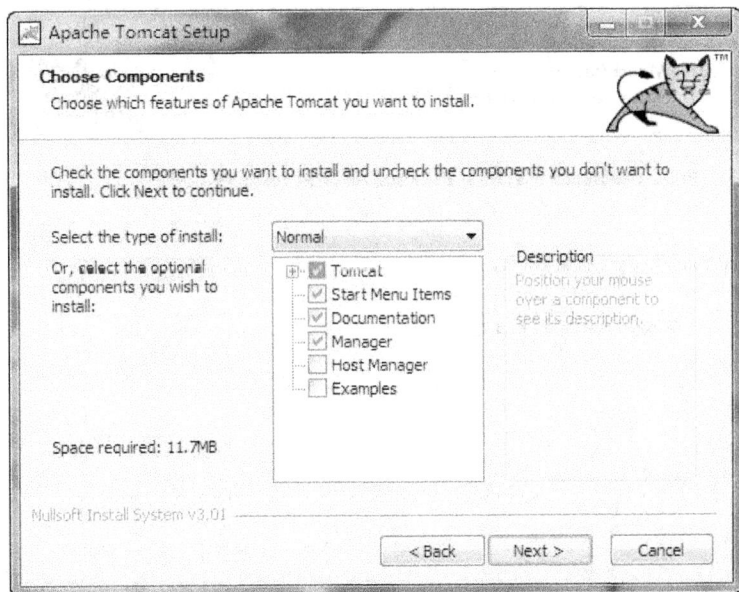

图 8-3　组件选择界面

（4）单击"Next"按钮，进入参数配置界面，保持默认设置即可，如图 8-4 所示。

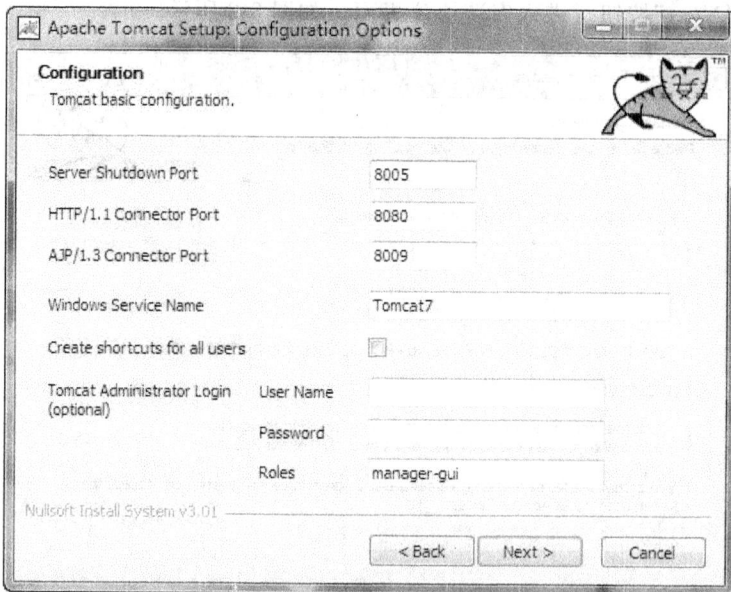

图 8-4　参数配置界面

（5）单击"Next"按钮，进入 Java 虚拟机界面，如图 8-5 所示。安装程序会自动找到 JRE 的位置，如果用户没有安装 JRE，可以修改指向 JDK 目录。

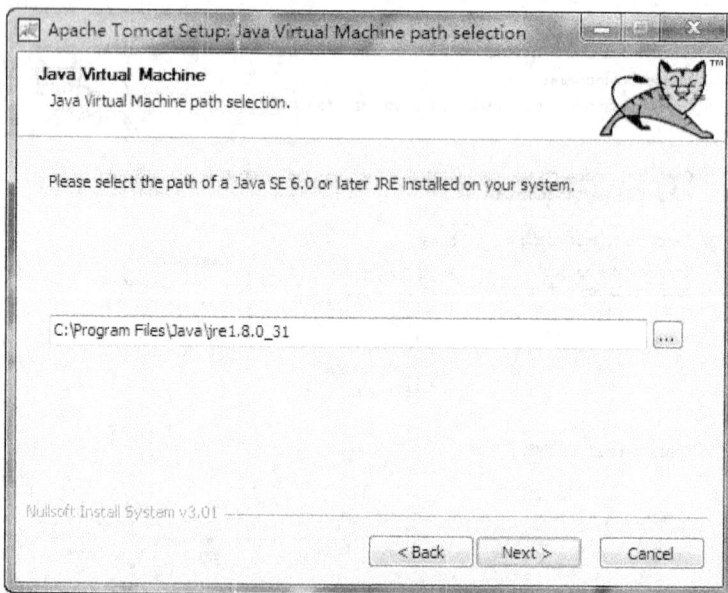

图 8-5　Java 虚拟机界面

（6）单击"Next"按钮，进入安装路径界面，如图 8-6 所示。

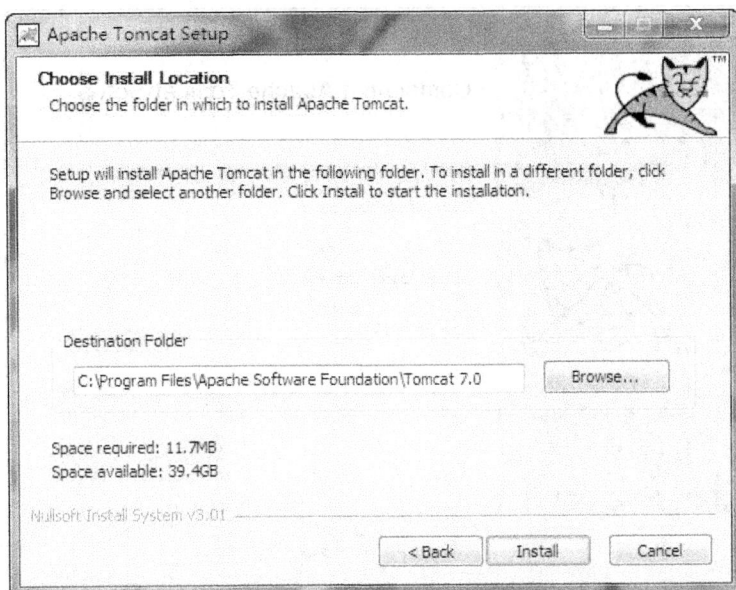

图 8-6　安装路径界面

(7)单击"Install"按钮，开始安装 Tomcat，如图 8-7 所示。

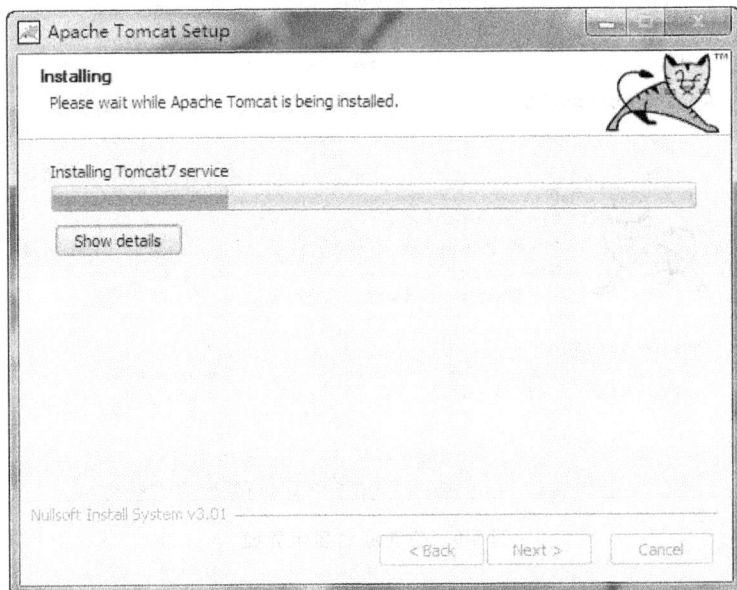

图 8-7　Tomcat 安装界面

(8)安装过程结束后会显示提示界面，如图 8-8 所示，单击"Finish"按钮完成安装。

(9)安装完成后，可在浏览器中输入 http://localhost:8080 进行测试。若出现如图 8-9 所示页面，则表示 Tomcat 安装成功。

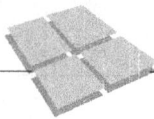

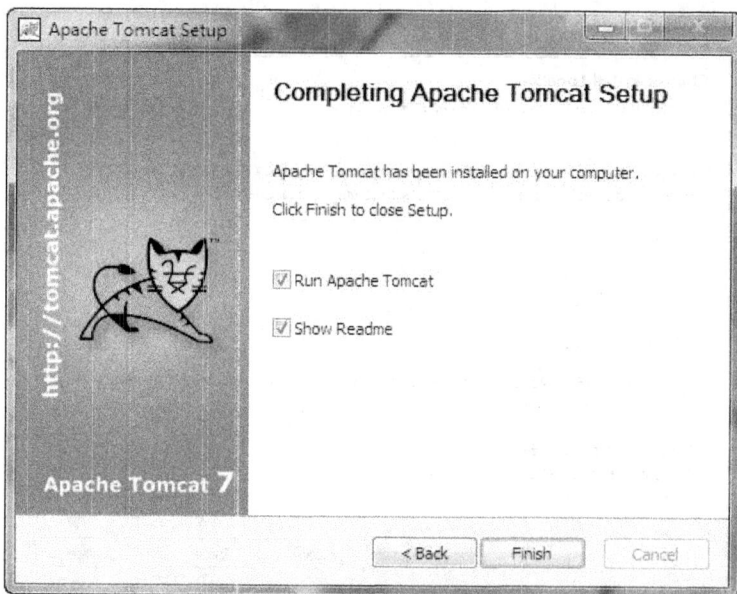

图 8-8　安装完成提示界面

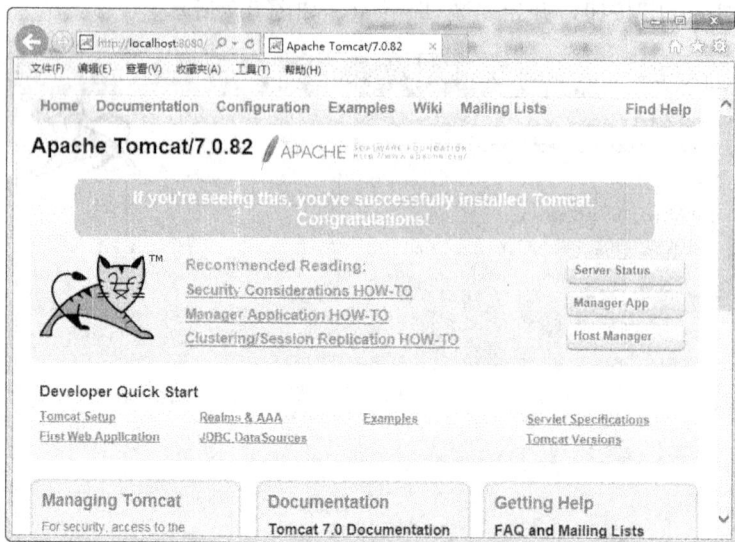

图 8-9　安装成功显示界面

8.1.3　创建 Tomcat 服务器

（1）启动 Eclipse，单击菜单"Windows→Show View→Servers"打开 Servers 窗口，如图 8-10 所示。如果没有 Servers 菜单项，需要通过"Windows→Show View→Other..."打开 Show View 对话框，并勾选 Servers。

（2）单击 Servers 窗口中的"Click link to create a new server"链接，打开 New Server 对话框，选择服务器类型，如图 8-11 所示。

（3）选择"Tomcat v7.0 Server"并单击"Next"按钮，输入 Tomcat 的安装路径"C:\

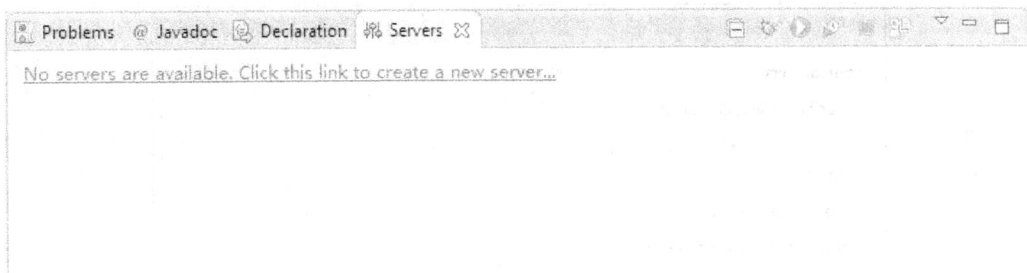

图 8-10　Servers 窗口

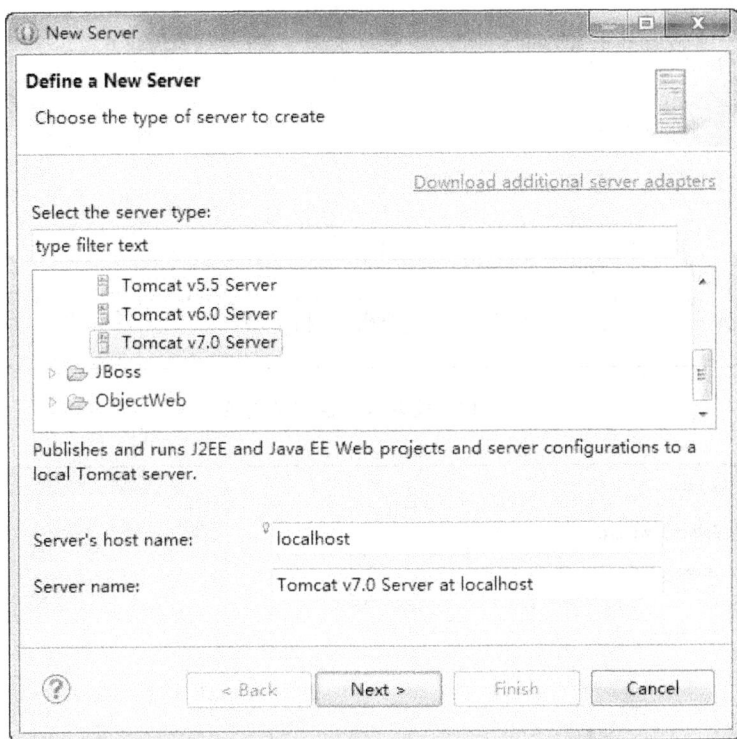

图 8-11　选择服务器类型

Program Files\Apache Software Foundation\Tomcat 7.0"，单击"Finish"按钮完成新服务器的创建，如图 8-12 所示。

8.1.4　创建并运行 Web 工程

(1)单击 Eclipse 菜单"New→Other..."打开"New"对话框，选择 Web 目录下的"Dynamic Web Project"，如图 8-13 所示。

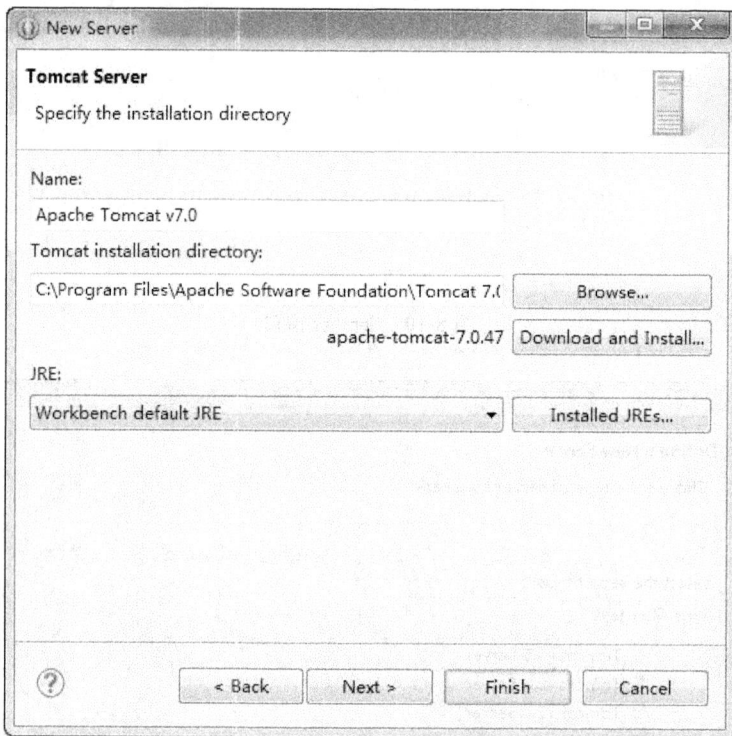

图 8-12　输入服务器安装路径

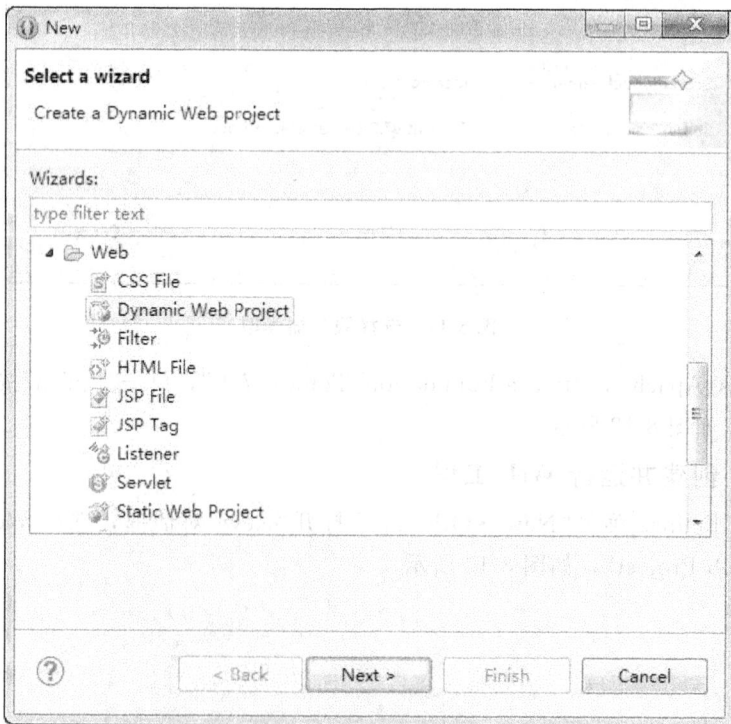

图 8-13　"New"对话框

（2）单击"Next"按钮，打开 New Dynamic Web Project 对话框，输入工程名称"abc"，单击"Finish"按钮完成 Web 工程的创建，如图 8-14 所示。

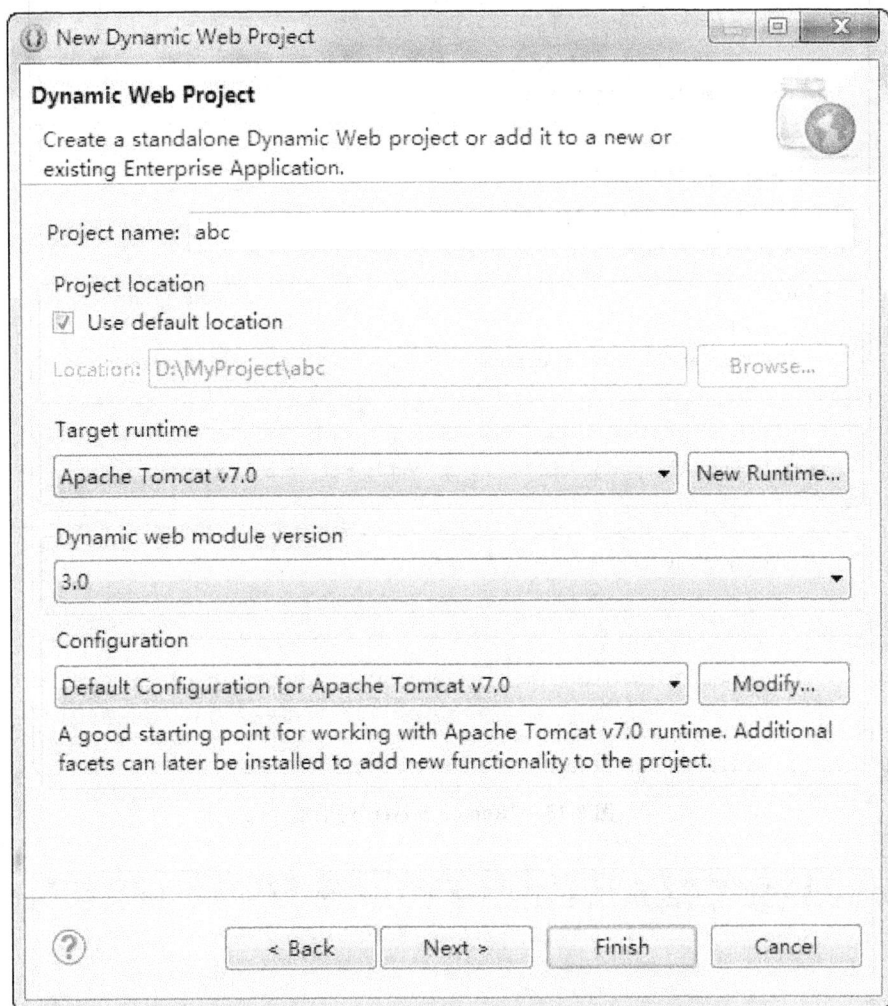

图 8-14 "New Dynamic Web Project"对话框

（3）右键单击 Eclipse 中 Package Explorer 窗口里的 Web 工程"abc"，选择菜单"Run As→Run on Server"，打开"Run on Server"对话框，如图 8-15 所示。

选择 Tomcat 服务器"Tomcat v7.0 Server at localhost"，单击"Finish"按钮运行 Web 工程。如果 Tomcat 服务器还未启动，则在运行 Web 工程前系统将首先启动 Tomcat 服务器。Web 工程"abc"的运行结果如图 8-16 所示。

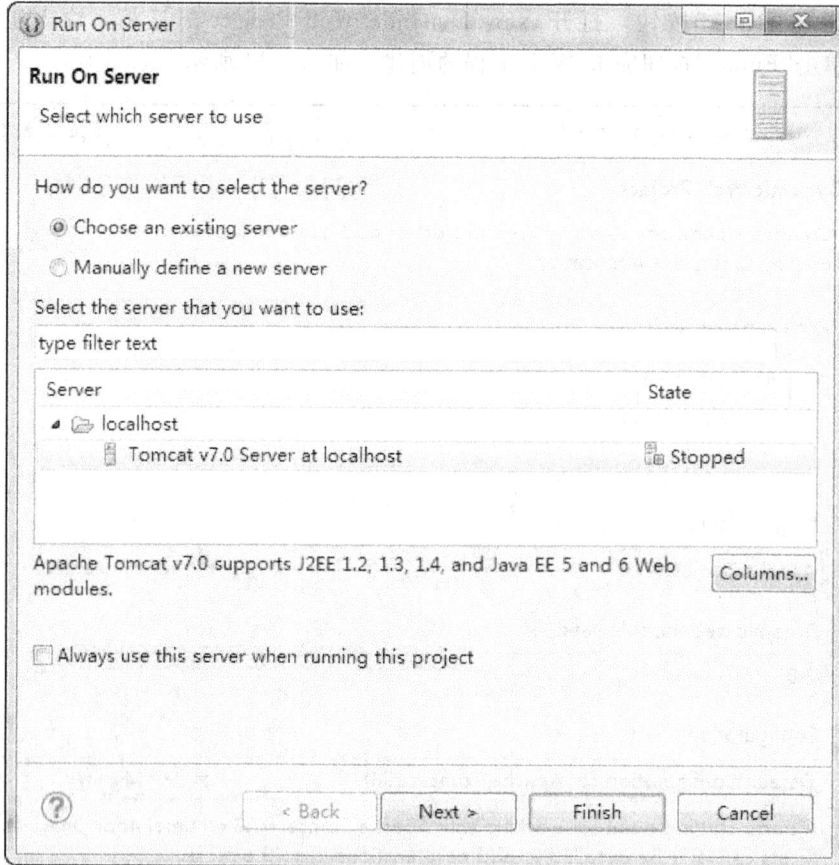

图 8-15 "Run on Server"对话框

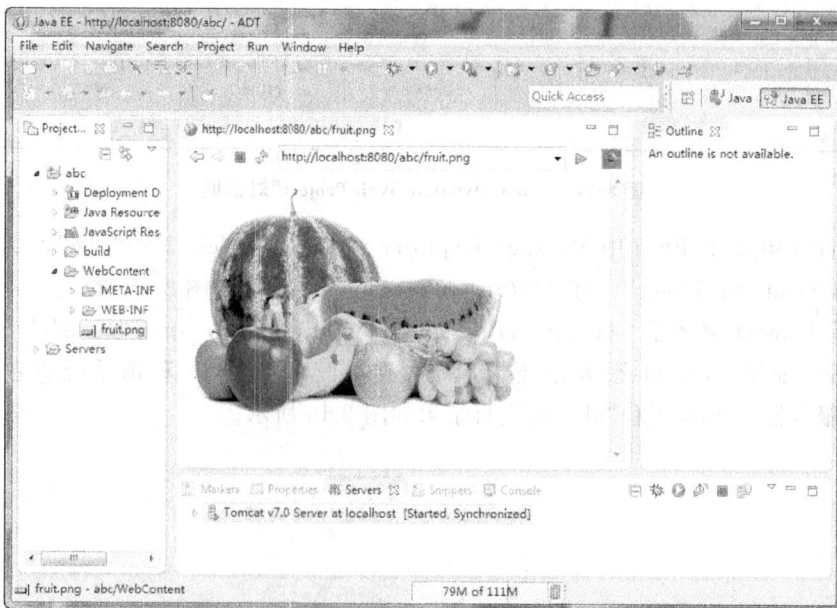

图 8-16 Web 工程的运行结果

▷ 8.2　使用 URL 访问网络资源

8.2.1　URL 的概念和格式

统一资源定位器（Uniform Resource Locator，URL）是指向互联网"资源"的指针。资源可以是简单的文件或目录，也可以是对更复杂对象的引用，例如对数据库或搜索引擎的查询。通常情况而言，URL 可以由协议名、主机、端口和资源组成，格式如下：

　　　　protocal://host:port/resourceName

　　　　例如:http://10.0.2.2:8080/abc/fruit.png

URL 类提供了多个构造器用于创建 URL 对象，一旦获得了 URL 对象，就可以调用如下常用方法来访问该 URL 对应的资源。

（1）Strin getFile()：获取此 URL 的资源名。

（2）String getHost()：获取此 URL 的主机名。

（3）String getPath()：获取此 URL 的路径部分。

（4）int getPort()：获取此 URL 的端口号。

（5）String getProtocal()：获取此 URL 的协议名称。

（6）String getQuery()：获取此 URL 的查询字符串部分。

（7）URLConnection openConnection()：返回一个 URLConnection 对象，它表示到 URL 所引用的远程对象的连接。

（8）InputStream openStream()：打开与此 URL 的连接，并返回一个用于读取该 URL 资源的 InputStream。

8.2.2　使用 URL 读取网络资源

URL 对象提供的 openStream()方法可以获得 URL 资源的 InputStream，从而非常方便地读取远程资源。下面的程序示范了如何通过 URL 类读取网络资源。

［例 8-1］建立名为 ch8_1 的 Android 工程，在 res\layout\目录下包含一个布局资源文件 activity_main.xml，在 XML 文件中定义一个 ImageView 用于显示从 URL 获得的资源。必须为该应用赋予访问互联网的权限，也就是为 AndroidManifest.xml 文件中的＜manifest...／＞元素添加＜uses－permission android:name＝"android.permission.INTERNET"/＞子元素。

activity_main.xml 代码如下：

```
<? xml version="1.0" encoding="utf-8"? >
<LinearLayout xmlns:android="http://schemas.android.com/apk/res/android"
    android:orientation="vertical"
    android:layout_width="fill_parent"
    android:layout_height="fill_parent">
    <ImageView android:id="@+id/show"
        android:layout_width="fill_parent"
        android:layout_height="fill_parent" />
```

```
        </LinearLayout>
```

打开 src 文件夹下的包 com. example. ch8 _ 1 中的 MainActivity 类，修改代码如下：

```java
package com. example. ch8_1;
import java. io. InputStream;
import java. io. OutputStream;
import java. net. URL;
import android. app. Activity;
import android. graphics. Bitmap;
import android. graphics. BitmapFactory;
import android. os. Bundle;
import android. widget. ImageView;
public class MainActivity extends Activity{
    ImageView show;
    public void onCreate(Bundle savedInstanceState){
        super. onCreate(savedInstanceState);
        setContentView(R. layout. activity_main);
        show=(ImageView) findViewById(R. id. show);
        //定义一个 URL 对象
        try{
            URL url=new URL("http://10.0.2.2:8080/MyWeb1/fruit. png");
            //打开该 URL 对应的资源的输入流
            InputStream is=url. openStream();
            //从 InputStream 中解析出图片
            Bitmap bitmap=BitmapFactory. decodeStream(is);
            //使用 ImageView 显示该图片
            show. setImageBitmap(bitmap);
            is. close();
            //再次打开 URL 对应的资源的输入流
            is=url. openStream();
            //打开手机文件对应的输出流
            OutputStream os=openFileOutput("fruit. png", MODE_WORLD_READA-
BLE);
            byte[]buff=new byte[1024];
            int hasRead=0;
            //将 URL 对应的资源下载到本地
            while((hasRead=is. read(buff)) >0){
                os. write(buff,0,hasRead);
            }
            is. close();
            os. close();
        }
        catch(Exception e){
            e. printStackTrace();
```

```
        }
      }
    }
```

在 Web 服务器中成功部署 MyWeb1 应用之后，运行上面的 Android 程序，结果如图 8-17 所示。程序可以显示图片，还会在手机文件系统的 data/data/com. example. ch8_1/files/目录下生成图片 fruit. png，这是通过 URL 从网络上下载的图片。

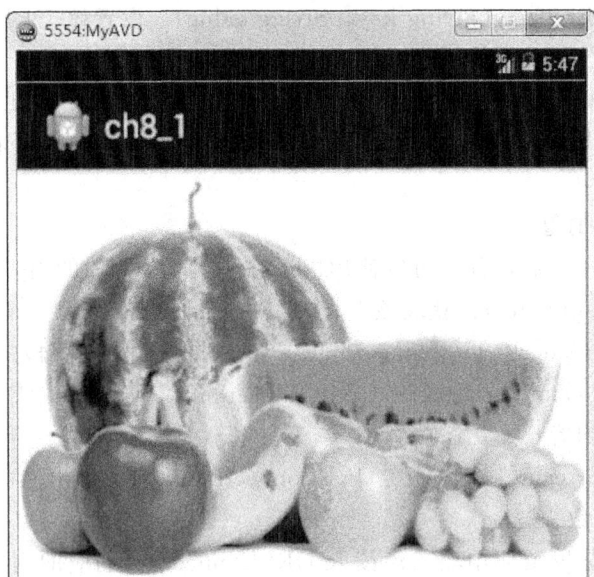

图 8-17 程序运行结果

8.2.3 使用 URLConnection 提交请求

1. URLConnection 的使用步骤

URL 的 openConnection()方法将返回一个对象，该对象代表应用程序和 URL 之间的通信连接。程序可以通过 URLConnection 实例向该 URL 发送请求，读取 URL 引用的资源。创建一个和 URL 连接，并发送请求、读取此 URL 引用的资源需要如下几个步骤：

(1)通过调用 URL 对象 openConnection()方法来创建 URLConnection 对象。

(2)设置 URLConnection 的参数和普通请求属性。

(3)如果只是发送 GET 方式的请求，使用 connect()方法建立和远程资源之间的实际连接即可；如果需要发送 POST 方式的请求，需要获取 URLConnection 实例对应的输出流来发送请求参数。

(4)远程资源变为可用，程序可以访问远程资源的头字段，或通过输入流读取远程资源的数据。

2. 设置头字段的值

在建立和远程资源的实际连接之前，程序可以通过如下方法来设置请求头字段：

(1) setAllowUserInteraction：设置该 URLConnection 的 allowUserInteraction 请求头字段的值。

（2）setDoInput：设置该 URLConnection 的 doInput 请求头字段的值。

（3）setDoOutput：设置该 URLConnection 的 doOutput 请求头字段的值。

（4）setIfModifiedSince：设置该 URLConnection 的 ifModifiedSince 请求头字段的值。

（5）setUseCaches：设置该 URLConnection 的 useCaches 请求头字段的值。

除此之外，还可以使用如下方法来设置或增加通用头字段。

（6）setRequestProperty（String key，String value）：设置该 URLConnection 的 key 请求头字段的值为 value。

（7）addRequestProperty（String key，String value）：为该 URLConnection 的 key 请求头字段增加 value，该方法并不会覆盖原请求头字段的值，而是将新值追加到原请求头字段中。

3. 获取头字段的值

当远程资源可用之后，程序可以使用以下方法获取头字段的内容：

（1）Object getContent（）：获取该 URLConnection 的内容。

（2）String getHeaderField（String name）：获取指定响应头字段的值。

（3）getInputStream（）：返回该 URLConnection 对应的输入流，用于获取 URL-Connection 响应的内容。

（4）getOutputStream（）：返回该 URLConnection 对应的输出流，用于向 URLConnection 了送请求参数。

需要注意，如果既要使用输入流读取 URLConnection 响应的内容，又要使用输出流发送请求参数，一定要先使用输出流，再使用输入流。

getHeaderField（String name）方法用于根据响应头字段来返回对应的值。而某些头字段由于经常需要访问，所以 Java 提供了以下方法来访问特定响应头字段的值：

（5）getContentEncoding：获取 content-encoding 响应头字段的值。

（6）getContentLength：获取 content-length 响应头字段的值。

（7）getContentType：获取 content-type 响应头字段的值。

（8）getDate（）：获取 date 响应头字段的值。

（9）getExpiration（）：获取 expires 响应头字段的值。

（10）getLastModified（）：获取 last-modified 响应头字段的值。

下面程序示范了如何向 Web 站点发送 GET 和 POST 请求，并从 Web 站点取得响应。

[例 8-2]建立名为 ch8_2 的 Android 工程，在 src 目录下的包名中下创建两个 Java 文件 MainActivity. java 和 GetPostUtil. java，分别定义 MainActivity 类和 GetPostUtil 类。其中，GetPostUtil 类是负责发送 GET 和 POST 请求的工具类。在 res\layout\ 目录下包含了布局资源文件 activity_main. xml，在这个文件中定义了两个按钮 Button 和一个编辑框 EditText。一个按钮用于发送 GET 请求，另一个用于发送 POST 请求；编辑框用来显示远程服务器的响应。特别应该注意的是，必须为 AndroidManifest. xml 文件中的＜manifest...／＞元素添加＜uses-permission android：name="android. permission. INTERNET"／＞子元素，以赋予该应用访问互联网的权限。

activity_main. xml 代码如下：

```xml
<? xml version="1.0" encoding="utf-8"? >
<LinearLayout xmlns:android="http://schemas. android. com/apk/res/android"
    android:orientation="vertical"
    android:layout_width="fill_parent"
    android:layout_height="fill_parent">
    <LinearLayout
        android:orientation="horizontal"
        android:layout_width="fill_parent"
        android:layout_height="wrap_content"
        android:gravity="center">
        <Button android:id="@+id/get"
            android:layout_width="wrap_content"
            android:layout_height="wrap_content"
            android:text="发送 GET 请求"/>
        <Button android:id="@+id/post"
            android:layout_width="wrap_content"
            android:layout_height="wrap_content"
            android:text="发送 POST 请求"/>
    </LinearLayout>
    <EditText android:id="@+id/show"
        android:layout_width="fill_parent"
        android:layout_height="fill_parent"
        android:editable="false"
        android:cursorVisible="false"
        android:gravity="top"/>
</LinearLayout>
```

打开 src 文件夹下的包 com. example. ch8_2 中的 MainActivity 类，修改代码如下：

```java
package com. example. ch8_2;
import android. app. Activity;
import android. os. Bundle;
import android. view. View;
import android. view. View. OnClickListener;
import android. widget. Button;
import android. widget. EditText;
    public class MainActivity extends Activity{
    Button get,post;
    EditText show;
    public void onCreate(Bundle savedInstanceState){
        super. onCreate(savedInstanceState);
        setContentView(R. layout. activity_main);
```

```
            get=(Button) findViewById(R. id. get);
            post=(Button) findViewById(R. id. post);
            show=(EditText)findViewById(R. id. show);
            get. setOnClickListener(new OnClickListener(){
                public void onClick(View v){
                    String response = GetPostUtil. sendGet ( " http://10. 0. 2. 2: 8080/My-
Web1/Tom. jsp",null);
                    show. setText(response);
                }
            });
            post. setOnClickListener(new OnClickListener(){
                public void onClick(View v){
                    String response = GetPostUtil. sendPost ( " http://10. 0. 2. 2: 8080/My-
Web1/login. jsp","name=Tom&pass=123456");
                    show. setText(response);
                }
            });
        }
    }
```

在 src 文件夹下的包 com. example. ch8_2 中创建 GetPostUtil 类，代码如下：

```
    package com. example. ch8_2;
    import java. io. * ;
    import java. net. * ;
    import java. util. * ;
    public class GetPostUtil{
        //向指定 URL 发送 GET 请求的方法
        public static String sendGet(String url,String params){
            String result="";
            BufferedReader in=null;
            try{
                String urlName=url + "?" + params;
                URL realUrl=new URL(urlName);
                //打开和 URL 之间的连接
                URLConnection conn=realUrl. openConnection();
                //设置通用的请求属性
                conn. setRequestProperty("accept"," * / * ");
                conn. setRequestProperty("connection","Keep-Alive");
                conn. setRequestProperty("user-agent","Mozilla/4. 0(compatible;MSIE 6. 0;
Windows NT 5. 1; SV1)");
                //建立实际的连接
                conn. connect();
                //获取所有响应头字段
                Map<String,List<String>>map=conn. getHeaderFields();
```

```
        //遍历所有的响应头字段
        for(String key :map.keySet()){
            System.out.println(key + "--->" + map.get(key));
        }
        //定义 BufferedReader 输入流来读取 URL 的响应
        in=new BufferedReader(new InputStreamReader(conn.getInputStream()));
        String line;
        while((line=in.readLine())! =null){
            result += "\n" + line;
        }
    }
    catch(Exception e){
        System.out.println("发送 GET 请求出现异常!" + e);
        e.printStackTrace();
    }
    //使用 finally 块来关闭输入流
    finally{
        try{
            if(in! =null){
                in.close();
            }
        }
        catch(IOException ex){
            ex.printStackTrace();
        }
    }
    return result;
}
//向指定 URL 发送 POST 请求的方法
public static String sendPost(String url,String params){
    PrintWriter out=null;
    BufferedReader in=null;
    String result="";
    try{
        URL realUrl=new URL(url);
        //打开和 URL 之间的连接
        URLConnection conn=realUrl.openConnection();
        //设置通用的请求属性
        conn.setRequestProperty("accept"," * / * ");
        conn.setRequestProperty("connection","Keep-Alive");
        conn.setRequestProperty("user-agent","Mozilla/4.0(compatible;MSIE 6.0;
Windows NT 5.1;SV1)");
        //发送 POST 请求必须设置如下两行
```

```
        conn. setDoOutput(true);
        conn. setDoInput(true);
        //获取 URLConnection 对象对应的输出流
        out=new PrintWriter(conn. getOutputStream());
        //发送请求参数
        out. print(params);
        //flush 输出流的缓冲
        out. flush();
        //定义 BufferedReader 输入流来读取 URL 的响应
        in=new BufferedReader(new InputStreamReader(conn. getInputStream()));
        String line;
        while((line=in. readLine())! =null){
            result +="\n" + line;
        }
    }
    catch(Exception e){
        System. out. println("发送 POST 请求出现异常!" + e);
        e. printStackTrace();
    }
    //使用 finally 块来关闭输出流、输入流
    finally{
        try{
            if(out! =null){
                out. close();
            }
            if(in! =null){
                in. close();
            }
        }
        catch(IOException ex){
            ex. printStackTrace();
        }
    }
    return result;
    }
}
```

在 Web 服务器中成功部署 MyWeb1 应用之后，运行上面的 Android 程序。单击"发送 GET 请求"按钮，结果如图 8-18 所示；单击"发送 POST 请求"按钮，结果如图 8-19 所示。

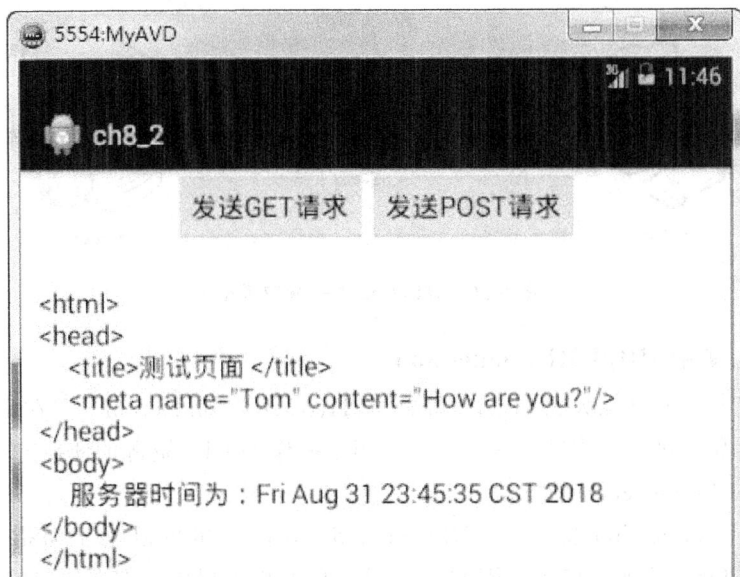

图 8-18　发送 GET 请求

图 8-19　发送 POST 请求

▶ 8.3　使用 HTTP 协议访问网站

8.3.1　HTTP 协议介绍

超文本传输协议（HyperText Transfer Protocol，HTTP）是互联网上应用最为广泛的一种网络协议，是从 Web 服务器传输超文本（hypertext）到本地浏览器的传送协议。HTTP 基于 TCP/IP 通信协议来传递数据，是一个属于应用层的面向对象的协议。由于其简捷、快速的方式，适用于分布式超媒体信息系统。HTTP 协议工作于客户端－服务端架构为上。浏览器作为 HTTP 客户端通过 URL 向 HTTP 服务端即 WEB 服务器发送所有请求。Web 服务器根据接收到的请求，向客户端发送响应信息，如图 8-20 所示。

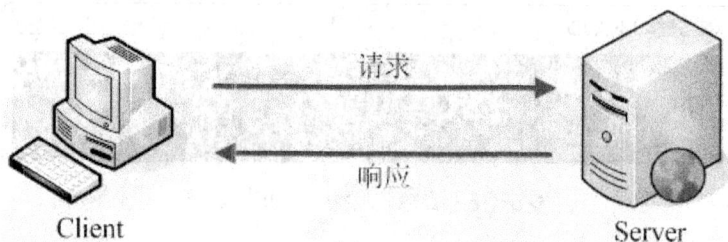

图 8-20　HTTP 请求—响应模型

8.3.2　使用 HttpURLConnection

前面介绍的 URLConnection 有一个子类 HttpURLConnection，它在 URLConnection 的基础上做了进一步改进，增加了一些用于操作 HTTP 资源的便捷方法。

1. HttpURLConnection 的方法

HttpURLConnection 继承了 URLConnection，因此也可以用于向指定网站发送 GET 请求、POST 请求。它在 URLConnection 的基础上提供了如下便捷的方法：

（1）int getResponseCode()：获取服务器的响应代码。

（2）String getResponseMessage()：获取服务器的响应消息。

（3）String getRequestMethod()：获取发送请求的方法。

（4）void setRequestMethod(String method)：设置发送请求的方法。

2. 多线程下载的实现步骤

使用多线程下载文件可以更快地完成文件的下载，这是因为客户端启动多个线程进行下载就意味着服务器会为该客户端提供相应更多的服务。假设服务器同时最多服务 100 个用户，在服务器中一条线程对应一个用户，100 条线程在计算机内并发执行，也就是由 CPU 划分时间片轮流执行。如果某个应用使用了 99 条线程下载文件，那么相当于占用了 99 个用户的资源，自然就拥有了较快的下载速度。但应该注意的是，实际上并不是客户端并发的下载线程越多，程序的下载速度就越快。因为当客户端开启太多的并发线程之后，应用程序需要维护每条线程的开销、线程同步的开销，这些开销反而会导致下载速度降低。要实现多线程，应用程序可按如下步骤进行：

（1）创建 URL 对象。

（2）获取指定 URL 对象所指向资源的大小（由 getContentLength()方法实现），这里用到了 HttpURLConnection 类。

（3）在本地磁盘上创建一个与网络资源相同大小的空文件。

（4）计算每条线程应该下载网络资源的哪个部分（从哪个字节开始，到哪个字节结束）。

（5）依此创建、启动多条线程来下载网络资源的指定部分。

下面通过一个实例来示范使用 HttpURLConnection 实现多线程下载。

[例 8-3]建立名为 ch8＿3 的 Android 工程，在 src 目录下的包名中下创建两个 Java 文件 MainActivity.java 和 DownUtil.java，分别定义 MainActivity 类和 DownUtil 类。其中，DownUtil 类是实现多条线程下载的工具类。在 res \ layout \ 目录下包含了布局资源文件 activity_main.xml，在这个文件中定义了两个文本框 TextView、两个编辑框

EditText、一个 Button 和一个水平进度条 ProgressBar。文本框显示输入提示；一个编辑框用于网络文件的路径，另一个编辑框用于指定下载到本地的文件的文件名；按钮用于触发下载事件；水平进度条用于显示下载进度。特别应该注意的是，该程序不仅需要访问网络，还需要访问系统 SD 卡，在 SD 卡中创建文件，因此必须授予该程序访问网络、访问 SD 卡文件的权限，也就是在 AndroidManifest. xml 文件中增加如下配置：

```
<uses-permission android:name="android. permission. INTERNET"/>
<uses-permission android:name="android. permission. MOUNT_UNMOUNT_FILESYS-
TEMS"/>
<uses-permission android:name="android. permission. WRITE_EXTERNAL_STOR-
AGE"/>
```

activity_main. xml 代码如下：

```
<? xml version="1. 0" encoding="utf-8"? >
<LinearLayout xmlns:android="http://schemas. android. com/apk/res/android"
    android:orientation="vertical"
    android:layout_width="fill_parent"
    android:layout_height="fill_parent">
<TextView
    android:layout_width="fill_parent"
    android:layout_height="wrap_content"
    android:text="要下载资源的 URL:"/>
<EditText android:id="@+id/url"
    android:layout_width="fill_parent"
    android:layout_height="wrap_content"
    android:text="http://10. 0. 2. 2:8080/MyWeb1/fruit. png"/>
<TextView
    android:layout_width="fill_parent"
    android:layout_height="wrap_content"
    android:text="目标文件:"/>
<EditText
    android:id="@+id/target"
    android:layout_width="fill_parent"
    android:layout_height="wrap_content"
    android:text="/mnt/sdcard/fruit. png"/>
<Button
    android:id="@+id/down"
    android:layout_width="fill_parent"
    android:layout_height="wrap_content"
    android:text="下载"/>
<! -- 定义一个水平进度条,用于显示下载进度-->
<ProgressBar android:id="@+id/bar"
    android:layout_width="fill_parent"
```

```
            android:layout_height="wrap_content"
            android:max="100"
            style="@android:style/Widget. ProgressBar. Horizontal"/>
    </LinearLayout>
```

打开 src 文件夹下的包 com. example. ch8_3 中的 MainActivity 类，修改代码如下：

```
package com. example. ch8_3;
import java. util. Timer;
import java. util. TimerTask;
import android. app. Activity;
import android. os. Bundle;
import android. os. Handler;
import android. os. Message;
import android. view. View;
import android. view. View. OnClickListener;
import android. widget. Button;
import android. widget. EditText;
import android. widget. ProgressBar;
public class MainActivity extends Activity{
    EditText url;
    EditText target;
    Button downBn;
    ProgressBar bar;
    DownUtil downUtil;
    private int mDownStatus;
    public void onCreate(Bundle savedInstanceState){
        super. onCreate(savedInstanceState);
        setContentView(R. layout. activity_main);
        //获取程序界面中的四个界面控件
        url=(EditText) findViewById(R. id. url);
        target=(EditText) findViewById(R. id. target);
        downBn=(Button) findViewById(R. id. down);
        bar=(ProgressBar) findViewById(R. id. bar);
        //创建一个 Handler 对象
        final Handler handler=new Handler(){
            public void handleMessage(Message msg){
                if(msg. what==0x123){
                    bar. setProgress(mDownStatus);
                }
            }
        };
        downBn. setOnClickListener(new OnClickListener(){
            public void onClick(View v){
                //初始化 DownUtil 对象
```

```
                downUtil＝new DownUtil(url. getText(). toString(),target. getText(). to-
String(),4);
                try{
                    //开始下载
                    downUtil. download();
                }
                catch(Exception e){
                    e. printStackTrace();
                }
                //定义每秒调度获取一次系统的完成进度
                final Timer timer＝new Timer();
                timer. schedule(new TimerTask(){
                    public void run(){
                        //获取下载任务的完成比率
                        double completeRate＝downUtil. getCompleteRate();
                        mDownStatus＝(int)(completeRate * 100);
                        //发送消息通知界面更新进度条
                        handler. sendEmptyMessage(0x123);
                        //下载完全后取消任务调度
                        if(mDownStatus ＞＝100){
                            timer. cancel();
                        }
                    }
                },0,100);
            }
        });
    }
}
```

在 src 文件夹下的包 com. example. ch8_3 中创建 DownUtil 类，代码如下：

```
package com. example. ch8_3;
import java. io. InputStream;
import java. io. RandomAccessFile;
import java. net. HttpURLConnection;
import java. net. URL;
public class DownUtil{
    //定义下载资源的路径
    private String path;
    //指定所下载的文件的保存位置
    private String targetFile;
    //定义需要使用多少线程下载资源
    private int threadNum;
    //定义下载的线程对象
    private DownloadThread[]threads;
```

```java
//定义下载的文件的总大小
private int fileSize;
public DownUtil(String path,String targetFile,int threadNum){
    this.path=path;
    this.threadNum=threadNum;
    //初始化 threads 数组
    threads=new DownloadThread[threadNum];
    this.targetFile=targetFile;
}
public void download() throws Exception{
    URL url=new URL(path);
    HttpURLConnection conn=(HttpURLConnection) url.openConnection();
    conn.setConnectTimeout(5 * 1000);
    conn.setRequestMethod("GET");
    conn.setRequestProperty("Accept","image/gif,image/jpeg,image/pjpeg,image/
pjpeg,application/x-shockwave-flash,application/xaml+xml,application/vnd.ms-xpsdocu-
ment,application/x-ms-xbap,application/x-ms-application,application/vnd.ms-excel,appli-
cation/vnd.ms-powerpoint,application/msword,* / * ");
    conn.setRequestProperty("Accept-Language","zh-CN");
    conn.setRequestProperty("Charset","UTF-8");
    conn.setRequestProperty("User-Agent","Mozilla/4.0(compatible; MSIE 7.0;
Windows NT 5.2; Trident/4.0;.NET CLR 1.1.4322;.NET CLR 2.0.50727;.NET CLR
3.0.04506.30;.NET CLR 3.0.4506.2152;.NET CLR 3.5.30729)");
    conn.setRequestProperty("Connection","Keep-Alive");
    //得到文件大小
    fileSize=conn.getContentLength();
    conn.disconnect();
    int currentPartSize=fileSize /threadNum + 1;
    RandomAccessFile file=new RandomAccessFile(targetFile,"rw");
    //设置本地文件的大小
    file.setLength(fileSize);
    file.close();
    for(int i=0; i< threadNum; i++){
        //计算每条线程的下载的开始位置
        int startPos=i * currentPartSize;
        //每个线程使用一个 RandomAccessFile 进行下载
        RandomAccessFile currentPart=new RandomAccessFile(targetFile,"rw");
        //定位该线程的下载位置
        currentPart.seek(startPos);
        //创建下载线程
        threads[i]=new DownloadThread(startPos,currentPartSize,currentPart);
        //启动下载线程
        threads[i].start();
```

```
        }
    }
    //获取下载的完成百分比
    public double getCompleteRate(){
        //统计多条线程已经下载的总大小
        int sumSize=0;
        for(int i=0; i< threadNum; i++){
            sumSize +=threads[i].length;
        }
        //返回已经完成的百分比
        return sumSize * 1.0 /fileSize;
    }
    private class DownloadThread extends Thread{
        //当前线程的下载位置
        private int startPos;
        //定义当前线程负责下载的文件大小
        private int currentPartSize;
        //当前线程需要下载的文件块
        private RandomAccessFile currentPart;
        //定义已经该线程已下载的字节数
        public int length;
        public DownloadThread(int startPos,int currentPartSize,RandomAccessFile current-
Part){
            this.startPos=startPos;
            this.currentPartSize=currentPartSize;
            this.currentPart=currentPart;
        }
        public void run(){
            try{
                URL url=new URL(path);
                HttpURLConnection conn=(HttpURLConnection) url.openConnection();
                conn.setConnectTimeout(5 * 1000);
                conn.setRequestMethod("GET");
                conn.setRequestProperty("Accept","image/gif,image/jpeg,image/pjpeg,
image/pjpeg,application/x-shockwave-flash,application/xaml+xml,application/vnd.ms-xps-
document,application/x-ms-xbap,application/x-ms-application,application/vnd.ms-excel,
application/vnd.ms-powerpoint,application/msword,* / * ");
                conn.setRequestProperty("Accept-Language","zh-CN");
                conn.setRequestProperty("Charset","UTF-8");
                InputStream inStream=conn.getInputStream();
                //跳过 startPos 个字节,表明该线程只下载自己负责的那部分文件。
                inStream.skip(this.startPos);
                byte[]buffer=new byte[1024];
```

```
            int hasRead=0;
            //读取网络数据,并写入本地文件
            while(length< currentPartSize &&(hasRead=inStream.read(buffer))!
=-1){

                currentPart.write(buffer,0,hasRead);
                //累计该线程下载的总大小
                length +=hasRead;
            }
            currentPart.close();
            inStream.close();
        }
        catch(Exception e){
            e.printStackTrace();
        }
    }
}
```

在 Web 服务器中成功部署 MyWeb1 应用之后,运行上面的 Android 程序。单击"下载"按钮,使用 4 个线程并发下载文件,如图 8-21 所示。下载的文件存放在模拟器 Android 文件系统的/mnt/media_rw/sdcard/目录中,如图 8-22 所示。

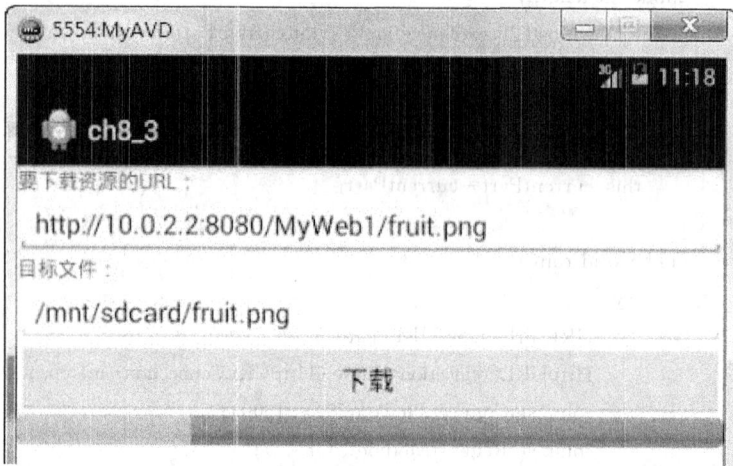

图 8-21 多线程并发下载文件

上面的程序已经实现了多线程下载的核心代码,如果要实现断点下载,则还需要额外增加一个配置文件。所有断点下载工具软件都会在下载开始产生两个文件,一个是与网络资源大小相同的空文件,另一个是配置文件。该配置文件分别记录每个线程已经下载到了哪个字节。当网络断开后再次开始下载时,每个线程根据配置文件里记录的位置向后下载即可。

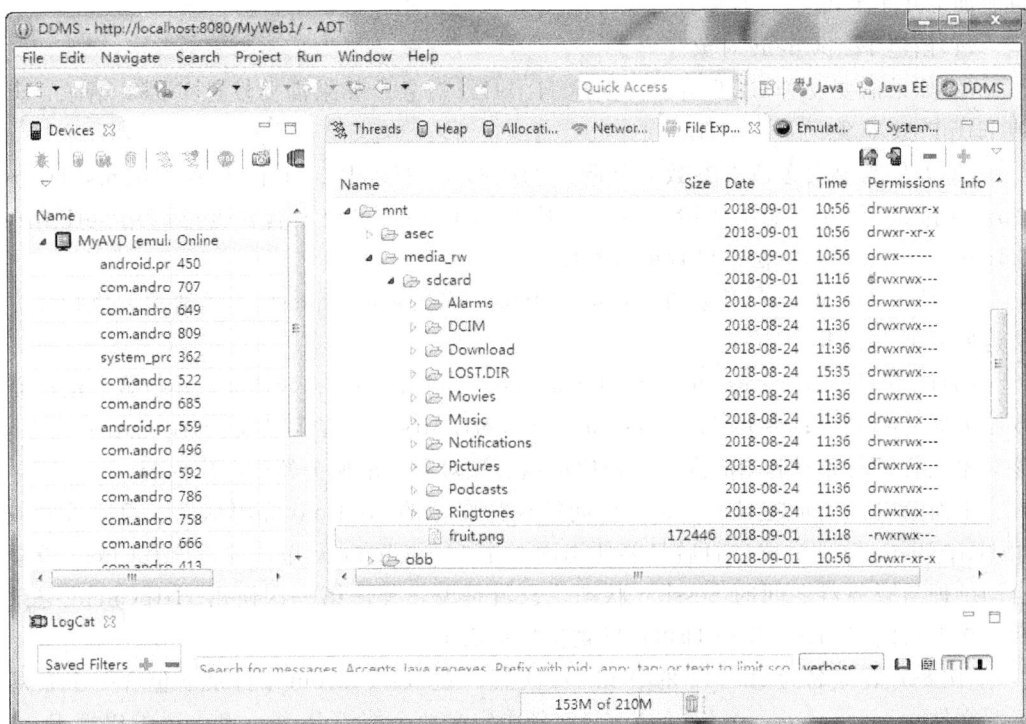

图 8-22　下载文件存放 SD 卡中

8.3.3　使用 HttpClient

1. HttpClient 的功能

在一般情况下，如果只是需要向 Web 站点的某个简单页面提交请求并获取服务器响应，完全可以使用前面所介绍的 HttpURLConnection 来完成。但在绝大部分情况下，Web 站点的网页可能没这么简单，这些页面并不是通过一个简单的 URL 就可以访问的，可能需要用户登录而且具有相应的权限才可访问该页面。在这种情况下，就需要涉及 Session、Cookie 的处理了。如果打算使用 HttpURLConnection 来处理这些细节，当然也是可能实现的，只是处理起来难度就大了。

为了更好地处理向 Web 站点请求，包括处理 Session、Cookie 等细节问题，Apache 开源组织提供了一个 HttpClient 项目。看它的名称就知道，它是一个简单的 HTTP 客户端(并不是浏览器)，可以用于发送 HTTP 请求，接收 HTTP 响应。但不会缓存服务器的响应，不能执行 HTML 页面中嵌入的 JavaScript 代码，也不会对页面内容进行任何解析、处理。简单来说，HttpClient 就是一个增强版的 HttpURLConnection，HttpURLConnection 可以做的事情 HttpClient 全部可以做；HttpURLConnection 没有提供的有些功能，HttpClient 也提供了，但它只是关注于如何发送请求、接收响应，以及管理 HTTP 接接。

2. HttpClient 的使用步骤

Android 已经成功地集成了，这意味着开发人员可以直接在 Android 应用中使用 HttpClient 来访问提交请求、接收响应。使用 HttpClient 发送请求、接收响应很简单，

只要如下几步即可：

（1）创建 HttpClient 对象。

（2）如果需要发送 GET 请求，创建 HttpGet 对象；如果需要发送 POST 请求，创建 HttpPost 对象。

（3）如果需要发送请求参数，可调用 HttpGet、HttpPost 共同的 setParams(Http-Params params)方法来添加请求参数；对于 HttpPost 对象而言，也可调用 setEntity (HttpEntity entity)方法来设置请求参数。

（4）调用 HttpClient 对象的 execute(HttpUriRequest request)发送请求，执行该方法返回一个 HttpResponse。

（5）调用 HttpResponse 的 getAllHeaders()、getHeaders(String name)等方法可获取服务器的响应头；调用 HttpResponse 的 getEntity()方法可获取 HttpEntity 对象，该对象包装了服务器的响应内容。程序可通过该对象获取服务器的响应内容。

下面给出一个通过 HttpClient 访问被保护资源的 Android 应用示例。程序首先使用 HttpClient 登录系统，而后只要使用同一个 HttpClient 发送请求，HttpClient 就会自动维护与服务器之间的 Session 状态。也就是说，程序第一次使用 HttpClient 登录后，接下来使用 HttpClient 即可访问被保护页面了。

［例 8-4］建立名为 ch8_4 的 Android 工程，在 res\layout\目录下包含一个布局资源文件 activity_main.xml，在 XML 文件中定义两个按钮 Button 和一个编辑框 Edit-Text。两个按钮分别用于触发访问页面和登录系统；编辑框用于显示页面内容。同时，在 res\layout\目录下创建一个对话框布局资源文件 login.xml，在文件中定义登录对话框使用的布局。必须为该应用赋予访问互联网的权限，也就是为 AndroidManifest.xml 文件中的＜manifest…/＞元素添加＜uses－permission android:name="android.permission.INTERNET"/＞子元素。

activity_main.xml 代码如下：

```
<? xml version="1.0" encoding="utf-8"? >
<LinearLayout xmlns:android="http://schemas.android.com/apk/res/android"
    android:orientation="vertical"
    android:layout_width="fill_parent"
    android:layout_height="fill_parent">
    <LinearLayout
        android:orientation="horizontal"
        android:layout_width="fill_parent"
        android:layout_height="wrap_content"
        android:gravity="center_horizontal">
        <Button android:id="@+id/get"
            android:layout_width="wrap_content"
            android:layout_height="wrap_content"
            android:text="访问页面"/>
        <Button android:id="@+id/login"
            android:layout_width="wrap_content"
```

```xml
                android:layout_height="wrap_content"
                android:text="登录系统"/>
        </LinearLayout>
        <EditText android:id="@+id/response"
            android:layout_width="fill_parent"
            android:layout_height="fill_parent"
            android:gravity="top"
            android:editable="false"
            android:cursorVisible="false"/>
    </LinearLayout>
```

login. xml 代码如下：

```xml
<? xml version="1.0" encoding="utf-8"? >
<LinearLayout xmlns:android="http://schemas.android.com/apk/res/android"
    android:orientation="vertical"
    android:layout_width="fill_parent"
    android:layout_height="fill_parent">
    <LinearLayout
        android:orientation="horizontal"
        android:layout_width="fill_parent"
        android:layout_height="wrap_content">
        <TextView
            android:layout_width="wrap_content"
            android:layout_height="wrap_content"
            android:text="用户名:"/>
        <EditText android:id="@+id/name"
            android:layout_width="fill_parent"
            android:layout_height="wrap_content"/>
    </LinearLayout>
    <LinearLayout
        android:orientation="horizontal"
        android:layout_width="fill_parent"
        android:layout_height="wrap_content">
        <TextView
            android:layout_width="wrap_content"
            android:layout_height="wrap_content"
            android:text="密  码:"/>
        <EditText android:id="@+id/pass"
            android:layout_width="fill_parent"
            android:layout_height="wrap_content"/>
    </LinearLayout>
</LinearLayout>
```

打开 src 文件夹下的包 com. example. ch8_4 中的 MainActivity 类，修改代码如下：

```java
package com. example. ch8_4;
```

```java
import java.io.BufferedReader;
import java.io.InputStreamReader;
import java.util.ArrayList;
import java.util.List;
import org.apache.http.HttpEntity;
import org.apache.http.HttpResponse;
import org.apache.http.NameValuePair;
import org.apache.http.client.HttpClient;
import org.apache.http.client.entity.UrlEncodedFormEntity;
import org.apache.http.client.methods.HttpGet;
import org.apache.http.client.methods.HttpPost;
import org.apache.http.impl.client.DefaultHttpClient;
import org.apache.http.message.BasicNameValuePair;
import org.apache.http.protocol.HTTP;
import org.apache.http.util.EntityUtils;
import android.app.Activity;
import android.app.AlertDialog;
import android.content.DialogInterface;
import android.os.Bundle;
import android.view.View;
import android.view.View.OnClickListener;
import android.widget.Button;
import android.widget.EditText;
import android.widget.Toast;
public class MainActivity extends Activity{
    Button get;
    Button login;
    EditText response;
    HttpClient httpClient;
    public void onCreate(Bundle savedInstanceState){
        super.onCreate(savedInstanceState);
        setContentView(R.layout.activity_main);
        //创建 DefaultHttpClient 对象
        httpClient=new DefaultHttpClient();
        get=(Button) findViewById(R.id.get);
        login=(Button) findViewById(R.id.login);
        response=(EditText) findViewById(R.id.response);
        get.setOnClickListener(new OnClickListener(){
            public void onClick(View v){
                //创建一个 HttpGet 对象
                HttpGet get=new HttpGet("http://10.0.2.2:8080/MyWeb2/secret.jsp");
                try{
                    //发送 GET 请求
```

```
                HttpResponse httpResponse＝httpClient. execute(get);
                HttpEntity entity＝httpResponse. getEntity();
                if(entity! ＝null){
                    //读取服务器响应
                    BufferedReader br＝new BufferedReader(new InputStreamReader
(entity. getContent()));
                        String line＝null;
                        response. setText("");
                        while((line＝br. readLine())! ＝null){
                            //使用 response 文本框显示服务器响应
                            response. append(line ＋ "\n");
                        }
                    }
                }
                catch(Exception e){
                    e. printStackTrace();
                }
            }
        });
        login. setOnClickListener(new OnClickListener(){
            public void onClick(View v){
                final View loginDialog＝getLayoutInflater(). inflate(R. layout. login,null);
                new AlertDialog. Builder(MainActivity. this)
                    . setTitle("登录系统")
                    . setView(loginDialog)
                    . setPositiveButton("登录",
                        new DialogInterface. OnClickListener(){
                            public void onClick(DialogInterface dialog,int which){
                                String name ＝ ((EditText) loginDialog. findViewById
(R. id. name)). getText(). toString();
                                String pass ＝ ((EditText) loginDialog. findViewById
(R. id. pass)). getText(). toString();
                                HttpPost post ＝ new HttpPost ( " http://10. 0. 2. 2:
8080/MyWeb2/login. jsp");
                                //如果传递参数个数比较多的话可以对传递的参数进
行封装
                                List ＜ NameValuePair ＞ params ＝ new ArrayList ＜
NameValuePair＞();
                                params. add ( new BasicNameValuePair ( " name ",
name));
                                params. add(new BasicNameValuePair("pass",pass));
                                try{
                                    //设置请求参数
```

```
                                        post. setEntity ( new  UrlEncodedFormEntity ( pa-
rams,HTTP. UTF_8));
                                        //发送 POST 请求
                                        HttpResponse   response  =  httpClient. execute
(post);
                                        //如果服务器成功地返回响应
                                        if(response. getStatusLine(). getStatusCode() = =
200){
                                            String msg = EntityUtils. toString (response.
getEntity());
                                            //提示登录成功
                                            Toast. makeText ( MainActivity. this, msg,
5000). show();
                                        }
                                    }
                                    catch(Exception e){
                                        e. printStackTrace();
                                    }
                                }
                    }). setNegativeButton("取消",null). show();
                }
            });
        }
    }
```

在 Web 服务器中成功部署 MyWeb2 应用之后，运行上面的 Android 程序。单击"访问页面"按钮，显示无权访问，如图 8-23 所示。

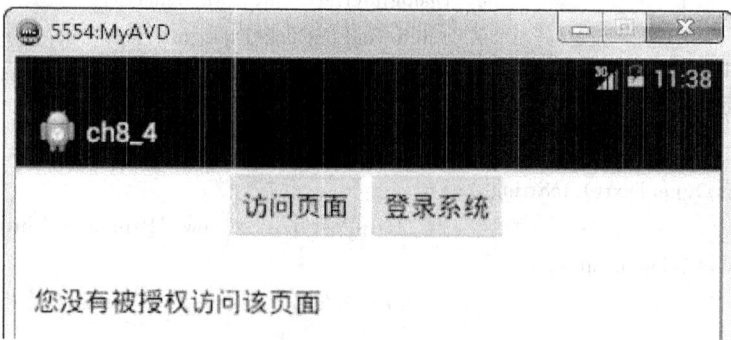

图 8-23　登录前访问被保护页面

单击"登录系统"按钮，显示登录对话框，输入用户名"Tom"和密码"123456"，如图 8-24 所示。单击"登录"对话框中的"登录"按钮，若用户名和密码正确，则可看到登录成功的提示。

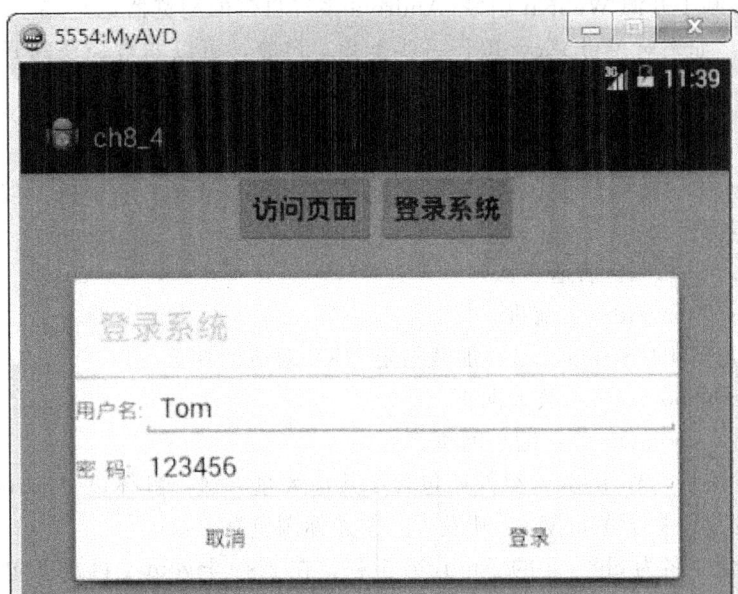

图 8-24　"登录"对话框

再次单击"访问页面"按钮，显示请求访问页面的内容，如图 8-25 所示。

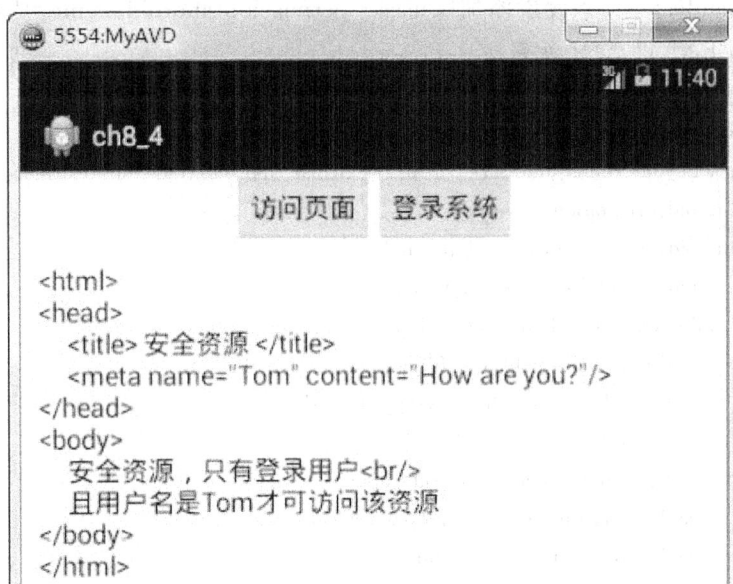

图 8-25　登录后访问被保护页面

8.4　使用 WebView 显示网页

Android 提供了 WebView 组件。表面上来看，这个组件与普通 ImageView 差不多，但实际上这个组件的功能要强大得多。WebView 组件本身就是一个浏览器的实

现，它的内核基于开源 WebKit 引擎（Android 系统自带的浏览器也是基于开源 WebKit 引擎实现的）。如果对 WebView 进行一些美化、包装，可以非常轻松的开发出自己的浏览器。

8.4.1 使用 WebView 浏览网页

WebView 的用法与普通 ImageView 组件的用法基本相似，它提供了如下常用方法来执行浏览器操作：

（1）void goBack()：后退。

（2）void goForward()：前进。

（3）void loadUrl(String url)：加载指定 URL 对应的网页。

（4）boolean zoomIn()：放大网页。

（5）boolean zoomOut()：缩小网页。

除以上方法外，WebView 组件还包含了其他大量方法，具体以 Android API 文档为准。下面的程序基于 WebView 开发了一个迷你浏览器。

［例 8-5］建立名为 ch8＿5 的 Android 工程，在 res\layout\目录下包含一个布局资源文件 activity_main.xml，在 XML 文件中定义了一个编辑框 EditText 和一个 Web-View 组件。编辑框用于输入要访问页面的 URL；WebView 组件用于显示访问页面的内容。注意，必须为该应用赋予访问互联网的权限，也就是为 AndroidManifest.xml 文件中的＜manifest.../＞元素添加＜uses－permission android:name="android.permission.INTERNET"/＞子元素。

activity＿main.xml 代码如下：

```
<? xml version="1.0" encoding="utf-8"? >
<LinearLayout xmlns:android="http://schemas.android.com/apk/res/android"
    android:orientation="vertical"
    android:layout_width="fill_parent"
    android:layout_height="fill_parent">
    <EditText android:id="@+id/url"
        android:layout_width="fill_parent"
        android:layout_height="wrap_content"/>
    <! -- 显示页面的 WebView 组件-->
    <WebView android:id="@+id/show"
        android:layout_width="fill_parent"
        android:layout_height="fill_parent"/>
</LinearLayout>
```

打开 src 文件夹下的包 com.example.ch8_5 中的 MainActivity 类，修改代码如下：

```
package com.example.ch8_5;
import android.app.Activity;
import android.os.Bundle;
import android.view.KeyEvent;
import android.webkit.WebView;
import android.widget.EditText;
```

```
public class MainActivity extends Activity{
    EditText url;
    WebView show;
    public void onCreate(Bundle savedInstanceState){
        super.onCreate(savedInstanceState);
        setContentView(R.layout.activity_main);
        //获取页面中文本框、WebView 组件
        url=(EditText) findViewById(R.id.url);
        show=(WebView) findViewById(R.id.show);
    }
    public boolean onKeyDown(int keyCode,KeyEvent event){
        if(keyCode==KeyEvent.KEYCODE_SEARCH){
            String urlStr=url.getText().toString();
            //加载、并显示 urlStr 对应的网页
            show.loadUrl(urlStr);
            return true;
        }
        return false;
    }
}
```

在 Web 服务器中成功部署 MyWeb2 应用之后，运行该程序。在文本框中输入想访问的站点，并单击手机"搜索"按钮，将可以看到如图 8-26 所示的输出。

图 8-26　浏览指定网页

8.4.2 使用 WebView 加载 HTML 代码

前面看到使用 EditText 显示网页时不会对 HTML 标签进行任何解析，而是直接把所有标签都显示出来，就像用普通记事本显示一样。如果应用程序想对 HTML 字符串进行解析也是可以的，WebView 提供了一个 loadDataWithBaseURL(String baseUrl，String data，String mimeType，String encoding，String historyUrl)方法用于加载并显示 HTML 代码。关于该方法的几个参数，简要说明如下：

（1）data：指定需要加载的 HTML 代码。

（2）mimeType：指定 HTML 代码的 MIME 类型，对于 HTML 代码可以指定为 text/html。

（3）encoding：指定 HTML 代码编码所用的字符集，比如指定为 GBK。

下面的程序简单示范了如何使用 WebView 来加载并显示 HTML 代码。

［例 8-6］建立名为 ch8_6 的 Android 工程，在 res\layout\目录下包含一个布局资源文件 activity_main.xml，在 XML 文件中定义了一个 WebView 组件，用于加载 HTML 代码。必须为该应用赋予访问互联网的权限，也就是为 AndroidManifest.xml 文件中的＜manifest.../＞元素添加＜uses－permission android:name="android.permission.INTERNET"/＞子元素。

activity_main.xml 代码如下：

```
<? xml version="1.0" encoding="utf-8"? >
<LinearLayout xmlns:android="http://schemas.android.com/apk/res/android"
    android:orientation="vertical"
    android:layout_width="fill_parent"
    android:layout_height="fill_parent">
    <WebView android:id="@+id/show"
        android:layout_width="fill_parent"
        android:layout_height="fill_parent"/>
</LinearLayout>
```

打开 src 文件夹下的包 com.example.ch8_6 中的 MainActivity 类，修改代码如下：

```
package com.example.ch8_6;
import android.app.Activity;
import android.os.Bundle;
import android.webkit.WebView;
public class MainActivity extends Activity{
    WebView show;
    public void onCreate(Bundle savedInstanceState){
        super.onCreate(savedInstanceState);
        setContentView(R.layout.activity_main);
        //获取程序中的 WebView 组件
        show=(WebView) findViewById(R.id.show);
        StringBuilder sb=new StringBuilder();
```

```
        //拼接一段 HTML 代码
        sb. append("<html>");
        sb. append("<head>");
        sb. append("<title>欢迎您</title>");
        sb. append("</head>");
        sb. append("<body>");
        sb. append("<h2>欢迎您访问<a href=\"http://10.0.2.2:8080/MyWeb2/wel-
come. html\">"+"欢迎页面</a></h2>");
        sb. append("</body>");
        sb. append("</html>");
        //加载并显示 HTML 代码
        show. loadDataWithBaseURL(null,sb. toString(),"text/html","utf-8",null);
    }
}
```

程序运行结果如图 8-27 所示。

图 8-27　加载并显示 HTML 代码

思考与练习题

1. 什么是 Web 服务器？Tomcat 是哪一种 Web 服务器？

2. 什么是 URL？它有怎样的格式？

3. 简述通过 URL 对象读取网络资源的方法。

4. 简述 URLConnection 的使用步骤。

5. 什么是 HTTP 协议？

6. 多线程下载文件时，下载线程越多卜载速度就越快吗？

7. 简述多线程下载的实现步骤。

8. HttpClient 有什么功能？

9. 简述 HttpClient 的使用步骤。

10. WebView 组件与普通 ImageView 有什么区别？

参考文献

[1]牛立成. Android 开发简明教程[M]. 北京：中国人民大学出版社，2012.

[2]朱桂英. Android 网络开发技术实战详解[M]. 北京：电子工业出版社，2012.

[3]王东华. Android 网络开发与应用实战详解[M]. 北京：人民邮电出版社，2012.

[4]李学华，王亚飞. Android 移动开发技术与应用[M]. 北京：北京邮电大学出版社，2013.

[5]邓文渊. Android 开发基础教程[M]. 北京：人民邮电出版社，2014.

[6]张余. Android 网络开发从入门到精通[M]. 北京：清华大学出版社，2014.

[7]王东华. 精通 Android 网络开发[M]. 北京：人民邮电出版社，2016.

[8]王向辉，张国印，沈洁. Android 应用程序开发[M]. 北京：清华大学出版社，2016.

[9]焦战. Android 物联网应用程序开发[M]. 北京：机械工业出版社，2016.

[10]李刚. 疯狂 Android 讲义[M]. 北京：电子工业出版社，2017.

[11]朱凤山，张建军. Android 移动平台应用开发高级教程[M]. 北京：清华大学出版社，2017.

[12]张勇. Android 移动开发技术[M]. 北京：清华大学出版社，2017.

[13]张伦. Android 物联网应用开发[M]. 北京：中国财富出版社，2017.

[14]许超. Android 开发技术[M]. 北京：化学工业出版社，2018.

[15]肖正兴. Android 移动应用开发[M]. 北京：中国铁道出版社，2018.